高等职业教育公共课精品教材
新时代课程思政建设配套教材

U1020712

大学生职业生涯规划与创业指导

（思政课+精品微课）

主　编：李　特　迟君德　周斌顺

● 思政课程　● 互联网+　● 配套教学资源包

北京体育大学出版社

策划编辑：韩培付
责任编辑：曹晓燕
责任校对：米　安

图书在版编目（CIP）数据

大学生职业生涯规划与创业指导 / 李特，迟君德，周斌顺主编. — 北京：北京体育大学出版社，2023.11
ISBN 978-7-5644-3921-7

Ⅰ. ①大… Ⅱ. ①李… ②迟… ③周… Ⅲ. ①大学生一职业选择一教材 Ⅳ. ①G647.38

中国国家版本馆 CIP 数据核字(2023)第 195428 号

大学生职业生涯规划与创业指导
DAXUESHENG ZHIYE SHENGYA GUIHUA YU CHUANGYE ZHIDAO　　主　编　李　特　迟君德　周斌顺

出版发行：北京体育大学出版社
地　　址：北京市海淀区农大南路 1 号院 2 号楼 2 层办公 B-212
邮　　编：100084
网　　址：http://cbs.bsu.edu.cn
发 行 部：010-62989320
邮 购 部：北京体育大学出版社读者服务部 010-62989432
印　　刷：三河市龙大印装有限公司
开　　本：880mm×1230mm　　1/16
成品尺寸：210mm×285mm
印　　张：11
字　　数：317 千字
版　　次：2023 年 11 月第 1 版
印　　次：2023 年 11 月第 1 次印刷
定　　价：46.00 元

（本书如有印刷质量问题，请与出版社联系调换）
版权所有 · 侵权必究

PREFACE 前言

职业发展是每个人都要面对的人生课题，明确的职业目标、切实可行的职业生涯规划是大学生走向职业成功的重要保障。我们结合当前大学生就业的新形势和创业指导工作的客观需要，融入多年从事就业教育及指导的实践工作经验，旨在帮助大学生在正确认识自我、客观认识当前就业形势和职业环境的基础上，做好职业生涯规划，掌握就业和创业的相关信息和技巧，从而顺利就业、适应社会、走向成功。

本书共包含6章内容：职业生涯规划初识、职业自我认知、职业社会认知、职业生涯决策与行动、就业指导和创业指导。

与其他教材相比，本书主要有以下特点：

1. 体系完整、注重基础。本书的内容针对职业生涯规划教育的基本要求，遵循大学生的认知规律，内容由浅入深，讲解了职业自我认知、职业社会认知、职业生涯决策与行动等具体知识和方法，可以为培养大学生的职业生涯规划意识奠定良好的基础；另外，本书从就业指导和创业指导两个方面，帮助大学生解择业之忧、创职场精彩。

2. 体例新颖、注重实践。本书在编写过程中根据职业教育的特点，采用情境导入方法编写，通过“育人目标”“学习目标”“情境导入”“知识延伸”“精选案例”“本章小结”“教学检测”等模块，让大学生在学中做、做中学，突出理论知识的应用，重视实践能力的培养，提高大学生的学习兴趣。

3. 资源丰富、融入思政。为适应“互联网+”时代教育教学新趋势，结合本书的内容，我们开发了相应的课件、测验等较为完备的教学资源，也配备了相关知识的微课，以帮助大学生更好地开阔视野，巩固所学理论知识；为响应国家课程思政建设的要求，本书设置的“思政元素”“思政园地”模块选取了优秀人物事迹或相关政策，给大学生以思想理念的启迪，培养大学生的爱国主义情怀和民族自信心，帮助大学生树立正确的价值观，从而使大学生信心满满地离开校园、进入职场。

由于编者的水平和能力有限，书中的疏漏和不足之处在所难免，敬请读者批评指正，以便我们进一步修改和完善。

目录

CONTENTS

CONTENTS

第一章 职业生涯规划初识

育人目标

◎ 培养职业生涯规划意识，激发对未来职业生涯发展的探索、想象。

◎ 学会设立目标，把握人生的方向。

学习目标

◎ 了解职业生涯规划的相关理论。

◎ 掌握职业生涯规划的原则。

◎ 理解职业生涯规划的步骤。

情境导入

职业目标对人生的影响

某知名大学曾对一群智力、学历、生活环境等客观条件都差不多的年轻人做过一个长达25年的跟踪调查，调查内容为职业目标对人生的影响。这些人中27%的人没有职业目标，60%的人职业目标模糊，10%的人有清晰但比较短期的职业目标，3%的人有清晰且长期的职业目标。

25年后，这些调查对象的生活状况如下：

3%有清晰且长期职业目标的人，25年来几乎不曾更改过自己的职业目标，并为实现目标做着不懈的努力。25年后，他们大多成了社会各界的成功人士，其中不乏白手创业者、行业领袖等。

10%有清晰但比较短期职业目标的人，他们的短期职业目标不断得以实现，生活水平稳步提升，成为各行各业不可或缺的专业人士。

60%职业目标模糊的人，大多过着平凡的生活，他们有安稳的工作与生活，却没有什么特别突出的成就。

27%没有职业目标的人，生活状况很不如意，经常处于失业状态，并且时常抱怨他人、社会。

调查者由此得出结论：职业目标对人生有巨大的导向作用。成功，在一开始，仅仅是一种选择，你选择什么样的目标，就有可能有什么样的成就，就有可能有什么样的人生。

第一节 职业生涯规划概述

一、职业生涯规划的概念

职业生涯规划又叫职业生涯设计，简称职业规划，是指个人提出职业目标并制订实现这些目标的计划的过程。职业生涯规划还可表述为：个人通过对职业环境等外在因素进行测定、分析和总结，再结合个人的兴趣、性格、能力和价值观等内在因素进行综合分析与权衡，然后根据个人的职业倾向和时代特点，确定适合自己的职业定位和职业目标，并为之做出行之有效的安排和规划。

初识职业生涯

职业生涯规划最主要的目的是帮助个人真实、全面地了解自己，从而引导个人以合适的方式和方法来实现职业目标。职业生涯规划贯穿人的一生，大学生进行职业生涯规划其实就是给自己的未来绘制理想蓝图。

大学生职业生涯规划可定义为：大学生在大学学习阶段，在了解自身和外部教育环境的基础上，为自己确立职业方向、职业目标，选择职业道路，确定教育计划(特别是大学阶段的学习计划)、发展计划，为实现职业目标而确定的行动方案。其可以根据学习阶段大致分为三个时期。

(1)试探期：大学生要适应大学生活以及进行准确的自我定位；初步了解职业，特别是自己未来想从事的职业或自己所学专业对口的职业需要哪些能力和证书；为自己建立一份职业生涯规划档案，随时记录自己的特点、兴趣、职业能力倾向等内容；提高人际沟通能力，多与同学特别是学长、学姐进行交流。

(2)定向期：大学生要明确自己将来是出国留学、考研还是就业，并为实现目标做好相关的准备工作。通过各种渠道，如社团活动、创业活动、学生会活动、班级活动等锻炼自己的各种能力；通过社会兼职、工学结合、社会实践活动等提高自己的知识与技能水平，同时，还应在各种活动中提高自己的责任感、抗挫折能力等。

(3)冲刺实践期：大学生首先要检验自己已确立的职业目标是否明确，然后为自己的职业目标做最后的冲刺。准备继续深造的大学生可做两手准备，在准备继续深造的同时也可关注就业市场；准备就业的大学生则应把目标锁定在提高求职技能、收集招聘信息上；准备创业的大学生则要了解大学生创业的相关政策，尽早明确创业的项目，筹集资金和组建团队。在实践过程中体验自己的规划是否真正适合自己，并及时做出相应的调整。

当然，职业生涯规划需要经过实践检验而不断完善。由于我们在制订职业生涯规划时，很难对外部环境有全面的认识，也不能完全了解自己的各项潜能，所以根据自身因素及外部环境的不断变化，需要对职业生涯规划进行不断地评估和调整。这本身也是一个实践的过程，不断地实践才能保证我们职业生涯规划的有效性与合理性，也才能保证职业目标最终能实现。

二、职业生涯规划的意义

通过职业生涯规划，我们可以在客观分析自身和外界环境之后，综合考虑“我想做”与“我能做”的事情，制定出科学合理、个性可行的方案，并且实施这个方案，以求最大程度地发挥自己的优势，并满足自身的需求。

对大学生而言，职业生涯规划就像导航，为确定职业目标指明了方向。职业生涯规划的作用是帮助大学生科学、合理地规划职业生涯，从而帮助大学生顺利步入社会、进入职场，谋求职业发展与事业成功。

(一)实现自我认知

职业生涯规划的第一步就是对自己的认知。通过对自己的兴趣、能力、价值观等方面的深入探索，能够让我们清晰地认识自己的优势和劣势，客观评估现实与理想职业之间的差距，然后采取有效的措施和方法，不断增强职业竞争力，促进职业目标的实现。

(二)挖掘个人潜能

职业生涯规划不仅可以帮助我们深入了解自己，还能挖掘我们的潜能。职业生涯规划和实践锻炼可以激发我们的内驱力，促使我们发展自己的天赋，提升各种素质，获得职业所需要的各种能力。

(三)明确职业目标

职业生涯规划有助于我们明确自己的职业目标。通过职业生涯规划，我们可以更加清楚地了解自己想要从事的职业和行业，并设立相应的职业目标。职业目标在个人的职业道路上具有指路明灯的作用，让我们在职业发展的道路上有一个明确的方向。

(四)提高竞争力

在职业竞争日益激烈的今天，我们拥有较高的专业技能和综合素质，才能在职场中有更好的表现和竞争力。职业生涯规划可以帮助我们了解自己的职业技能状况和职业需求，进而有针对性地提升自己的职业能力和技能，提高竞争力，拓宽职业发展前景。

职业生涯是一个人的生活的重要组成部分，选择一份职业，就是承担了一种社会角色，进而打开了一种生活方式。其实，我们每个人都可以把握自己在社会舞台上扮演何种职业角色、过什么样的生活。人生职业的规划者和耕耘者应该是我们自己，我们要努力规划好发展蓝图、扬长避短，以求实现自我价值并最终走向成功。

思政元素

答好这道人生选择题

“在选择就业时，到底是兴趣优先，还是专业优先?”

理想与现实、兴趣与就业……谁前谁后，孰轻孰重？作职业生涯规划时，无数人绞尽脑汁、费心思量，但要真正答好这一选择题，有一个要素不可或缺，就是将个人兴趣与国家和时代需求相结合。

一个人的职业生涯规划如果能与国家需求相结合，个人价值就能成倍放大。

20世纪30年代，钱伟长在“九一八”事变爆发后毅然选择物理专业，致力于科学救国，成为中国近代“力学之父”。“共和国勋章”获得者钟南山，高三毕业时在父亲“学医可以一辈子治病救人”的建议下，报考了北京医学院(今北京大学医学部)。

事实证明，个人的职业目标与国家和社会的需求相吻合，个人的兴趣和爱好就能有更好的发展，我们的事业才能够获得最终的成功。具体来说，就是争取将个人兴趣和国家需求相结合，将个人理想融入国家发展事业大需求。在确定就业方向时，从国家、民族发展的历史方位中找准自身定位，从国家战略、区域经济和社会发展规划布局、各行各业发展建设的中远期目标中洞悉时代机遇，以符合国家发展战略、符合产业发展方向、符合社会发展趋势的眼光去选择自己的未来方向。

这样的选择并非遥不可及。例如，国家提出“一带一路”倡议，加强与沿线国家的文化交流、经贸合作、基础设施建设等活动，那么语言类、经贸类、建设类、交通运输类等相关人才的需求必然增长；随着老龄化程度不断加深，老年护理、营养学、社会工作等所谓的“冷门”行业，未来将有更为广阔的发展空间；教育部公布的2021年度新增的31个本科专业中，人工智能、智能制造等“新工科”专业成为高校专业调整的重要方向……这些都是当前及今后一段时期的人才需求方向。

得其大者可以兼其小。只有把人生理想融入国家和民族的事业中，才能最终成就一番事业。择心之所属、立利国之业，将“小我”融入“大我”，涓滴汇聚成汪洋，青春必将在时代的浪潮里奔涌向前，在梦想的星空中熠熠闪光。

(资料来源：中工网，2022年7月10日，有改动)

三、职业生涯规划理论及其发展

自职业指导运动兴起以来，一系列能为个人在事业上和生活上提供正确决策的理论模型逐步被建立起来，这些理论以不同的方式来揭示个人的社会角色和职业问题。在此，主要介绍以下五个理论。

(一)帕森斯的特质因素理论

这一理论是最早有关职业指导的理论之一，也是用于职业选择与指导的经典理论。美国教授弗兰克·帕森斯在1909年发表的著作《选择一个职业》中提出了著名的“职业选择焦点是人与职业相匹配”的观点。它的基本假设是：个人和职业都有稳定的特质，而合适的职业选择就是要在这二者之间进行匹配。帕森斯详细说明了职业选择的三大要素：(1)特质，即明确地认识自己的人格、能力、兴趣、价值观和其他特征；(2)因素，即明确地认识工作取得成功所需的条件、技能和在不同职业岗位上工作所具备的机会、前途、优势与劣势；(3)上述二者的平衡。

基于上述理论，帕森斯提出了“职业选择的三大原则”：(1)了解自我，即对自我进行探索，包括了解个人的兴趣爱好、能力水平、拥有的资源、优势与劣势等；(2)了解工作，即了解职业所需知识技能、素质要求、工作环境、薪酬待遇、升迁机会及发展前景等；(3)匹配，即将上述两类资料进行综合并找出与个人特质匹配的职业。帕森斯认为，个人进行职业选择的重点在于使个人的特质与职业的要求相匹配，唯有如此，才能找到更适合的职业，实现个人与用人单位双赢。

(二)霍兰德的职业类型理论

20 世纪 60 年代，美国职业指导专家约翰·霍兰德在帕森斯观点的基础上，提出了著名的职业类型理论，后经多年的发展，这一理论在世界范围内已拥有较大的影响力。其主要观点为：(1)职业选择是个人人格的延伸和表现，个人的兴趣即为人格；(2)同一职业团体内的人具有相似的人格，因此他们对很多情境和问题有类似的反应方式，从而产生类似的人际环境；(3)人格可以分成六种类型，即现实型、研究型、艺术型、社会型、企业型和传统型，对应的人所处的职业环境也可以分为六种类型，即现实型、研究型、艺术型、社会型、企业型和传统型，每一特定类型人格的人会对相应的职业类型中的工作或学习感兴趣；(4)个人的人格与工作环境之间的适配与对应，是职业满意度、职业稳定性与职业成就的基础。

不管是人格，还是个人所处的职业环境的六种类型，都不是并列划分、界限分明的。这六种类型遵循现实型、研究型、艺术型、社会型、企业型、传统型的顺序围成一个正六边形(图 1-1)，彼此存在相邻、相隔、相斥三种关系，这三种关系在人格与职业类型的一致性上由高到低。

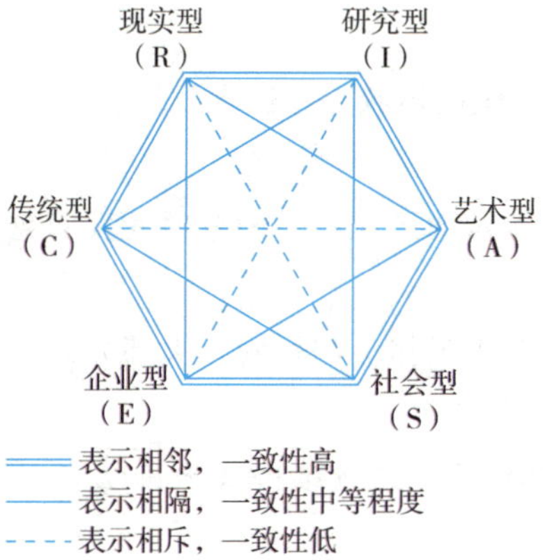

图 1-1　霍兰德人格六角形模型

职业生涯规划就是要寻求这种人格与职业类型的适配性或一致性，即最理想的情况就是现实型的人进入现实型的职业，以此类推。这样，在职业生涯中个人就有更大的概率获得较高的工作满意度、持久的工作兴趣和一定的职业成就。

(三)舒伯的生涯发展理论

1. 舒伯的生涯发展理论

20 世纪 50 年代起，唐纳德·E. 舒伯以新的方式对人的职业生涯发展进行思考，提出了生涯彩虹理论，该理论很好地概括了人的一生的职业发展历程。他认为职业发展是人成长的一部分，除了职业角色外，个人在生活中还扮演着其他角色，如孩子、学生、休闲者、公民、持家者、配偶或伴侣、退休者、父母或祖父母等。他把人的职业生涯发展分为成长、探索、建立、维持与衰退五个主要阶段。

(1)成长阶段(0～14岁)。这个阶段的孩童开始发展自我概念，开始以各种不同的方式来表达自己的需要，且经过对现实世界不断地尝试，修饰自己的角色。

这个阶段发展的任务：发展自我形象，发展对工作的正确态度，并了解工作的意义。

这个阶段共包括三个时期。

①幻想期(10岁之前)。个体以“需要”为主要考虑因素，在这个时期幻想中的角色扮演很重要。

②兴趣期(11～12岁)。个体以“喜好”为主要考虑因素，喜好成为个体职业期望与活动的主要决定因素。

③能力期(13～14岁)。个体以“能力”为主要考虑因素，能力逐渐具有重要作用。

(2)探索阶段(15～24岁)。这个阶段的青少年，通过学校的活动、各类休闲活动、校外社会实践等机会，对自我能力及角色、职业进行了一番探索，因此选择职业时有较大弹性。

这个阶段发展的任务：使职业偏好逐渐具体化、特定化，并实现职业偏好。

这个阶段共包括三个时期。

①试验期(15～17岁)。个体考虑需要、兴趣、能力及机会，做出暂时的决定，并在幻想、讨论、课业及工作中加以尝试。

②过渡期(18～21岁)。个体进入就业市场或专业训练环节，更重视现实，并力图实现自我观念，将一般性的选择转为特定的选择。

③尝试期(22～24岁)。个体初步确定职业领域，并开始在该领域工作。

(3)建立阶段(25～44岁)。由于经过上一阶段的尝试，不合适者会谋求变迁或进行其他探索，因此这个阶段基本上确定了个人在整个职业生涯中属于自己的“位子”。在31～40岁，从业者开始考虑如何保住这个“位子”，并固定下来。

这个阶段发展的任务：确立一个职业领域，并谋求发展。

这个阶段共包括两个时期。

①试验期(25～30岁)。个体可能对初选职业不满意而变换职业工作，也可能对初选职业满意而保持稳定。

②稳定期(31～44岁)。个体致力于工作上的稳固，大部分人处于最具创意的时期，由于资深往往业绩优良。

(4)维持阶段(45～65岁)。个体仍希望继续维持属于自己的工作“位子”，同时会面对新的人员的挑战。

这个阶段发展的任务：维持既有成就与地位。

(5)衰退阶段(65岁以上)。由于生理及心理机能日渐衰退，个体不得不面对现实逐渐隐退。这个阶段个体往往注重发展新的角色，寻求不同方式以替代和满足需求。

在上述舒伯的生涯发展阶段中，每一阶段都有一些特定的发展任务需要完成，每一阶段须达到一定的发展水准或成就水准，而且前一阶段发展任务的达成与否关系到后一阶段的发展。

在此后的研究探索中，舒伯对发展任务的看法更向前了一步。他认为，在人一生的职业生涯发展中，各个阶段同样要面对成长、探索、建立、维持和衰退的问题，因而形成“成长—探索—建立—维持—衰退”的循环。

个体可以通过生涯发展理论，准确地知晓自己在职业生涯发展中处于哪个阶段。大学生处于探索阶段，经历了尝试期、过渡期，即将迈入建立阶段。所以，在这个阶段大学生必须进行充分的自我探索，积累丰富的实践经验，这样在毕业时才能顺利地与职业进行合理匹配。

2. 舒伯的生涯彩虹图

1976—1979 年，舒伯在英国进行了为期四年的跨文化研究，之后他提出了一个更为广阔的新观念——生活广度、生活空间的生涯发展观。除了原有的生涯发展理论之外，在这个生涯发展观中舒伯加入了角色理论，并描绘出一个多重角色生涯发展的图形来表现生涯发展阶段与角色彼此间交互影响的状况。舒伯将这个生活广度、生活空间的生涯发展图形命名为“生涯彩虹图”(图 1-2)。

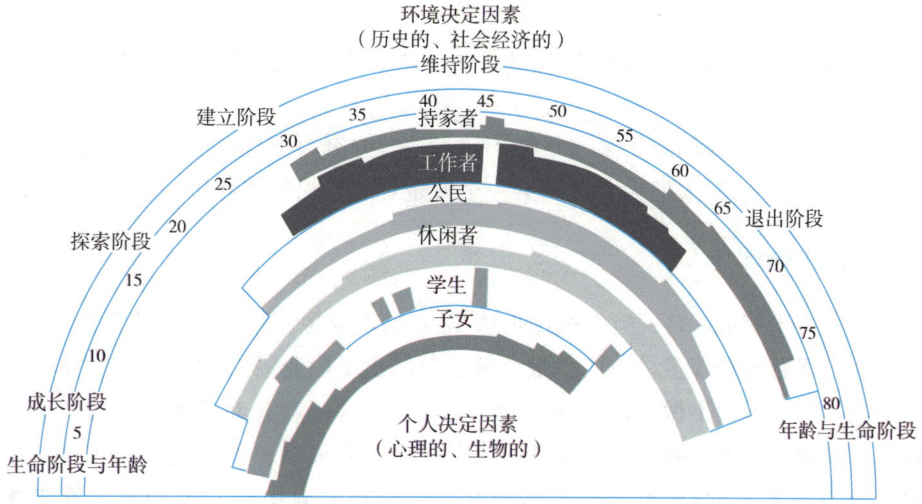

图 1-2 生涯彩虹图

(1)横贯一生的彩虹——生活广度。在生涯彩虹图中，横向层面代表的是横跨一生的生活广度。彩虹的外层显示人生主要的发展阶段和估算的年龄：成长阶段(约相当于儿童期)、探索阶段(约相当于青春期)、建立阶段(约相当于成人前期)、维持阶段(约相当于中年期)以及退出阶段(约相当于老年期)。在这五个主要的人生发展阶段内，各个阶段还有小的阶段，舒伯特别强调各个阶段的年龄划分有相当大的弹性，应依据个体不同的情况而定。

(2)纵贯上下的彩虹——生活空间。在生涯彩虹图中，纵向层面代表的是纵贯上下的生活空间，由一组职位和角色所组成。舒伯认为人在一生中必须扮演的主要角色有子女、学生、休闲者、公民、工作者、持家者等。各种角色之间是相互作用的，一个角色的成功，特别是早期角色的成功，将会为其他角色提供良好的基础。但是，为了某一角色的成功付出太大的代价也有可能导致其他角色的失败。在这个生涯彩虹图中，用色块表示个人在每一个阶段对每一个角色投入的程度，色块面积越多(大)表示该角色投入的程度越多，空白面积越多(大)表示该角色投入的程度越少。

(四)金斯伯格的职业生涯发展理论

伊莱·金斯伯格研究的重点是从童年到青少年阶段的职业心理发展过程。他将职业生涯的发展分为幻想期、尝试期和现实期三个阶段。

1. 幻想期

这一时期是指六七岁至十一二岁。在这个时期，人们想象着将来会成为某一类人，从事着某种职业，内心充满对未来的憧憬和幻想，这种幻想并不会受到个人能力与现实世界的制约，只是单纯的期待与想象。

2. 尝试期

这一时期是从 10～12 岁开始，到 16～18 岁结束。在这个时期，人们对未来职业的幻想已经脱离了年少时期的盲目性和随意性，开始意识到个人的喜好和能力、现实社会的事业需求等因素，开始根据自身特点和现实社会的职业性质来调整将来的职业目标。

3. 现实期

这一时期从 18 岁左右开始。在这个时期，人们开始真正地将主观意愿和社会现实结合起来，根据对自己的客观评价和对社会需求的客观分析来选择将要从事的职业。具体来说，这一阶段又可划分为以下三个子阶段：

(1)探索阶段。这一阶段人们试图把个人的选择与社会的职业岗位需求等客观条件联系起来，进行折中和调适。

(2)结晶阶段。这一阶段人们对于某一目标十分专注，并努力使自己向这一目标靠近。

(3)特定化阶段。这一阶段人们为了达到某一个特定目的，渴望接受进一步的学习和培训。

(五)施恩的职业锚理论

美国职业指导专家埃德加·H. 施恩经过长达 12 年的职业生涯研究，采用了面谈、跟踪调查、企业调查、人才测评、问卷调查等多种方式，最终分析总结出了职业锚(又称职业定位)理论。

职业锚是指当一个人不得不做出职业选择时，无论如何都不会放弃的职业中的至关重要的东西或价值观，是自我意向的一个习得部分。实际就是人们选择和发展自己的职业时所围绕的中心，即个人进入早期工作情境后，由习得的实际工作经验所决定，与在经验中自省的动机、价值观、能力相符合，达到自我满足和补偿的一种稳定的职业定位。职业锚强调个人能力、动机和价值观三个方面的相互作用与整合。职业锚是个人同工作环境相互作用的产物，在实际工作中是不断调整的。

职业锚理论包括技术/职能型、管理型、自主/独立型、安全/稳定型和创业型。尽管此后有越来越多的人加入了研究的行列，又提出三种类型的职业锚——挑战型、生活型、服务型，然而其核心部分仍然是施恩最早提出的五种类型。

1. 技术/职能型

技术/职能型的人追求在技术/职能领域的成长和技能的不断提高，以及应用这种技术/职能的机会。他们对自己的认可来自他们的专业水平，喜欢面对来自专业技能领域的挑战，一般不喜欢从事管理工作。

2. 管理型

管理型的人追求并致力于得到晋升，专注于管理工作，喜欢独自负责一个部门的工作。他们喜爱并愿意承担责任，并将企业的成功与否与自身的成功与否融为一体。具体的技术/职能工作仅仅被他们看作是通向更高、更全面管理层的必经之路。

3. 自主/独立型

自主/独立型的人希望随心所欲地安排自己的工作方式、工作习惯和生活方式，最大程度地摆脱组织的限制和约束。他们宁愿放弃提升的机会，也不愿意放弃自由与独立。

4. 安全/稳定型

安全/稳定型的人追求工作中的安全与稳定感，他们为拥有稳定的工作而感到轻松。尽管有时可以达到一个更高的职位，但他们并不愿意为了获取更高的职位而冒失去目前稳定工作的风险。

5. 创业型

创业型的人不愿意在别人的指挥和限制下工作，他们愿意去冒失败的风险，以期获得展现自身创造能力的机会。他们想向世界证明某个企业或组织是靠自己的努力创建的。他们可能正在别人的企业工作，但实际上是在学习并积累经验和资源。一旦他们感觉时机到了，便会走出去创建自己的事业。

施恩的职业锚理论较为成熟，为人们充分了解个人的职业需求和职业目标提供了理论上的依据，可操作性较强，具有比较显著的现实意义和实用功能。

精选案例

某汽车公司在运用员工的“职业锚”方面的做法给了我们有益的借鉴。此公司对于一线工人采用工作轮岗的方式来培养和训练多功能作业员，这样既提高了工人的全面操作能力，又使一些生产骨干的经验得以分享。员工还能在此过程中发现自己的优势在哪里，从而进行准确定位，找到真正适合自己的岗位。员工一旦确立了自己的“职业锚”，工作起来便会更有积极性和主动性，效率也会有很大提高。

此公司采取5年调换一次岗位的方式对各级管理人员进行重点培养。每年1月1日进行岗位变更，一般以本单位相关部门为调换目标，调换幅度在5%左右。短期来看，轮岗需要有熟悉操作的适应过程，可能会导致生产效率的降低，但从企业长久发展来看则是利大于弊。经常有序轮岗还能给员工带来适度的压力，促使员工不断学习，使企业始终保持一种生机勃勃的氛围。

第二节 职业生涯规划的原则、方法与步骤

一、职业生涯规划的原则

职业生涯规划对大学生来说具有重要的意义，能够在大学生未来的职业发展中发挥巨大的作用。但只有科学、合理、可行的职业生涯规划才能够发挥积极的作用。因此，大学生在进行职业生涯规划时，切忌随意而为，应把握并遵循职业生涯规划的原则。

(一)目标导向原则

确定目标是进行个人职业生涯规划的起点，目标导向原则是大学生进行职业生涯规划要遵循的首要原则。不恰当的目标会使职业生涯规划从一开始就偏离轨道，从而无法取得理想的效果。一般而言，目标导向原则包含四个要点。

1. 目标要明确

目标要有针对性，大学生要明确需要解决的主要问题。

2. 目标要具体

目标要有具体的衡量标准，如实现目标的最后期限、相关的约束条件等。

3. 目标要切实可行

目标应依据个人的能力、所处的环境、某些不确定因素的影响等来确定，大学生要避免设立不太现实或者纯粹属于空想的目标。

4. 目标要系统

大学生要全面考虑所规划的目标在职业生涯发展中的主次、先后关系，建立起层次结构分明的目标体系。

（二）相适应原则

相适应原则是指大学生在进行职业生涯规划时，必须把社会需求与个人愿望有机结合起来。职业生涯规划是为大学生的职业发展服务的，而职业发展必然受到社会经济的影响。随着社会经济的不断发展，职位的数量和需求也会改变，新的行业不断涌现，一些旧的行业则会逐渐消失。因此，大学生在进行职业生涯规划时要遵循相适应原则，这样才能顺利地实现自己的职业目标。

（三）相匹配原则

相匹配原则是指大学生应将职业生涯规划与个人专长相匹配。每一个行业都会对从业者的能力及素质提出一些要求，某些行业甚至还会提出高规格的要求，如外贸行业对从业者的外语听说能力要求就比较高。选择与个人专长相匹配的行业，才能够充分发挥自身的优势，取得有利的竞争位置。

一般来说，大学生的个人专长与专业的关系密切，因此大学生可以根据职业目标与专业的对口程度来判断职业生涯规划与个人专长是否相匹配。但事无绝对，一些大学生有丰富的课外兴趣，并由此形成了新的专长，他们在进行职业生涯规划时也要对这些专长加以考量。

精选案例

百度的首席执行官李彦宏在回答大学生择业的问题时，提出了3条原则。首先是兴趣。他讲述了从搜索爱好者出身、历经考验而成为百度产品原副总裁的俞军的故事。其次则是如何发现自己的优势。李彦宏告诉大学生，在百度，换岗或轮岗是家常便饭，每个员工都可以要求到自己最有优势的岗位上工作。最后，李彦宏提醒大学生：如果想在企业里先磨炼几年，那一定要瞄准一个朝气蓬勃、上升空间很大的公司。李彦宏还以自己的切身经历向同学们建议，在有成长性的企业中工作是创业的最好准备。

李彦宏所说的择业原则也间接回答了他成功的原因。确实，兴趣对择业非常重要，它将会使一个人走得更远，最终获得成功。因此，个人通过对自己以往的经历及经验的分析，找出自己的专业特长与兴趣点，是职业生涯规划很重要的一步。

（四）相结合原则

职业生涯规划的相结合原则主要体现在以下四个方面。

1. 抽象与具体相结合

在职业生涯规划中，有些内容应该抽象、模糊，有些内容则要具体、清晰。例如，战略考虑可以抽象，而具体措施则必须清晰。

2. 质化与量化相结合

进行职业生涯规划的过程中，某些问题要注重质的规划性，如职业发展方向和职业目标的确定；

而另一些问题则要在质的基础上进行量化，如具体目标的实现标准、实现时间等。这样才能随时了解实践状况，从而对职业目标进行修正或强化。

3. 实力与挑战相结合

大学生确定职业目标应当基于自己的实力，不可好高骛远。但确定的职业目标也应具有一定的挑战性，即略高于本人的实力，这样才能最大程度地发掘自己的潜能。

4. 主见与他人意见相结合

大学生在进行职业生涯规划时，应该坚持自己的想法，因为只有自己最了解自己，只有自己认同的职业生涯规划才能激励自己发奋努力。但同时也不能忽略他人的意见，因为个人的思考是有局限性的，他人的意见也可能有很高的参考价值，能够帮助大学生完善职业生涯规划。

（五）实践性原则

再美好的职业生涯规划最终都要落到实践中，脱离实践的职业生涯规划如同无本之木。在实践中，大学生可以深入审视内外部条件，清醒地认识自我，敏锐地感知社会需求，从而明确自身的不足之处，不断改进自己的行为，同时也能对职业生涯规划做出进一步的优化、调整。

精选案例

大学毕业的小王和同学们一起参加过几次面试，有两个单位表示愿意录用他。在决定去向时，小王很冷静，没有和其他大多数同学一样，一门心思地想留在大城市，而是决定回到老家报考村干部。有人问小王为什么会做出这样的选择，他回答说，自己生在农村，对农村的情况很熟悉，便于今后开展工作。同时自己的家庭经济情况不是很好，难以承受大城市的购房压力和失业风险。小王回到老家后，于当年考上村干部。由于他熟悉情况，勤于思考，认真负责，工作做得很出色，单位提前让他参加了公务员考试，他也顺利通过。

综上所述，大学生在就业时，要根据自己的个人情况和家庭情况深思熟虑、理性选择，不要盲目随大流。一旦大学生在就业时做出了不理性的选择，到头来可能骑虎难下、进退两难。

二、职业生涯规划的方法

一个人的职业生涯发展受到个体的个性、体能和特质、心理健康、团队关系、资金与财务资源、受教育水平和经历，以及机遇等因素的影响，所有这些内部和外部的因素结合起来，共同影响人们职业生涯道路的发展。一个人的职业生涯规划要以前文所述的各种理论为依据，对自己的人格特征、职业兴趣、素质能力、工作价值观等进行综合分析与权衡，结合所处时代的社会、政治、经济发展等特点及个人所需扮演的社会角色，与某类（自己选择的）专业、行业及某些组织（工作单位）相结合，确定最佳的职业目标，并为实现这个目标做出行之有效的安排。

1991 年，盖瑞·彼得森、詹姆斯·桑普森、罗伯特·里尔登合著的《生涯发展与服务：一种认知的方法》阐述了一种思考职业生涯发展的新思路，即认知信息加工理论（cognitive information processing theory，CIP）。

根据 CIP 理论，个人进行职业生涯规划的过程可以用信息加工金字塔模型(图 1-3)来呈现。

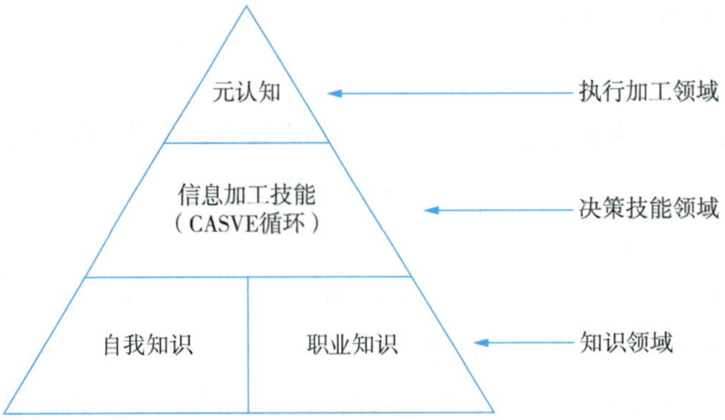

图 1-3　信息加工金字塔模型

(一)知识领域

金字塔的底部是知识领域，包括自我知识和职业知识。自我知识包括了解自己的兴趣、性格、能力和价值观；职业知识包括理解相关的职业、企事业单位等组织与社会环境。此领域可以比作计算机存储群中的数据文件，各种信息以图式或动态信息的方式存储，为我们解决生涯问题和制定决策提供信息。例如，在有关职业及职场的知识领域，如果对工程师这一职业有更多了解，我们就能开发出更加完善、更加详细的有关工程师的任务、技能、兴趣等的图式；同样，在自我知识领域，如果我们做过兴趣测验，就会对自己的兴趣倾向有更清楚的了解。

(二)决策技能领域

金字塔的第二层决策技能领域用以指导我们如何进行决策，具体包括进行科学决策的五个阶段(图 1-4)。这个环节可以比作进行数据处理的计算机程序。信息加工技能的 CASVE 循环包括五个阶段：沟通(Communication)、分析(Analysis)、综合(Synthesis)、评估(Value)和执行(Execution)。

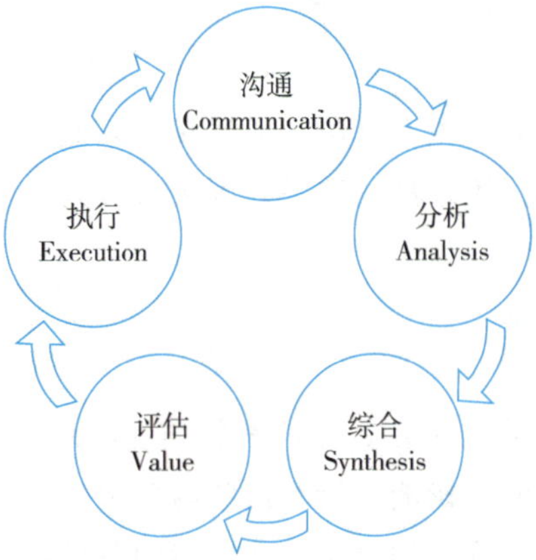

图 1-4　信息加工技能的 CASVE 循环

CASVE循环

1. 沟通阶段

在 CASVE 循环中，沟通阶段是指个人发现职业理想与现实之间存在差距，意识到“我需要做出一个选择”，这是决策的开始。这一过程往往伴随着焦虑和痛苦，是个体由平衡到不平衡的觉醒过程。例如，许多大学生在接触职业生涯规划之前认为上了大学只要好好学习、认真读书就可以了，从没想过将来做什么工作或者觉得找工作是很遥远的事情。在了解到职业生涯规划不仅与就业及创业相关，还涉及自己多个人生角色的安排后，他们意识到要对大学生活进行整体规划，及早为进入职场做准备，于是开始思考职业生涯的目标与意义、自己朝哪个方向发展等问题。当问题出现以后，进一步细化问题，明确问题的所在，便完成了沟通阶段的任务。

2. 分析阶段

在分析阶段，决策者要对理想与现实之间的差距进行分析，将问题的各个部分联系起来，对现状进行评估，对所有的信息进行分析，找到造成差距的原因，了解自己可能的选择，其中还包括确认所要做出的决策——决策的性质、具体的目标、决策的标准等。

不少人将目标与达成目标的手段相混淆，如为了学历及毕业证书而读书，但提高学历、获取毕业证书只是提升工作技能的过程，而非职业发展的最终目标。事实上，决策过程中最容易出现问题的是分析阶段。许多人倾向于用简单化的方式得出结论，然后直接采取行动，如并没有考虑出国留学或考公务员的目的就开始盲目行动。这样的决策未能真正弄清问题的关键，也未能收集充足的信息，往往并不能得到较好的执行。

知识延伸

专业不对口怎么办?

在我国，职业生涯的概念引入较晚，很多人在上大学之前没有考虑自己的兴趣爱好、性格特点等因素，而是根据什么专业热门、什么专业好听或什么专业好考就报考什么专业。这样就经常发生大学生所学的专业不是自己喜欢的专业或不是自己未来职业理想所匹配的专业的情况。虽然目前我国高校正在拓宽专业口径，转专业逐步走向松动，但转专业仍然不是一件容易的事。当前，大学生可以用以下办法来解决专业不对口的问题。

(1)辅修第二学位。随着学分制在高校的实施，很多大学生有机会辅修自己喜欢的专业，为自己的职业生涯做准备。

(2)通过自学考试获得自己喜欢的专业的文凭。

(3)通过“考证”获取职业资格。

(4)通过社会实践提高自己的综合素质。

3. 综合阶段

在综合阶段，要综合、加工上一阶段提供的信息，从而制定消除差距的行动方案。其核心任务是确定“我可以做什么来解决问题”。在这个过程中，可以采用头脑风暴进行创造性思维，首先要列举消除差距的各种选择，尽可能多地找到消除差距的方法，发散地思考每一种方法，然后要选出有效方法，通常精确到3～5个选项。

4. 评估阶段

在评估阶段需要对综合阶段得出的每个选项进行具体的评估，从而做出排序和选择(如职业、专业或其他)。此时，优秀的决策者会挑出一个最佳选择，在下一个阶段去实施。如果第一个选择不能成功，那么排在后面的几个选择也是备选方案。

5. 执行阶段

到了执行阶段，要实施评估阶段所评出的最佳选择，即把思考转换为行动。在此阶段要将手段与目标相联系，并确定一系列步骤以达到目标。

CASVE 循环是一个不断重复的过程，在执行阶段之后，决策者又回到沟通阶段，以确定所作的选择是否是最好的，能否最有效地消除理想与现实之间的差距。CASVE 循环不是单个事件，成功地完成决策过程依赖于每一个阶段的成功。

(三)执行加工领域

金字塔的顶端是执行加工领域，其行使工作控制功能，指导金字塔第二层的各种程序以何种顺序运作。例如，你可能会考虑在确定职业及进入哪类组织工作之前，先着手解决所学专业方面的问题；或者你可能先考虑自己喜欢的生活方式(如不喜欢坐班、希望能经常旅行等)，再进行职业选择。这些想法将决定你为实现自己的目标而奋斗的时间与方式以及解决职业生涯问题的途径，同时帮助你弄清楚自己在何时能够实现目标。

三、职业生涯规划的步骤

我国的研究者经过多年的反复实践与研究，并借鉴西方一些先进的理念及理论，提出了适合我国国情、针对当代大学生特点的职业生涯规划的步骤。其中最核心的内容包括以下五步。

(一)觉知与承诺

职业生涯规划是一种建立在现实、理想和梦想之上的自我管理艺术。职业就像生命的台阶，个人需要在不同的时期，站在不同的高度来审视自己。一个人要想获得成功，仅有远大的理想是不够的，还必须将职业目标与人生理想有机地统一起来。觉知与承诺是指我们在了解了职业生涯规划的重要性和作用，认识到职业生涯规划是一个过程，是一种面对职业生涯发展的态度后，从而确定职业生涯规划的意识和行动自觉，并积极规划自己的职业生涯。

(二)探索自我

探索自我即个人认识自己，了解自己的性格、兴趣，自己所具有的技能、价值观等。探索自我是为了更好地认识自我、了解自我，通过科学的认知方法和手段，如借助于职业兴趣测验和性格测验，以及周围人对你的评价等，对自己的职业兴趣、性格、能力、价值观等进行全面认识，清楚自己的优势与特长、劣势与不足。在职业生涯规划中探索自我是关键，因为这会直接影响一个人的职业目标。只有明确地回答了“我是什么样的人”“我喜欢做什么”“我能做什么”“我最在乎什么”等问题，才能避免职业生涯规划的盲目性，从而对自己所适合的职业和职业目标做出合理的抉择。

(三)探索职业世界

职业世界是一个人实现其职业生涯理想的外部平台。在进行了自我探索之后，还需要了解职业世界。大学生在探索职业世界时，应首先认识探索职业世界的重要性，了解与自己专业相关的职业有哪些，或者了解自己毕业后想从事的职业，并开阔思维，多角度、多途径获取职业信息，了解当前职业世界的大趋势，掌握多种获取和研究职业信息的方法，学会有效管理职业信息，以积极的心态面对职业世界，消除对职业世界的刻板印象。我们每个人的心目中都有理想的职业，可以通过头脑风暴的形式把它们一一列出来，这样就获得了一个职业清单。看看这些职业有什么共同点，可能会启发我们想到更多值得探索的职业，结合自己的能力和价值观，再次对职业清单进行筛选，最终就会得到自己预期的职业库。当我们用更广阔的思路来看职业世界时，会更容易理解一些基本事实，即什么是自己真正需要的，从而调整自己的行动，走出属于自己的职业生涯道路。

（四）决策与行动

我们要在分析自我、了解世界的基础上，对自己的职业生涯规划进行决策，并着手实现自己设立的工作目标。职业生涯规划实际就是人生战略设计，战略就是对未来的发展做出的一种安排，成功的人生需要正确的规划。大学生应该清楚自己要成为什么样的人，要从事什么样的职业，为实现这样的人生目标需要怎样安排自己的学习、生活。

为了完成自己设定的职业目标，我们需要制订行动计划：它应该是一个分阶段实现的计划，也就是给自己设立几个可以顺利达到最终目的的阶段性计划。对应自己的行动计划，我们可将职业目标进行分解，即分解为短期目标（一般为 1～3 年）、中期目标（一般为 3～5 年）、长期目标（一般为 5～10 年）和最终目标（一般为 40 年左右），其中，短期目标又可分解为日目标、周目标、月目标和年目标。分解目标有利于跟踪检查，同时，可以根据环境变化制订和调整短期行动计划，并针对具体计划目标采取有效措施。行动计划要对应相关的措施，层层分解、具体落实，详细的行动计划与有效的措施便于进行定时检查和及时调整。

（五）评估与调整

俗话说："计划赶不上变化。"由于影响职业生涯规划的因素很多，所以需要不断对职业生涯规划进行评估与调整。首先，要对年度目标的执行情况进行总结，确定哪些目标已按行动计划完成，哪些目标未完成；其次，对未完成的目标进行分析，找出未完成的原因，制定相应的对策及解决方法；最后，依据评估结果对下一年的行动计划进行修订与完善。职业生涯规划的评估与反馈过程是个人对自己不断加深认识的过程，也是对社会不断加深认识的过程，是使职业生涯规划更加有效的一种有力手段。

综上所述，本书对大学生进行职业生涯规划的建议是：首先理解职业生涯的内涵，明确职业生涯规划需要遵循的原则，根据职业生涯决策的信息加工金字塔模型，实践信息加工理论的 CASVE 循环，再结合自身特质和职业世界的相关信息确定职业目标，并通过持续有效的行动来消除理想与现实之间的差距，最终达成自己的职业目标。

精选案例

明确的规划，成就华春莹的外交智慧

作为我国外交部发言人，华春莹刚柔并济，进可直指问题核心，一针见血，退可化解分歧，春风化雨。她总是能用语言的智慧和缜密的逻辑捍卫祖国尊严。

1970 年 4 月，华春莹出生在江苏淮安一个低调的干部家庭，严格的家庭教育培养了她独立自强、勤勉认真的性格。她成绩优异、英语突出、口才出众，是学霸，是团支书，也是学生会主席。她从小就很有自己的想法，积极参与演讲赛、辩论赛。

1988年，18岁的华春莹考入南京大学的英语专业。在这个人才济济的地方，她发现自己的口音并不标准，于是给自己设立了一个“一年”目标，一年内，她要求自己必须说出一口流利的英语，绝不让口语成为她的软肋。

有计划，有勇气，有毅力，清晰的目标加上强大的执行力，华春莹不到一年就实现了这个目标。在这一年的时间里，她几乎将所有的业余时间都用来学习英语，据当时的班主任回忆，“她学习特别认真，笔记记得很细。她笔记的专业程度和细致程度，超过了老师的教案”。

在大学期间，华春莹一心扑在学习上，因为她心中有明确的目标——进入我国外交部。从高考志愿的填报，到后来的学习计划，都朝着这个目标不断迈进。而在华春莹大学毕业后，她也成功地实现了自己的目标。

华春莹稳扎稳打，大放光芒，成为我国坚不可摧的外交力量。一次次彰显大国风范的发言背后，是华春莹无数的付出。她博览群书，严谨认真。只有每次记者会前事无巨细地准备，才能拥有对于重大问题的洞察和预判，才能在面对提问陷阱时准确、灵活地应对。

2000年，华春莹曾在母校江苏省淮安中学做过一场关于《如何树立远大理想》的报告，她说：“自律者自由，而自由源于自我主宰。”

规划和自律对于成功有极大的影响，正是因为从小目标明确，才能够做好计划，一步步接近理想。而极度的自律，又让目标可以落地执行，让自己可以成为人生的主宰者。

本章小结

本章主要探讨了职业生涯规划的相关内容。个人要想制订合理的职业生涯规划，首先要了解个体的情况和特点；其次要结合所在的工作环境、社会环境等外在因素进行分析，遵循相应的原则，采用合适的方法，将职业目标细化为具有可操作性的目标、计划；最后明确实现目标的每一阶段的顺序、时间，使之成为切实可行的步骤以付诸行动。

教学检测

1. 简述职业生涯规划的概念。
2. 大学生职业生涯规划的意义有哪些？
3. 职业生涯规划遵循的原则有哪些？
4. 简述职业生涯规划的步骤。

思政园地★

青春因奋斗而闪亮
——首届“全国高校毕业生基层就业卓越奖”获奖代表余渔的故事

余渔，现任新疆维吾尔自治区克孜勒苏柯尔克孜自治州（以下简称“克州”）乌恰县乌恰镇党委书记。2019年，他从北京大学毕业，获得博士学位，放弃一线城市的优厚待遇和中部省份公务员的稳定工作，毅然奔赴南疆，成为北京大学首位直接赴南疆基层岗位工作的博士毕业生。

当年，从北京出发，余渔坐了三天两夜的火车，就任新疆克州阿图什市阿扎克乡提坚村党支部副书记。村里条件简陋，没有办公室，没有暖气，即使是冬天，为了节约煤炭也只能晚上烧一两个小时。全村只有一台电脑，大家排着队用。可就是这样，余渔仍义无反顾地来到这个村子，他清楚地知道，选择边疆意味着什么，但他说，人总要有些精神追求。

心怀家国，建设边疆。余渔怀揣一颗赤子之心，从村党支部副书记做起，全心全意干事创业。他所在的提坚村是深度贫困村，为了打赢脱贫攻坚战，余渔和村干部们一起一户一户走访，一点一点了解村里的情况，踏踏实实落实政策。艰巨的工作任务让加班、熬夜成为家常便饭，有时睡个囫囵觉也是一种奢望，在他的宿舍里，被子时刻都是打包状态，随时准备着前往工作第一线。

时刻把群众放在心头。余渔常常奔走在田间地头，想群众之所想、急群众之所急。边疆基层的工作多是一波未平一波又起。深秋时节，邻县突发牲畜疫情，来势凶猛，危害巨大，尽管大家都知道接种疫苗是最佳防疫办法，但疫情期间，要在这么短时间内打完疫苗可以说比登天还难，每个人心里都紧张到了极点。更要命的是，凛冬将至，大面积的葡萄还没埋藤，而葡萄藤必须埋进土里才能顺利过冬，否则将会冻死，来年重新栽种不仅投资巨大更需要三五年时间才能成熟结果。

面对棘手的局面，余渔没有退缩，他带领干部自学打针，挨家挨户入圈接种、防治疫病，又组织干部群众下地埋藤，日夜兼程赶在大雪前完成 2 万余亩葡萄的销售和埋藤。2019 年，在余渔和大家的共同努力下，提坚村完成了整村退出贫困村的任务，他成功实现了让乡亲们过上好日子的梦想。

开拓进取，实干兴业。余渔千方百计发展生产、引进资源，助力乡村发展。本来连小超市都没有几个的小街道，在他和乡镇干部的努力下快速发展起来。很快，村里有了机器轰鸣的工厂，超市、夜市、餐馆也都如雨后春笋一般冒了出来。2021 年，提坚村产业一条街的产值就突破了 2 亿元。他积极对接北京大学、新疆医科大学，与当地签协议、建基地，助力文化教育和乡村振兴事业的发展。实实在在的改变让余渔有信心继续奋斗下去，他将自己比作一名即将高考的学生，立志做好每一道“题”。余渔说，只要工作在一点点推进，事业在一点点进步，那理想便在眼前。

2021 年 7 月，新疆维吾尔自治区党委批准授予余渔同志“优秀共产党员”称号。就在近期，余渔又有了新的身份，他被任命为乌恰县乌恰镇党委书记，他将在新的岗位上继续服务人民、建设边疆。他说：“我希望能够为国家、为社会添砖加瓦，哪怕只贡献一粒尘埃，也是值得的。如果有更多像我这样的人，那合起来的力量将会无比巨大！”

（资料来源：《中国教育报》，2023 年 6 月 28 日，有改动）

讨论：

1. 请问你如何看待余渔选择建设边疆、基层就业的职业生涯规划？
2. 结合材料，请你谈一谈你自己的职业生涯规划。

第二章 职业自我认知

育人目标

◎ 悦纳自我，保持身心健康，不断成长，完善自我。

◎ 客观认识自我，明确自己的优势、劣势，扬长避短，促进自我成长。

学习目标

◎ 了解认识自我的方法。

◎ 正确认识自我的职业兴趣、性格及能力。

◎ 了解职业价值观自测的内容。

情境导入

成功——从认识自己开始

《吕氏春秋·先己》中有这样一段话："故欲胜人者，必先自胜；欲论人者，必先自论；欲知人者，必先自知。"这告诉我们：一个人要想了解外面的世界，取得成功，首先必须认识自己。

《孙子兵法》里也有一句名言："知己知彼，百战不殆。"但是细作比较你会发现，"知己"要比"知彼"更为重要。因为"彼"是一个"变量"，也是外因；而"己"却是一个"常量"，也是内因。自己尚不知，"知彼"又有何用？正如老子所言："知人者智，自知者明。"了解别人的人，固然称得上智慧，但是能正确地认识自己的人才是真正的明达。

李白盛年时游历祖国的名山大川，每到一处几乎都留下了佳作名篇。当他登上黄鹤楼，正待题诗抒怀时，抬头忽见墙上崔颢的题诗《黄鹤楼》，自叹不如，连赞"绝妙"，心中默念"眼前有景道不得，崔颢题诗在上头"，掷笔离去。后来，李白在游览金陵时写下了著名的《登金陵凤凰台》，与崔颢的《黄鹤楼》有着异曲同工之妙。李白在黄鹤楼上的知难而退，非但无损于他的伟大，反而成就了文坛的一段佳话。倘若他当时兴之所至，草草提笔，贸然题诗，或许反添上一大败笔。有道是“败莫大于不自知”，正确地认识自己的知识、水平、能力，凡事量力而行，才有可能取得成功；过于自负或自卑，都会使自己与成功擦肩而过。

“不知而自以为知，百祸之宗也。”如果不能正确地看待自己、反省自己、提升自己，那将会给自己和他人带来无尽的麻烦。三国时期蜀汉将领马谡，虽有参谋之才，但无统帅之能，却自告奋勇要求驻守街亭，致使兵败如山倒，街亭失守后被军法处置。主动请缨固然没错，但是未能认清自我又固执己见，难免会铸成大错。

人最难的就是认识自己。有了自知之明，就有了进步的基础。因此，一个人应当时刻转动心中的明镜鉴照自己，看清自己的长短优劣。一个自知的人，才能知道自己什么能做、什么不能做，从而踏上取得成功的道路。

第一节 自我与职业

一、自我认知的内容

心理学家戴维·麦克利兰于1973年提出了著名的“冰山模型”，将个人素质的不同表现形式划分为表面的“冰山以上部分”和深藏的“冰山以下部分”。“冰山以上部分”包括基本知识、基本技能，是外在表现，是容易了解与测量的部分，相对而言也比较容易通过培训来改变和发展；而“冰山以下部分”包括社会角色、自我形象、特质和动机，也就是个人的兴趣、性格、能力和价值观，这是个人内在的、难以测量的部分。它们不太容易因外界的影响而改变，但却对人的行为与表现起着关键性的作用。

自我认知可以帮助我们回答以下问题：“自己喜欢做什么”这是对兴趣的认识；“自己适合做什么”这是对性格的认识；“自己能做什么”这是对能力的认识；“自己为什么这么做”这是对价值观的认识。通过回答这些问题，可以帮助我们了解自我、发现自我、把握自我，从而进行合理的职业生涯规划，把握人生前进的方向。

总体而言，自我认知是进行职业生涯规划的第一步。一般认为，自我认知包括对生理自我、心理自我和社会自我的认知。

（一）生理自我认知

生理自我认知是指一个人对自己的身体机能、外貌、体能等生理特征的认识。认识生理自我对个人的最大意义在于，个人首先要悦纳并尊重自己的生理特征，进而有意识地开发生理自我，以增强应对多变、竞争日趋激烈的职业环境的能力。

生理自我是人们可以直接观测到的自我因素，有些是身体特征，有些是身体外特质。身体特征由物理实体构成，反映身体特征的有性别、身高、体重、外貌、视力等，这些基本可以通过观测或物理测量获知，如一台秤、一卷皮尺就可以测出自己确切的体重、身高。身体外特质也称延伸自我，即在日常生活中所说的“我的……”，如名字、照片、财产、学校、专业等，对此部分“自我”，我们会非常关注，并愿意为获取或提高它而努力。提到身体外特质时，我们往往会产生特定的情绪，如在人群中听到自己的名字时，我们会集中注意力，或寻找声音来源或侧耳倾听；向别人介绍自己的母校时，自豪之感会溢于言表。

在求职过程中，生理自我属于个人基本信息，特定的岗位对此往往有着具体、明确的要求。个人求职时，生理自我往往是用人单位首先关注的问题。例如，从事食品行业的工作要求无传染性疾病；而一些特殊职业对此往往有着更为严格的要求，如警察、航空、航天、海洋等行业的工作。

精选案例

上海某航空公司招录空姐时，对生理自我要求如下：

(1)身高：1.63～1.72 米；

(2)年龄：18～25 周岁；

(3)身体：体表无明显疤痕，皮肤白皙，双耳对称，双肩平、对称，牙齿洁白、整齐，五官端正，听力、色觉、味觉正常，无明显内、外八字，无精神病史，无肝炎等传染性疾病，无眩晕、鸡胸、驼背，身体匀称协调。

(二)心理自我认知

心理自我指的是自身的内在因素，是自我中最为内隐的部分，无法直接观测得知。心理自我认知是指一个人对自己的兴趣、性格、能力和价值观等特征的认识。心理自我是职业自我的核心内容，也是自我认知的重点内容，它对一个人的职业选择和职业发展都起着至关重要的作用。如果一个人不知道自己想要什么，那么他一生都可能活在别人的期望之中；如果一个人所从事的职业与他的兴趣相矛盾，那么他的一生都有可能郁郁寡欢；如果一个人所从事的职业与他的性格相矛盾，那么他的一生都有可能不得志；如果一个人所从事的职业与他的特长相矛盾，那么他的一生都可能碌碌无为。

在求职过程中，生理自我只是求职者应聘时面临的第一道门槛，更值得其重视的应该是心理自我。在岗位的招聘标准中，心理自我是相当重要的，不同的岗位对求职者的心理自我的要求也是不一样的，如财务管理岗位要求求职者心思缜密，市场营销岗位要求求职者灵活多变，客户服务岗位要求求职者耐心、热情等。

精选案例

南京某大型服装企业对销售人员的岗位要求如下：

(1)性格开朗，热情活泼；

(2)具有良好的产品销售能力，以及产品导购、推介和促销能力；

(3)能及时地反馈市场动态和信息；

(4)具有良好的展厅布置和产品陈列出样能力；

(5)具备较强的沟通能力、应变能力、学习能力和团队精神。

（三）社会自我认知

社会自我认知是指个人对自己所处的职业社会环境及与自己职业选择和职业发展有关的社会资源的认识。人是社会性动物，一个人不可能脱离社会而独自活动。同样，一个人的职业选择和职业发展活动也不可能脱离社会而独自进行。如果一个人的职业选择不能适应当时的社会需求，那这个人就会无法发挥自己的才能；如果一个人的职业选择不能从社会现实出发，那这个人就会不切实际。个人所拥有的社会资源也是社会自我的一项重要内容，要想取得职业生涯的成功，个人除了要有深厚的人力资本之外，还需要有丰富的社会资源，来实现个人的职业目标。

在求职过程中，一个人若能充分挖掘社会自我，可能会得到比一般人更多的机会。因此，积极主动发现并开拓社会自我也是自我认知的重要组成部分。

职业自我包括生理自我、心理自我和社会自我。和心理自我相比，生理自我和社会自我较为客观，也相对容易探索和认知。所以，本书中的自我认知主要是指对心理自我的认知，下文重点介绍心理自我认知的具体内容和方法。

思政元素

“育人，遇自己”——毕业了，去支教

一年前，即将毕业的郑宇面试一家公司的管培生遭遇失败，这给她最初的职业设想浇了一盆凉水。“一开始觉得只要努力投入，就能在热门的商业领域发展好，但尝试后发现并非这样。”郑宇开始思考真正适合自己的发展道路。

她想起了大学期间做家教的经历，“教师这一职业实现了认知与实践的联结，它能帮助我将自身所学运用到工作中，让知识一代代传下去，对国家、社会都意义重大”。

经过一番思考后，郑宇决定做一名教师，“双减”政策的出台让她进一步思考教育的本质：“教书不只是一份生计，更多的是为了育人，这是一份沉甸甸的社会责任。”

秋招期间，郑宇从辅导员处了解到美丽中国支教项目。这个项目通过选拔、输送有教育理想的中国青年，在两年的服务期中为教育资源匮乏地区带去扎根乡土、面向未来的教育，同时也为长期推动中国教育均衡化发展，培养具有社会责任感和社会创新能力的优秀青年人才。

美丽中国支教项目“育人，遇自己”的愿景打动了郑宇：“‘育’是教育，它肯定了高校毕业生可以投身乡村教育的社会价值；‘遇’是遇见，它理解青年人在步入社会之初的迷茫，提供了一个自我探索的时间和机会。”在经过提交申请、面试等环节考察后，她成了该项目的一员。

（资料来源：新华社，2022 年 7 月 6 日，有改动）

二、自我认知的方法

自我认知不仅仅是个体的自省，也是个体在自我观察与自我分析的基础上，对自身条件和状态的全面评估。自我认知最有效的方法就是进行自我分析，而进行自我分析的方法有很多，其中较为常见的方法有橱窗分析法和测评法等。

(一)橱窗分析法

橱窗分析法是个体进行自我认知时最常用的方法之一。心理学家把对个体的了解比作一个橱窗，这个橱窗由四个“我”组成，即“公开我”“隐私我”“潜在我”“脊背我”(图 2-1)。

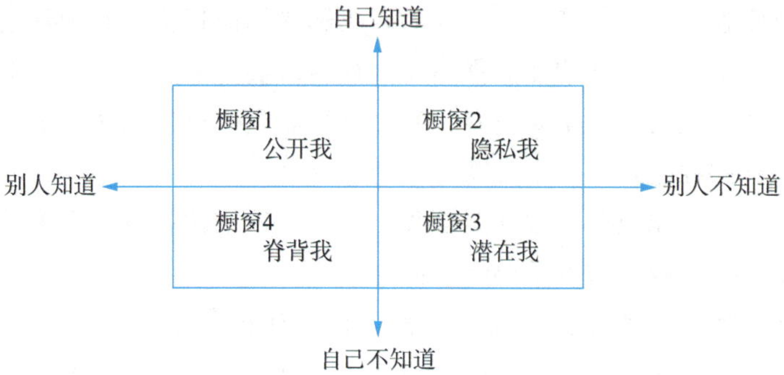

图 2-1　橱窗分析法

1. 橱窗 1:“公开我”

“公开我”即自己知道，别人也知道的部分，指个体的外在表现，如身高、年龄、学历、婚姻状况等。

2. 橱窗 2:“隐私我”

“隐私我”即自己知道，别人不知道的部分，指个体的内在隐私部分，如心中的愿望、职业目标等内心的想法。

3. 橱窗 3:“潜在我”

“潜在我”即自己不知道，别人也不知道的部分，指个体未经开发的部分。针对该部分，个体一般可采用人才测评的方式来发现自己的潜力，也可以在学习过程中多做尝试来发现自己的潜力。

4. 橱窗 4:“脊背我”

“脊背我”即自己不知道，别人知道的部分，指个体对自我认识的盲区。针对该部分，个体可以采取同自己的家人、同学、朋友等交流的方式，聆听别人提出的意见，加深对自己的认识。

大学生在进行自我认知时，需要重点了解“潜在我”和“脊背我”两个部分。“潜在我”代表着自己还可以被挖掘的潜力，有意识地挖掘自己的潜力能够提升自己的能力。“脊背我”代表他人对自己的看法，这些看法往往是自己不容易认识到的。大学生应该以开阔的胸怀，正确地对待别人提出的意见或看法。

(二)测评法

测评法是借助一些职业测评工具来认识自己的方法，通常是在职业咨询专家的指导下，采用正规的职业测评工具对自我进行多方面的评价。使用测评法测评的内容一般包括人格测验、职业兴趣测验、智力测验和职业能力测验四个方面。

1. 人格测验

人格是指个体比较稳定的、本质的心理特征的总和，它是个体施展才能、有效完成工作的基础，一般包括气质、能力、兴趣、性格等。目前，常用的人格测验工具包括迈尔斯-布里格斯类型指标、卡特尔 16 种人格因素测验、艾森克人格问卷等。

2. 职业兴趣测验

大学生在择业时，通常会选择与自身兴趣相匹配的职业类型和职业环境。通过职业兴趣测验，大学生可以了解自己喜欢和适合从事的工作，测验结果也可以作为大学生进行职业生涯规划时的客观参考依据。常用的职业兴趣测验工具包括霍兰德职业兴趣自测、明尼苏达职业兴趣量表等。

3. 智力测验

智力测验主要测验个体的思维能力、学习能力和环境适应能力。由于智力具有抽象性与隐蔽性的特点，且难以把握，因此需要借助一些专业的智力测验工具来进行测验。常用的智力测验工具包括韦克斯勒智力量表和瑞文标准推理测验等。

4. 职业能力测验

职业能力测验的内容比较多，包括语言能力、逻辑推理能力、分析能力、数学能力、手眼协调能力及机械推理能力等。其中，前 4 种是大学生应当重点测验的核心能力。有研究表明，这 4 种能力与现在社会上大多数的职业密切相关。

（三）其他自我认知的方法

除了前面介绍的两种方法外，大学生还可以通过经验法和成就回顾法等进行自我认知。

1. 经验法

经验法是指在人际交往中依据过去活动的成果，由他人或本人对自己进行主观的分析和评价，主要包括自我反省和他人评价两条途径。自我反省是通过自我反思、自我总结、自我比较的方法来了解自己、认识自己；他人评价即他人对自己的评价，可以帮助大学生了解他人眼中的自己，从而获得对自身的客观认识。

2. 成就回顾法

自我的能力、兴趣、价值观等方面都会随时间的推移逐步表现和反映出来，大学生可以通过回顾自己在学习、社会实践及人际交往等方面的能力和成就来认识自我，获得关于自己的能力、兴趣、价值观等方面的信息。

第二节 兴趣与职业

一、兴趣与职业兴趣

（一）兴趣

兴趣是人认识某种事物或从事某种活动的心理倾向，它以认识和探索外界事物的需要为基础，是推动人认识事物、探索真理的重要动机。兴趣具有社会制约性，人所处的历史条件不同、社会环境不同，其兴趣就会有不同的特点。有些人的兴趣是在生活中长期形成的，有些人的兴趣是在一定的情境下由某一事物偶然激发出来的。大学生的兴趣多种多样，概括起来可以分为三大类。

1. 物质兴趣和精神兴趣

物质兴趣主要指对舒适的物质生活的兴趣和追求，如衣、食、住、行等；精神兴趣主要指对精神生活的兴趣和追求，如文学、艺术、知识等。

2. 直接兴趣和间接兴趣

直接兴趣是指对活动过程的兴趣，如喜欢跳舞、打球，通过这些活动会获得愉快和满足，这种活动本身就是直接兴趣；间接兴趣是指对活动过程所产生的结果的兴趣，如创业的过程十分漫长艰辛，但有人仍乐此不疲，这不是因为创业的过程会给其带来愉快、满足感，而是因为创业取得的成就会给其带来满足感。直接兴趣的作用时间比较短暂，而间接兴趣的作用时间比较持久。两者是相互联系、相互促进的，只有把直接兴趣和间接兴趣有机地结合起来，才能充分发挥一个人的积极性和创造性，才能目标明确，持之以恒，取得成功。

3. 个人兴趣和社会兴趣

个人兴趣是指个体以特定的事物、活动及人为对象，所产生的积极的和带有倾向性、选择性的态度与情绪；社会兴趣是指社会成员对某一领域的普遍兴趣，或社会某领域对社会成员的普遍需求。

(二)职业兴趣

职业兴趣是兴趣在职业方面的表现，是指人们对某种职业活动具有的比较稳定而持久的心理倾向，它能使人对某种职业给予优先注意，并向往之。职业兴趣是一个人对待工作的态度，表现为有从事相关工作的愿望和兴趣。拥有所从事职业的职业兴趣将增加个人的工作满意度、职业稳定性和职业成就感。

二、职业兴趣探索

人们通过职业兴趣评估，可以明确自己的主观倾向，从而对活动情境进行考虑和权衡，并选出最适合自己的情境。

(一)兴趣岛游戏

兴趣的探索方法有很多，首先我们可以通过兴趣岛游戏进行一个初步判断。

提示语：晴空万里，你正乘船漂游于大海之中，眼前出现了六座岛屿。

1 号岛屿——自然原始的岛屿。岛上自然生态保持得很好，也有相当规模的动物园、植物园、水族馆。岛上居民以手工见长，自己种植花果蔬菜，修缮房屋，打造器物，制作工具。

2 号岛屿——深思冥想的岛屿。岛上人迹较少，建筑物多偏于一隅，绿野平畴，适合夜观星象。岛上有天文馆、科技博览馆以及科学图书馆等。岛上居民喜好观察、学习，崇尚和追求真知，常有机会和来自各地的哲学家、科学家、心理学家等交流心得。

3 号岛屿——美丽浪漫的岛屿。这个岛上有许多美术馆、音乐厅、街头雕塑和街边艺人，岛上弥漫着浓厚的艺术文化气息。当地的居民很有艺术修养、拥有很强的艺术创作能力。他们保留了传统的舞蹈、音乐、绘画，许多文艺界的朋友都喜欢到这里来找寻灵感。

4 号岛屿——友善亲切的岛屿。岛上居民个性温和、十分友善、乐于助人，这里的社区均自成一个密切互动的服务网络，人们重视互助合作，重视教育，关怀他人。

5 号岛屿——显赫富庶的岛屿。岛上的居民善于经营，能言善道。岛上的经济高度发达，处处有高级饭店、俱乐部、高尔夫球场。来往者多是企业家、经理人、政治家、律师等，这里曾数次召开财富论坛和其他行业高峰会议。

6 号岛屿——现代、秩序井然的岛屿。岛上建筑十分现代化，是进步的都市形态。该岛以完善的市政管理、金融管理见长。岛上居民个性冷静保守，处事有条不紊，善于组织规划，工作细致高效。

若你必须在六座岛屿中的某座岛屿生活一生，请不要考虑其他因素，仅凭自己的兴趣，按 1、2、3 的顺序挑出你最想前往的三座岛屿。

这六座岛屿实际上代表了以下六种不同的兴趣类型。

1 号岛屿——实用型：喜欢用手、工具、机器制造或修理东西。愿意从事实务性的工作和体力活动，喜欢户外活动或操作机器，不喜欢在办公室里工作。重视具体、实际的事物，诚实，有常识。

2 号岛屿——研究型：喜欢探索和研究那些需要分析、思考的抽象问题，喜欢阅读和讨论有关科学性的问题，喜欢独立工作，对未知问题充满兴趣。重视知识、成就。

3 号岛屿——艺术型：喜欢自我表达，喜欢文学、音乐、绘画和表演等具有创造性的工作。重视作品的原创性和创意，重视自我表达、自由和美。

4 号岛屿——社会型：喜欢与人合作，关心他人的幸福，愿意帮助别人成长或解决困难，也愿意为他人提供服务。重视服务社会与他人，能做到公正、理解、平等。

5 号岛屿——企业型：喜欢领导和支配别人，通过领导、劝说他人或推销自己的观念、产品而达到个人或组织的目标，希望成就一番事业。重视经济和社会地位上的成功，忠诚，有冒险精神，有责任心。

6 号岛屿——事务型：喜欢固定的、有秩序的工作或活动。希望确切知道工作的要求和标准，愿意在一个大的机构中处于从属地位，能够对文字、数据和事物进行细致有序的系统处理以达到特定的标准。重视标准、条理性、节俭和盈利。

这个游戏的理论依据是霍兰德的职业类型理论。霍兰德认为个人的职业选择在一定程度上表现了其人格特点，而个人的兴趣类型也就是人格类型。他认为，个人的职业选择也在一定程度上体现了其人格的延伸，人格特质反映在职业上就是这六种类型，两者之间的对应及适配程度有助于我们获得较高的工作满意度、持久的工作兴趣和一定的职业成就。兴趣岛游戏有助于我们了解自己的职业兴趣特点，选择与兴趣相吻合的工作。

(二)霍兰德职业兴趣自测

下面有 60 道题目，如果你认为自己属于这一类人，便在序号上画个“√”，反之则不做记号。请在一个安静、不受打扰的环境中完成这个测试，每一道题目不宜思考太久，尽量凭第一感觉做出选择。

(1)我喜欢自己动手做一些具体的能直接看到效果的工作。

(2)我喜欢弄清楚做每一件事情的具体要求，以明确如何去做。

(3)我认为追求的目标应该尽量高一些，这样才能在实践中获得更多成功。

(4)我看重人与人之间的友情。

(5)我常常想寻找独特的方式来表现自己的创造力。

(6)我喜欢阅读比较理性的书籍。

(7)我喜欢把生活与工作场所布置得朴实、实用。

(8)在开始做一件事情以前，我喜欢有条不紊地做好所有的准备工作。
(9)我善于带动他人、影响他人。
(10)为了帮助他人，我愿意做一些自我牺牲。
(11)当进入创造性工作时，我会忘却一切。
(12)在找到解决困难的办法之前，我通常不会罢手。
(13)我喜欢直截了当地说话，不喜欢婉转地说话。
(14)我比较注意细节。
(15)我乐于在所从事的工作中担任主要责任人。
(16)在解决个人的问题时，我喜欢找他人商量。
(17)我容易情绪激动。
(18)一接触有关新发明、新发现的信息我就会感到很兴奋。
(19)我喜欢户外工作与活动。
(20)我喜欢有规律(的生活)、干净整洁(的环境)。
(21)每当做重大决定之前，我总觉得异常兴奋。
(22)当别人叙述个人烦恼时，我能做一个很好的倾听者。
(23)我喜欢观赏艺术展和好的戏剧、电影。
(24)我喜欢研究所有的细节，然后做出合乎逻辑的决定。
(25)我认为手工操作和体力劳动永远不会过时。
(26)我不太喜欢由我一个人负责来做重大决定。
(27)我喜欢与能为我提供好处的人交往。
(28)我善于调解他人之间的矛盾。
(29)我喜欢比较别致的着装，喜欢新颖的色彩和风格。
(30)我对大自然的各种奥秘充满好奇。
(31)我不怕干体力活，通常还知道如何巧干体力活。
(32)在做决定时，我喜欢保险系数比较高的方案，不喜欢冒险。
(33)我喜欢竞争与挑战。
(34)我喜欢与人交往，以丰富自己的阅历。
(35)我善于用自己的工作来体现自己的情感。
(36)在动手做一件事情之前，我喜欢先在脑中仔细思索几遍。
(37)我不喜欢购买现成的物品，希望能购买材料自己制作。
(38)只要我按照规则做了，心里就会踏实。
(39)只要成果大，我愿意冒险。
(40)我通常能比较敏感地察觉到他人的需求。
(41)音乐、绘画、文字，任何优美的东西都特别容易给我带来好心情。
(42)我把受教育看作不断提高自我的过程。
(43)我喜欢把东西拆开，然后将其复原。
(44)我喜欢每一分钟都过得有意义。
(45)我喜欢启动一项项工作，具体的细节让其他人去负责。
(46)我喜欢帮助他人，提高他人的学习能力。

(47)我善于想象。
(48)有时候我能独坐很长时间来阅读、思考或做一件难以应对的事情。
(49)我不怎么在乎干活时弄脏自己。
(50)只要能仔细完整地做完一件事情，我就感到十分满足。
(51)我喜欢在团体中当主角。
(52)如果我与他人有了矛盾，我喜欢采取平和的方式加以解决。
(53)我对环境布置比较讲究，哪怕是一般的色彩、图案，我都希望其能赏心悦目。
(54)哪怕明知结果会与我的期望相悖，我也要探究到底。
(55)我很看重健康。
(56)如果说了我来做，我就会把这件事情彻底做好。
(57)我喜欢谈判，喜欢讨价还价。
(58)人们喜欢向我倾诉他们的烦恼。
(59)我喜欢尝试有创意的新主意。
(60)凡事我都喜欢问个“为什么”。

把你在上面自测过程中画过“√”的序号，在表 2-1 中相同的序号上画“√”。然后，根据每一行画“√”的多少，将排在前三位所对应的类型填在下面。

表 2-1　职业兴趣自测记录

实用型	(1)	(7)	(13)	(19)	(25)	(31)	(37)	(43)	(49)	(55)
事务型	(2)	(8)	(14)	(20)	(26)	(32)	(38)	(44)	(50)	(56)
企业型	(3)	(9)	(15)	(21)	(27)	(33)	(39)	(45)	(51)	(57)
社会型	(4)	(10)	(16)	(22)	(28)	(34)	(40)	(46)	(52)	(58)
艺术型	(5)	(11)	(17)	(23)	(29)	(35)	(41)	(47)	(53)	(59)
研究型	(6)	(12)	(18)	(24)	(30)	(36)	(42)	(48)	(54)	(60)

第一：________　第二：________　第三：________

根据霍兰德的职业类型理论，对你的答案进行解析。

第三节　性格与职业

一、性格的概念

性格是指人的性情品格，表现在人对现实的态度和相应的行为方式中的比较稳定的、具有核心意义的个性心理特征。性格表现了人们对现实和周围世界的态度，并表现在人们的行为举止中。性格是遗传和环境因素相互作用的结果，遗传是性格的自然前提，环境因素对性格的形成和发展具有决定性的作用。性格是人的核心的人格差异，直接地反映出个人的道德风貌。

古希腊医生、哲学家希波克拉底在公元前 4 世纪第一次提出“气质”这一概念，并区分了人的 4 种基本气质类型：多血质、抑郁质、胆汁质和黏液质。虽然气质类型的分类方法不尽科学，但两千多年来还是得到了广泛的认可，也为近现代人选择合适的职业提供了一定的依据。

随着现代心理学的发展，人们对性格的研究更加深入细致。现代心理学中性格类型的概念由瑞士心理学家卡尔·古斯塔夫·荣格于 1921 年提出。他认为，如果了解了人们的潜在心理活动和性格偏好，就可以预测其行为，并提出了 3 种性格偏好维度。

美国心理学家凯瑟琳·库克·布里格斯和伊莎贝尔·布里格斯·迈尔斯母女发展了荣格的性格类型理论，将性格偏好维度发展为 4 个，将性格类型发展为 16 种，并且将这一理论运用到职业选择的实践中，通过大量的个案分析，总结出与不同性格类型相对应的职业体系，开发出迈尔斯-布里格斯性格类型指标(Myers-Briggs Type Indicator，MBTI)测评系统。这个测评系统目前广泛应用于职业生涯规划与指导活动中，能帮助求职者找到与其性格类型相匹配的职业。

二、性格探索

(一)卡特尔 16 种人格因素测验

美国心理学家雷蒙德·卡特尔是以因素分析研究人格特质的代表人物之一。在他看来，性格在特定情况下能够预测一个人的行为，想要预测一个人的行为反应的性质，可以根据其性格特征，并结合对情境因素的考虑。经过多年对实证材料的研究分析，卡特尔最终发现了 16 种具有独立要素的人格特质(表 2-2)，并确立了卡特尔 16 种人格因素测验(简称 16PF)。

表 2-2　卡特尔 16 种人格特质

人格因素	特质	定义	低分者特征	高分者特征
A	乐群性	表示热情对待他人的水平	缄默、孤独	乐群、外向
B	聪慧性	寻求刺激与表达的自发性	迟钝、学识浅薄	聪慧、富有学识
C	稳定性	对自己情绪的平衡与调整表达	情绪激动	情绪稳定
E	支配性	力图影响他人的倾向性水平	谦逊、顺从	好强、固执
F	兴奋性	寻求娱乐的倾向和表达的自发性水平	严肃、审慎	轻松、兴奋
G	有恒性	崇尚并遵从行为的社会化标准和外在强制性规则	权宜、敷衍	有恒心、负责
H	敢为性	在社会情境中感觉轻松的程度及冒险倾向	畏怯、退缩	冒险、敢为
I	敏感性	个体的主观情感对事物判断的影响程度	理智、注重实际	敏感、感情用事
L	怀疑性	喜欢探究他人表面言语举止背后的动机倾向	依赖、随和	怀疑、刚愎
M	幻想性	个体在关注外在环境因素与关注内在思维过程两者之间平衡的水平	现实、合乎成规	幻想、狂放不羁
N	世故性	将个人信息私人化的倾向	坦白、直率、天真	精明能干、世故
O	忧虑性	自我批判的程度	安详沉着、有自信心	焦虑、抑郁、烦恼
Q1	激进性	对新观念与经验的开放性	保守、服从传统	自由、激进
Q2	独立性	融于周围集体及参与集体活动的倾向性	依赖、附和	自立、当机立断
Q3	自律性	认为以清晰的个人标准及良好的组织性对行为进行规划的重要性程度	矛盾冲突、不识大体	知己知彼、自律严谨
Q4	紧张性	在和他人交往中的不稳定性、不耐心以及由此表现出的身体紧张水平	心平气和	紧张、困扰

卡特尔16种人格因素测验量表由187道题组成，每一性格特征由10～13道测试题组成的分量表来测量，共16个分量表。每一道题有3个备选答案，运用统计方法，把每种人格特质所得分数相加，换算成标准分。卡特尔16种人格因素测验量表具有较高的效度和信度，因而被广泛使用。我们借此可以了解自己在环境适应、职业选择、心理健康等方面的特点，从而全面了解自己的性格特征。该测验也常在用人单位的人力资源配置和调整中使用。

(二)MBTI人格问卷

MBTI人格理论目前已成为国际上应用最广泛的职业生涯规划和个性测评理论，被普遍地应用于团队建设、婚姻咨询、职业发展和就业指导等各种领域。

MBTI人格问卷从4个维度考察个人的偏好。

1. 态度倾向：外向(Extroversion)和内向(Introversion)

外向型(E)：外向型的人主要定位于外部世界，倾向于把知觉和判断集中在人和事上，具有易沟通、好交际的特点，易适应环境，可随环境变化随时调整自我，经常被外部的人和物所吸引。外向型的人倾向于通过感觉来了解世界，乐于参加活动，喜欢成为活动的焦点，且容易接近。

内向型(I)：内向型的人主要定位于内部世界，倾向于把知觉和判断集中于观念和思想上，他们更多地依赖于持久的观念而不是暂时的外部事件。他们总是避免成为注意的焦点，且一般比外向型的人沉默。

2. 接收信息：感觉(Sensing)和直觉(Intuition)

感觉型(S)：感觉型的人倾向于通过收集具体、特殊的信息了解外在世界，通常具有善于观察、对细节敏感、关注事物的现实性等特点。感觉型的人专注于看到、听到、感觉到、闻到及尝到的事物，他们信赖自己的经验，关注即时发生的事情。感觉型的人看到一个情况能精确地感知到发生了什么。

直觉型(N)：直觉型的人倾向于感知外界环境的全貌或整体，关注事物的现状及发展变化，通常具有反应敏捷、思维跳跃、追求变化等特点。直觉型的人注重暗示和推理，信赖自己的灵感和预感，注重将来，喜欢预测事物，并总想改变事物。直觉型的人看到一个情况时，就想知道这意味着什么、结果是怎样的。

3. 处理信息：思考(Thinking)和情感(Feeling)

思考型(T)：思考型的人主要以逻辑推理为基础，通过理智思考进行活动和决策。他们会分析问题的解决是否符合公认的标准，具有客观、理性、有条理等特点。

情感型(F)：情感型的人主要通过权衡问题的相对价值和利益进行决策，他们进行判断时依赖于对个人价值观或社会价值观的理解，在做决策时往往照顾他人的感受，具有同情心，渴望和谐。

4. 行动方式：判断(Judging)和知觉(Perceiving)

判断型(J)：判断型的人喜欢井然有序的感觉，当他们的生活被规划好、事情被解决好之时，他们是最快乐的。判断型的人想方设法管理和控制生活，具有善于组织，有目的性、决断性等特点。通常在获得行动所必要的信息时，判断型的人就不再寻求新的信息而直接付诸行动。

知觉型(P)：知觉型的人喜欢比较宽松的生活方式，他们会因生活有选择的余地而感到快乐。知觉型的人试图去理解生活而不是控制它，具有开放、适应性强、灵活多变、不拘小节等特点，通常喜欢随遇而安，思考多于行动，反感规则和约束。

4个维度和8个端点构成了16种性格类型，对照表2-3即可判断自己所属类型。当然，仅通过这些来判断自己的MBTI类型有一定的难度，因此，还可以通过正式的MBTI人格问卷进行测验，再结合自己在日常活动中的表现做出判断。

表2-3 MBTI 16种性格类型及其通常具有的特征

类型代码	性格类型特征
ISTJ	沉静，认真，恪尽职守，得人信赖而取得成功。讲求实际，注重事实，能够合情合理地去决定应做的事情，并能坚定不移地把它们完成，不会因外界事物而分散精神。不论在工作上、家庭上或者生活上，以做事有次序、有条理为乐。重视传统和忠诚
ISFJ	沉静，友善，有责任感，谨慎。能坚定不移地承担责任。做事贯彻始终、不辞辛劳和准确无误。忠诚，为他人着想，细心，往往记得所重视的人的种种微小事情，关注别人的感受。努力创造一个有秩序、和谐的工作和生活环境
INFJ	探索意念、人际关系和物质拥有欲的意义和它们之间的关系。希望了解什么是激发人们的推动力，对别人有洞察力。尽责，能够履行自己的价值观念。有一个清晰的理念以谋取大众的最佳利益。能够有条理地、果断地去实践理念
INTJ	具有创意的头脑，有较大的冲劲去实践理念和达到目标。能够很快地掌握事情发展的规律，从而想出长远的发展方向。一旦做出承诺，便会有条理地展开工作，直到完成为止。有怀疑精神，独立自主；无论为自己或为他人，都有高水准的工作表现
ISTP	容忍、有弹性；是冷静的观察者，但当有问题出现时，便能迅速行动，找出可行的解决方法。能够分析哪些东西可以使事情进行顺利，能够从大量资料中找出实际问题的重心。重视事件的前因后果，能够以理性的原则把事实组织起来，重视效率
ISFP	沉静，友善，敏感和仁慈。欣赏目前身边所发生的事情。喜欢拥有自己的空间，做事能把握自己的时间。忠于自己所重视的人。不喜欢争论和冲突，不会强迫别人接受自己的意见或价值观
INFP	理想主义者，忠于自己的价值观及自己所重视的人。外在的生活与内在的价值观配合。有好奇心，很快判断事情可行与否，能够快速对理念进行实践。试图了解别人、协助别人发展潜能。适应力强，有弹性；如果和自己的价值观没有抵触，往往能包容他人
INTP	对任何感兴趣的事物，都要探索其合理的解释。喜欢理论和抽象的事物，喜欢理念思维多于社交活动。沉静，满足，有弹性，适应力强。在感兴趣的范畴内，有非凡的能力去专注而深入地解决问题。有怀疑精神，有时喜欢批评，常常善于分析
ESTP	有弹性，容忍，讲求实际，专注即时的效益。对理论和概念上的解释感到不耐烦，希望以积极的行动去解决问题。专注于“此时此地”，喜欢主动与别人交往。喜欢物质享受的生活方式
ESFP	外向，友善，包容。热爱生命、热爱人，爱物质享受。喜欢与别人共事。在工作上，能运用常识，注意现实的情况，使工作富有趣味性。富有灵活性、即兴性，易接受新朋友和适应新环境。与别人一起学习新技能可以达到最佳的学习效果
ENFP	热情而热心，富于想象力。认为生活充满很多可能性。能够很快地找出事件和资料之间的关联性，而且有信心依照所看到的模式去做。很需要别人的肯定，又乐于欣赏和支持别人。时常信赖自己的临场表现和流畅的语言能力
ENTP	思维敏捷，机灵，能激励他人，警觉性高，勇于发言。能随机应变地去应付新的和富于挑战性的问题。善于引出在概念上可能发生的问题，然后很有策略地加以分析。善于洞察别人。对日常例行事务感到厌倦。甚少以相同方法处理同一件事情，能够灵活地处理接二连三的新事务

续表

类型代码	性格类型特征
ESTJ	讲求实际，注重现实。果断，能很快做出实际可行的决定。能够通过计划和组织人员完成工作，尽可能以最有效率的方法达到目的。能够注意日常例行工作的细节。有清晰的逻辑标准，会有系统地跟着去做，也希望别人跟着去做。会以强硬的态度去执行计划
ESFJ	有爱心，尽责，合作。渴望和谐的环境，而且有决心营造这样的环境，喜欢与别人共事，能准确、准时地完成工作。忠诚，即使在细微的事情上也能如此；能够注意别人在日常生活中的需要而努力满足他们。渴望被别人赞赏，也欣赏别人所做的贡献
ENFJ	温情，有同情心，反应敏捷，有责任感。高度关注别人的情绪、需要和动机。能够看到每个人的潜质，并帮助别人发挥自己的潜能，能够积极地协助他人和组织成长，忠诚，对赞美和批评都能做出很快的回应。社交活跃，能够顾及他人
ENTJ	坦率，果断，乐于成为领导者。很容易看到不合逻辑和缺乏效率的程序和政策，从而制定和实施一个能够顾及各方面的制度去解决一些组织上的问题。喜欢有长远的计划。喜欢有明确的目标。博学多闻，喜欢追求知识，又能把知识传授给别人。能够有力地提出自己的主张

知识延伸

年轻人求职必做性格测试　我们能多大程度相信MBTI?

前段时间，网络上性格测试一下子火了起来，热搜上出现了一些奇怪的字母组合：MBTI、INTJ、ENFP……一些求职者还会把自己的性格测试结果放到简历上，一些面试官也会问面试者MBTI类型。

那么，MBTI到底是什么呢？它对我们重要吗？求职者应该如何看待自己的测试结果？

1. MBTI是什么

MBTI是一种自我报告式的人格测评工具，用以衡量和描述人们在获取信息、做出决策、对待生活等方面的心理活动规律和不同的人格类型表现。如果说它只是性格测试的话，那多少有些小看它了。

MBTI基于四个维度：(1)生活态度：外向—内向，这个分类已经深入人们的生活；(2)信息获取方式：感觉—直觉，偏好感知事实和细节还是感知整体与可能性；(3)决策方式：思考—情感，偏好依据逻辑来作判断还是依据情感来作判断；(4)生活态度取向：判断—知觉，偏好标准可控的生活方式还是灵活开放的生活方式。

2. MBTI准吗

每年有数百万人利用MBTI作职业相关的决定，它可以说是当前社会上最流行的性格测试，可以帮助我们区分出不同类型的人，进而帮助人们更好地了解自己。

但MBTI确实有自身的局限性。做过MBTI的人会发现每道题只有两个选择，我们即使感觉这两种情况都会出现，也需要选出一个答案。MBTI的结果是通过判断每个维度中哪一端更占优势得出的。比如，两个人得出的结果都是ISTJ，但是一个人的S和N很接近，而另一个人则相差较远。他们虽然是同一性格类型，但在生活中的表现可能会有很大的不同。这是这种划分方法本身的问题。

还会出现前后两次做MBTI的结果不同的情况。比如说，一共有10道题是用来测试区分内向和外向的，我可能是个比较居中的人，倾向没有那么明显，如果这次我选了4个外向、6个内向，测试结果就会判定我是内向的；下次我选了6个外向、4个内向，测试结果就会判定我是外向的。其实前后也就差了两个选项。

另外，每次测试结果的不同可能是因为人格和性格虽然是一个比较稳定的特征，但是它也会受到环境、文化、父母甚至是最近发生的重大事件的影响。

3. 我们该怎么看待自己的测试结果

首先，在选择上，我们应该尽量选择正式的、项目较多的测试，如93题版本的MBTI。量表的题目越少对生活情景的涵盖越不全面，出现偏差的可能性越大。如果可以的话，建议选择去官网做测试。

其次，在做测试的时候，选择最符合自己情况的选项，不要迎合社会上主流的选择。任何一个选择都没有好坏之分，任何一个选择也都有优势和劣势。只有按照自己的喜好，遵从自己的本心，结果才更有参考性。

最后，测试的结果出来后，才是自我探索的开始。

我们需要想一想，我们是不是这样的人？这时候，不要给自己贴标签。做测试是为了更好地了解自己，更好地去探索。

我们还需要好好想一想，这是我吗？测试结果能够代表我吗？有没有什么例子可以证明这不是我？这个性格类型是我喜欢的吗？我需要做哪些改变才可以变成那个理想的我呢？

每个维度的两端并不是非此即彼的，而是强调每个特性在每个人身上都有，只不过是哪一个更占优势，我们是拥有着无限可能性的。

4. 对求职者来说，性格测试有用吗

如果这个测试能够让你对自己、对他人、对人和人之间的差异有更多的认识、理解和包容，从而更好地适应这个变化迅速的世界，那么这个测试就是有用的。如果这个测试让你看人更加刻板、狭隘，给自己和他人贴了很多标签，甚至当成“算命”的工具，用来武断地预测一个人未来的发展，那么要谨慎对待。

如果真的被面试官要求在简历上填写自己的测试结果的话，或许可以把8个字母都写上，再顺便补上一句：4个字母并不能够全面代表我，我可以在不同的情境下切换状态，成为那个理想中的我！

（资料来源：《中国青年报》，2022年5月20日，有改动）

第四节 能力与职业

一、能力与职业能力

(一)能力

能力是指顺利完成某种活动并直接影响活动效率所必需的个性心理特征。

按能力的范围划分可以将人的能力分为一般能力和专业能力两大类。一般能力是指观察力、注意力、思考力、想象力等，即人们通常所说的智力；专业能力是指在特殊专业活动，如计算机程序设计、音乐、绘画、机械、数学等创造性的工作中表现出来的能力。

按能力的存在形式可将能力分为实际能力和潜能。实际能力是指个人在行为上已经表现出来的成就。潜能是指尚未发挥的潜在能力，个人通过学习、训练等，可在行为上表现出来的成就。

(二)职业能力

职业能力是指在职业活动中发展起来的，直接影响职业活动的效率，以使职业活动得以顺利完成的心理特征，是人们从事某种职业必须具备的并在该职业活动中表现出来的多种能力的综合。职业能力一般分为一般职业能力和专业职业能力。

一般职业能力主要是指一般的学习能力、语言能力、数理能力、空间判断能力、细节察觉能力、书写能力、运动协调能力、动手能力等。此外，人际交往能力、与他人良好协作的团队协作能力、对生活与工作环境的适应能力，以及面对失败和挫折的心理承受能力也是与职业能力相关的、不可缺少的能力。

专业职业能力主要是指从事某一职业的专门能力。在求职中，用人单位最重视的是求职者是否具备胜任岗位工作的专业能力。从事某一职业领域工作的专业知识与技能要通过专门的教育和培训来获得，如在各类职业学校、高等院校接受专门教育或参加专门的职业培训。

任何一个职业岗位都有相应的岗位职责要求，职业能力则是胜任职业工作岗位的必要条件。求职者在寻求职业时，首先要明确自己的特长、职业能力和胜任某种职业的可能性。在基本认知自己的特长、职业能力和胜任某种职业的可能性后，再选择职业和确定就业途径。

二、职业能力探索

目前，世界上比较流行的职业能力测验基本上是依据传统意义上的智能理论编制而成的，侧重对认知能力的测评，如一般能力倾向成套测验(General Aptitude Test Battery，GATB)、瑞文标准推理测验(Raven Standard Progressive Matrices，SPM)、韦克斯勒成人智力量表(Wechsler Adult Intelligence Scale，WAIS)。还可以采用一些行为分析技术(观察)和自我陈述分析技术(感觉、态度、兴趣、经历等)进行职业能力探索，以下简要介绍两种职业能力探索方式。

(一)自陈式测验

1. 可衡量的业绩(定量)

即回顾过往的历史，有哪些业绩是可以量化的？除了一些常见的如“获得一等奖学金”或“期末考试总评第一名”以外，还有没有一些其他的事情是可以用数字来说明自己的成果的？如“作为学生会学习部部长，我成功组织了3次学习讲座与交流活动”或“在某企业兼职时，撰写了两份市场分析报告”等。这样的数据可以非常翔实地说明我们取得的成绩，能给人以深刻的印象。

2. 撰写成就故事(定性)

成就故事的撰写，是写下我们生命不同阶段中发生的令自己有成就感的具体事件，然后和同学们一起对其进行分析，看其中使用了哪些技能。如果有重复出现的技能，它们就是我们擅长的技能。

知识延伸

用 STAR 法则编写成就故事

用 STAR 法则写一个你的成就故事，包括如下内容：

(1)当时的形势(situation)；

(2)面临的任务/目标(task/target)；

(3)采取的行动/态度(action/attitude)；

(4)取得的结果(result)。

试分析其中所反映的个人技能。

(二)一般能力倾向成套测验

一般能力倾向成套测验主要是指实现对职业领域所必需的几种能力倾向的测评。它由15种测验项目构成，其中11种是纸笔测验，其余4种是操作测验，这套测验可以测评9种能力倾向。

一般学习能力倾向(G)：一般学习能力包括对说明、指导语和诸多原理的理解能力、推理判断能力、迅速适应新环境的能力。

语言能力倾向(V)：语言能力是指按语言的意义及与其相关的概念，有效地掌握语言的能力；对字词、语句、段落、篇章及其相关关系的理解能力；清楚而准确地表达信息的能力。它包括口头表达能力和文字理解与表达能力。

数理能力倾向(N)：数理能力是指在正确而快速进行计算的同时能进行推理，解决应用问题的能力。

空间判断能力倾向(S)：空间判断能力是指对平面图形与立体图形之间的关系的理解能力和解决应用问题的能力。

形态知觉能力倾向(P)：形态知觉能力是指对实物或图像的有关细节的正确知觉能力；对图形的形状和阴影的细微差别、长宽的细小差异进行比较、辨别的能力。

书写知觉能力倾向(Q)：书写知觉能力是指对文字、表格、票据等材料的细微部分正确知觉的能力；直观地比较、辨别字词和数字，发现错误和矫正的能力。

动作协调能力倾向(K)：动作协调能力是指迅速、准确和协调地做出精确的动作，并迅速完成作业的能力；手眼协调运动的能力。

手指灵活性(F)：手指灵活性是指快速而准确地活动手指，操作细小物体的能力。

手腕灵活性(M)：手腕灵活性是指随心所欲地、灵巧地活动手以及手腕的能力；拿取、放置、调换、翻转物体时手的灵巧运动和腕的自由运动能力。

其中，V、N、S 能力出色的人，属于认知型；P 和 Q 能力出色的人，属于知觉型；K、F、M 能力突出的人，属于运动技能型。在现实生活中，许多人可能同时在上述两类能力类型上都相当优秀，或者 9 种能力水平差不多，没有哪一类特别突出。

一般能力倾向测验的意义在于能帮助我们发现什么样的职业领域最能发挥自己的潜能，而不是简单地划定“最适合的职业”，因为人的很多能力是可以通过后天培养而积累的。

表 2-4 包括 9 个方面能力的测试量表，每种能力倾向都有 4 道试题。测试时，请仔细阅读每道题，并采用五级评分法对自己进行判定。

表 2-4　职业能力倾向测试量表

能力倾向	自评等级				
(一)一般学习能力倾向(G)	强 1	较强 2	一般 3	较弱 4	弱 5
1. 快而容易地学习新内容					
2. 快而正确地解答数学题					
3. 对课文的理解、分析和综合能力					
4. 对所学知识的记忆能力					
(二)语言能力倾向(V)	强 1	较强 2	一般 3	较弱 4	弱 5
1. 善于表达自己的观点					
2. 阅读速度和理解能力					
3. 掌握词汇量的程度					
4. 你的语文成绩					
(三)数理能力倾向(N)	强 1	较强 2	一般 3	较弱 4	弱 5
1. 做出精确的测量					
2. 笔算能力					
3. 口算能力					
4. 数学能力					
(四)空间判断能力倾向(S)	强 1	较强 2	一般 3	较弱 4	弱 5
1. 解决立体几何方面的习题					
2. 画三维的立体图形					
3. 想象盒子展开后的平面图					
4. 想象三维的物体					
(五)形态知觉能力倾向(P)	强 1	较强 2	一般 3	较弱 4	弱 5
1. 识别物体的形状差异					

续表

能力倾向	自评等级				
2. 注意物体的细节部分					
3. 发现相同图形中的细微差别					
4. 观察物体的图案是否正确					
(六)书写知觉能力倾向(Q)	强 1	较强 2	一般 3	较弱 4	弱 5
1. 快而准地抄写资料					
2. 发现错别字					
3. 发现计算错误					
4. 能很快查找到编码卡片					
(七)动作协调能力倾向(K)	强 1	较强 2	一般 3	较弱 4	弱 5
1. 玩电子游戏					
2. 打篮球、打排球、踢足球一类的活动					
3. 打乒乓球、羽毛球一类的运动					
4. 打字能力					
(八)手指灵活性(F)	强 1	较强 2	一般 3	较弱 4	弱 5
1. 灵巧地使用很小的工具					
2. 穿针眼、编织等使用手指的活动					
3. 用手指做一件小工艺品					
4. 使用计数器的灵巧程度					
(九)手腕灵活性(M)	强 1	较强 2	一般 3	较弱 4	弱 5
1. 用手把东西分类					
2. 在推拉东西时手的灵活性					
3. 快速地削苹果					
4. 灵活地使用手工工具					

注：本表在引用国外资料的基础上，依据现实情况，对部分内容进行了删改、优化。

计分方法：计算每一类能力的自评等级，自评等级＝总分÷4，最后将自己的等级得分填入表2-5。

表 2-5 能力倾向自评等级

职业能力倾向	自评等级	职业能力倾向	自评等级	职业能力倾向	自评等级
G		S		K	
V		P		F	
N		Q		M	

根据结果对照表 2-6，找到适合你的职业类别。

表 2-6 职业能力倾向

职业类别	职业能力倾向								
	G	V	N	S	P	Q	K	F	M
生物学家	1	1	1	2	2	3	3	2	3
物理科学技术人员	2	3	3	3	2	3	3	3	3
数学家和统计学家	1	1	1	3	3	2	4	4	4
系统分析和计算机程序员	2	2	2	2	3	3	4	4	4
经济学家	1	1	1	4	4	2	4	4	4
社会学家、人类学者	1	1	2	2	2	3	4	4	4
心理学家	1	1	3	4	4	3	4	4	4
历史学家	1	1	4	3	3	3	4	4	4
哲学家	1	1	3	2	2	3	4	4	4
政治学家	1	1	3	4	4	3	4	4	4
社会工作者	2	2	3	4	4	3	4	4	4
法官	1	1	3	4	3	3	4	4	4
律师	1	1	3	4	3	4	4	4	4
职业指导者	2	2	3	4	4	3	4	4	4
大学教师	1	1	3	3	2	3	4	4	4
小学和幼儿园教师	2	2	3	3	3	3	3	3	3
中学教师	2	2	3	4	3	3	4	4	4
营养学家	2	2	2	3	3	3	4	4	4
画家、雕刻家	2	3	4	2	2	5	2	1	2
产品设计和内部装饰者	2	2	3	2	2	4	2	2	3
舞蹈家	2	2	4	3	4	4	4	4	4
演员	2	2	3	4	4	3	4	4	4
电台播音员	2	2	3	2	2	4	2	2	3
作家和编辑	2	1	3	3	3	3	4	4	4
翻译人员	2	1	4	4	4	3	4	4	4
体育教练员	2	2	2	4	4	3	4	4	4
体育运动员	3	3	4	2	3	4	2	2	2
秘书	3	3	3	4	3	2	3	3	3
统计员	3	3	2	4	3	2	3	3	4
一般办公室职员	3	4	3	4	4	3	3	4	4
商业经营管理人员	2	2	3	4	4	3	4	4	4
警察	3	3	3	4	3	3	3	4	3
导游	3	3	4	3	3	5	3	3	3
驾驶员	3	3	3	3	3	3	3	4	3

注：本表只列举了部分较常见的职业类别及其职业能力倾向，以供参考。

第五节 价值观与职业

一、价值观与职业价值观

价值观与职业价值观

(一)价值观

价值涉及两个方面，一方面是主体的需要，另一方面是客体的某种结构、属性，二者缺一不可。客体及其属性是价值的载体，如果没有这种载体，也就失去了价值的源头。但是，如果这种载体不和人发生功能联系，就只能是纯粹的自然之物，只能是事实而不表现为价值。只有当主体以自身的需要为基础对客体的意义进行鉴定时，事物才表现出价值。

价值观是指个人对客观事物(包括人、物、事)和对自身行为结果的意义、作用、效果和重要性的总体评价，是对什么是好的、什么是应该的总的看法，是推动并指引一个人做出决定、采取行动的原则与标准。价值观就是我们在生活和工作中所看重的原则、标准或品质。人的价值观在形成之后相对稳定和持久，此时对于很多事情就会有一个基本的评价体系。但是，随着人们经历或经验的增加，以及人生观和世界观的改变，价值观也会发生变化。

(二)职业价值观

职业价值观是个人追求的与工作有关的目标，即个人在从事满足自己内在需求的活动时所追求的工作特质或属性，它是个人价值观在职业问题上的反映。每个人对职业的需要和看法都不相同，因而产生了不同的职业价值观。

职业价值观体现了一个人真正想从工作中得到什么，它决定了个体对工作的相对稳定的、内在的追求，对于个体的职业选择与发展起着方向导引及动力维持的作用。

对于职业价值的内在结构，不同的学者有不同的划分方法。比较有代表性的是舒伯的职业价值观量表研究，具体的因子有 15 个，可归纳为以下 3 个维度。

1. 内在价值维度

内在价值维度是指与职业本身性质有关的因素，即工作本身的一些特征，它包括 7 个因子——智力激发、利他主义、创造发明、独立自主、美的追求、成就满足、管理权力。

2. 外在价值维度

外在价值维度是指与工作内容无关的外部因素，即工作的环境，它包括 4 个因子——工作环境、同事关系、上司关系、多样变化。

3. 外在报酬维度

外在报酬维度是指在职业活动中能获得的因素，它包括 4 个因子——声望地位、安全稳定、经济报酬、生活方式。

职业价值观在职业生涯规划中的作用正如创意工场的创办人李开复所说，“行为、态度和价值观环环相扣，一个人要想取得成功，就必须拥有正确的价值观，因为价值观是指导所有态度和行为的根本因素”。因此，职业价值观不仅关系到个体的职业选择，而且推动着个体的职业发展。

知识延伸

马斯洛需要层次理论

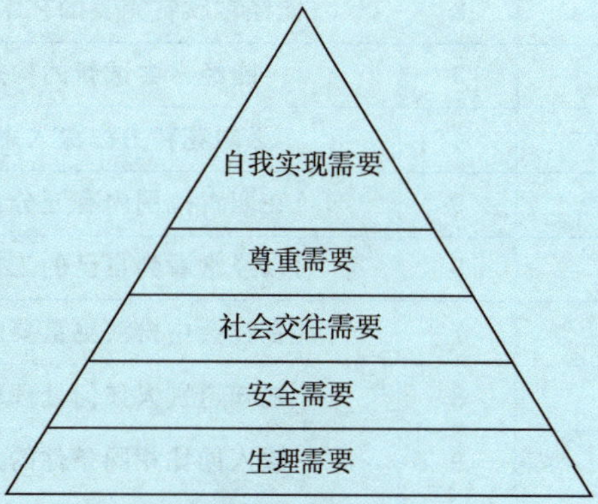

马斯洛需要层次理论

马斯洛需要层次理论把需求依次由低到高分成生理需要、安全需要、社会交往需要、尊重需要和自我实现需要五个层次。

(1)生理需要。

这是人类维持自身生存的最基本的要求，包括衣、食、住、行等方面的要求。如果这些需要得不到满足，人类的生存就有问题了。

(2)安全需要。

这是人类免除各种危险和威胁的需要，包括免受身体及情感伤害和保护职业、财产、食物及住所不受威胁的需要。

(3)社会交往需要。

这一层次的需要包括两个方面的内容。一是爱的需要，即人人都需要融洽的人际关系或保持友谊和忠诚，人人都希望得到爱情，希望爱别人，也渴望接受别人的爱。二是归属的需要，即人都有一种归属于一个群体的需要，希望成为群体中的一员，并相互关心和照顾。社会交往的需要和一个人的生理特性、经历、教育、信仰都有关系。

(4)尊重需要。

人人都希望自己有稳定的社会地位，要求个人的能力和成就得到社会的承认。亚伯拉罕·马斯洛认为，尊重需要得到满足，它能使人对自己充满信心，对社会满腔热情，体验到自己活着的意义和价值。

(5)自我实现需要。

这是最高层次的需要，是指实现个人理想、抱负，最大程度地发挥个人的能力，完成与自己能力相称的一切事情的需要。

二、职业价值观探索

关于职业价值观的研究，国内外学者普遍采用测量法，根据自己的理论编制问卷进行测量。国外比较著名的问卷有职业价值观量表(Work Value Inventory，WVI)、职业锚问卷(Career Anchor Questionaire，CAQ)和明尼苏达重要性问卷(Minnesota Importance Questionnaire，MIQ)。

国内目前使用较多的是宁维卫于1990年修订的舒伯编制的职业价值观量表，该职业价值观量表(表2-7)含有60个项目，涉及15个职业价值观。

请仔细阅读表2-7，并在每题前方分值一列填上数字1～5，代表该选项对你的重要性。其中，5代表非常重要，4代表很重要，3代表一般重要，2代表不太重要，1代表不重要。职业价值观量表的记分和解释如表2-8所示。

表 2-7　职业价值观量表

分值	题号	题目	分值	题号	题目
	1	能参与救灾济贫的工作		31	能够减少别人的苦难
	2	能经常欣赏完美的艺术作品		32	能运用自己的鉴赏力
	3	能经常尝试新的构想		33	常需构思新的解决方法
	4	必须花精力去深入思考		34	必须不断地解决新的难题
	5	在职责范围内有充分自由		35	能自行决定工作方式
	6	可以经常看到自己的工作成果		36	能知道自己的工作绩效
	7	能在社会中扮演更重要的角色		37	能让自己觉得出人头地
	8	能知道别人如何处理事务		38	可以发挥自己的领导能力
	9	收入能比相同条件的人高		39	可以使自己存下很多钱
	10	能有稳定的收入		40	有好的保险和福利制度
	11	能有清净的工作场所		41	工作场所有现代化的设备
	12	主管善解人意		42	主管能采取民主的领导方式
	13	能经常和同事一起休闲		43	不必和同事有利益冲突
	14	能经常变换职务		44	可以经常更换工作场所
	15	能成为你想成为的人		45	工作常让你觉得如鱼得水
	16	能帮助贫困和不幸的人		46	常帮助他人解决困难
	17	能增添社会的文化气息		47	能创作优美的作品
	18	可以自由地提出新颖的想法		48	常提出不同的处理方案
	19	必须不断学习才能胜任		49	需对事情深入分析研究
	20	工作不受他人干涉		50	可以自行调整工作进度
	21	常觉得自己的辛劳没有白费		51	工作结果得到他人肯定
	22	能使自己更有社会地位		52	能自豪地介绍自己的工作
	23	能分配、调整他人工作		53	能为团体拟订工作计划
	24	能常常加薪		54	收入高于其他行业
	25	生病时能被妥善照顾		55	不会轻易被解雇或裁员
	26	工作地点光线、通风好		56	工作场所整洁卫生
	27	有一个公正的主管		57	主管的学识和品德让你敬佩
	28	能与同事建立深厚友谊		58	能认识很多风趣的伙伴
	29	工作性质常会变化		59	工作内容随时间变化
	30	能实现自己的理想		60	能充分发挥自己的专长

表 2-8　职业价值观量表记分和解释

得分	对应题目	职业价值观	得分	对应题目	职业价值观
	1、16、31、46	利他主义		9、24、39、54	经济报酬
	2、17、32、47	美的追求		10、25、40、55	安全稳定
	3、18、33、48	创造发明		11、26、41、56	工作环境
	4、19、34、49	智力激发		12、27、42、57	上司关系
	5、20、35、50	独立自主		13、28、43、58	同事关系
	6、21、36、51	成就满足		14、29、44、59	多样变化
	7、22、37、52	声望地位		15、30、45、60	生活方式
	8、23、38、53	管理权力			

本章小结

本章从自我认知、兴趣、性格、职业能力、职业价值观等方面来介绍职业自我认知的相关知识。进行自我认知是个人认识自我和社会关系的一个重要基础，是选择职业的依据。我们要通过科学的认知方法和手段，对自己进行全面认识，清楚自己的优势与特长、劣势与不足。兴趣是指人认识某种事物或从事某种活动的心理倾向，也是推动人认识事物、探索真理的重要动机。当人的认知对象指向某种职业时，就形成了职业兴趣。性格是指人的性情品格，表现在人对现实的态度和相应的行为方式中的比较稳定的、具有核心意义的个性心理特征。性格具有鲜明的个人色彩，是区别于他人的、独特的心理特征。职业能力是个人发展和创造的基础，是完成某项任务或胜任某项工作不可或缺的条件。职业价值观是个人的人生目标和人生态度在职业选择上的具体表现，也是个人对待职业的一种信念和态度。在选择职业时，个人的择业标准及对具体职业的评价集中反映了其职业价值观。理想、信念、世界观对于职业的影响，集中体现在职业价值观上。

教学检测

1. 如何进行自我认知？你认为自己适合什么职业？
2. 依据自己的职业能力和职业倾向，你能胜任什么工作？
3. 尝试思考如果你想要胜任自己的理想职业需要做哪些努力？

思政园地★

新时代大学生价值观的青春变奏与五彩镜像

为深入了解当前大学生价值观发展现状，中国地质大学(武汉)李祖超教授负责的国家社会科学基金教育学重点项目“社会变迁过程中青少年价值观的发展及影响机制研究”课题组，在全国选取江苏、广东、辽宁、湖北、湖南、江西、陕西、广西、贵州 9 省(自治区)开展了广泛深入的调研，其中有针对性地选取 116 所各类高校为样本校，访谈高校各类相关教育工作者百余人，共发放问卷 10 084 份。在此基础上，课题组对在校大学生的价值观发展现状进行评估。这些处在人生发展黄金期与民族复兴关键期的新时代大学生，既见证了社会日新月异的发展，也在青春的变奏中折射出社会的变迁。

1. 岁月静好是心愿，为国为民乐奉献

价值观是人们对人生问题的根本看法，主要内容是对人生目的、意义的认识和对人生的态度。调查发现，大学生面对“什么样的人生价值最有意义”“我该追求什么样的人生”“我该如何实现自己的人生价值”等问题的表现皆是积极向上的。

人生价值目标的调查结果显示：被选率由高到低依次是“家庭幸福”占 15.4%，“诚信友善”占 14.9%，“实现个人价值”占 12.7%，“爱国敬业”占 12.2%，“健康长寿”占 10.7%，“享受自由”占 10.1%，“奉献社会”占 8.4%，“开拓创新”占 6.0%，“成名成家”占 5.8%，“家财万贯”占 3.8%。

这组数据显示：一方面，“家财万贯”“成名成家”这类带有功利色彩的备选项的被选率排在了倒数第一、第二的位置，与以往社会讨论中显现的“大学生重利轻义”的价值观判断背道而驰；另一方面，10 个备选项的被选率均未超过 20%，未出现某个备选项扎堆的极端现象，且排在前三的分别是“家庭幸福”“诚信友善”“实现个人价值”。这说明，当前大学生的人生价值观不但多元，而且更加崇尚幸福友善、淡泊明志的人生价值追求。

2. 实现自我，刻苦努力不投机

道德价值观的实质是人们关于自身道德观念、道德行为对于社会和人的意义的衡量，即个体认为他们在社会生活和交往中的重要程度。

有关个人取得成功的影响因素选择的调查结果显示：被大学生排在第一位的是“善抓机遇”，被选率达 42.3%；排在第二位的是“刻苦勤奋”，被选率为 39.3%，两项均属影响一个人成功与否的内部因素，两项被选率超过 80%。而“贵人帮扶”“家庭背景”“裙带关系”“投机钻营”这类外部因素的被选率分别只占 7.8%、4.7%、4.6%和 1.3%。

3. 理性消费不随流，靠奋斗赢得“诗和远方”

经济价值观是关于经济问题的价值观体系，是大学生面对经济活动时出现的一系列经济现象的价值判断和评价。

消费观调查结果显示：崇尚节俭、理性消费仍是大学生消费观的主流意识。当问及受访者的消费理念，5 499 人倾向“长远计划，理性消费”，占总人数的 68.5%；1 125 人倾向“省吃俭用，勤俭节约”，占总人数的 14.0%；而倾向“随心所欲，开心就好”“月光一族，享受当下”“超前消费，享乐为先”这三项的学生人数合计仅 1 400 人，不足调研人数的 20%。

崇俭黜奢是中华民族的传统消费伦理观，尽管当下来自西方的“超前消费”“享乐主义”等观念不断渗透到大学生之中，但从调查结果看，绝大多数大学生在西方价值观的强烈冲击下，依然保持住了“本土心”“本土观”，选择理性消费，拒绝超前消费，值得赞赏。

金钱观调查结果显示：靠勤劳挣钱、靠奋斗赢得“诗和远方”成为大部分大学生的选择。“对拥有巨额财富是人生赢家的重要标准”的看法，选择不赞同和非常不赞同的有 3 148 人；1 998 人选择了赞同；选择不确定的有 2 063 人。

伴随着改革开放的不断深化，社会的变迁在大学生的金钱观念里也留下了时代印记。受市场经济等因素的影响，昔日谈钱言利脸红、认为提钱伤感情、谈钱掉身价的现象已不多见。当代大学生更能坦然面对与金钱相关的各种问题，正如古人所言“君子爱财，取之有道”。

4. 择业自主多样化，个性追求各不同

职业价值观即一种工作目的的表达，是大学生对待职业的一种理解，并为其职业选择、实现工作目标提供导向。

调查发现，薪资待遇是大学生选择工作时最主要的考量因素之一，国有企业是当前大学生最青睐的就业单位，大城市是大学生就业创业的首选地点，企业家是大学生最理想的职业。但社会经济的发展，使得大学生毕业后的去向早已不是以往的“父母之命”“老师之言”“单位之荐”，而是“个人之愿”。互联网的发展、多媒体的衍生、经济形态的多元，使得他们有了更多的想法与选择，就业创业诉求也体现了多元化。

男女大学生的职业价值观存在差异。男大学生就业创业之时更为关注工作是否能给自己带来较高的社会声誉、获得较高的收入，而女大学生则更看重一份工作是否安稳以及与个人性格是否吻合。

不同家庭背景的大学生的职业价值观存在差异。来自大城市、家庭人均收入较高、父母自身学历高的大学生更关注职业本身给他们带来的情感满足、发展需要。而来自城镇和中小城市、家庭人均收入相对较低、父母自身学历相对一般的大学生则更看重就业创业的收入高低、职业地位等。

总体来看，大学生价值观的发展是一个动态变化的过程。对学生个体而言，某些突发事件或关键人物的出现会对其价值观产生显著影响；对大学生群体而言，其价值观的整体表征更是会伴随社会变迁的大背景发生改变。

（资料来源：《光明日报》，2019 年 9 月 20 日，有改动）

讨论：

1. 结合材料分析，当代大学生价值观主要有哪些特点？
2. 结合材料谈谈你对职业价值观的理解，并分析它受到哪些因素的影响。

第三章 职业社会认知

育人目标

◎ 认识社会、职场、职业的内涵，树立正确的就业观念，调整好就业心态。

◎ 了解职业对人生的真正意义，能适应社会，顺利就业。

学习目标

◎ 能够以客观的态度对待当前的就业形势。

◎ 了解大学生就业的相关政策。

◎ 能够提高对就业形势和就业政策的分析能力。

情境导入

2022年5月我国就业形势总体改善

国家统计局2022年5月15日发布的数据显示，5月份，全国城镇调查失业率为5.9%，比4月回落0.2个百分点。其中，25～59岁就业主体人群失业率为5.1%，也比4月回落0.2个百分点。

“这表明我国就业的基本盘总体在改善。”国家统计局新闻发言人在当日国务院新闻办公室举行的2022年5月份国民经济运行情况新闻发布会上说。

据介绍，除了上述数据，2022年5月份，外来农业户籍人员调查失业率为6.2%，比4月回落0.4个百分点。这部分人员主体是农民工，主要从事制造业、建筑业和批发零售业等劳动密集型产业，且私营个体户和灵活就业者居多，就业稳定性相对较差。5月份进城务工人员群体就业改善，反映出我国经济运行情况改善，稳就业的政策措施显效。

但应注意的是，疫情对就业的不利影响还没有完全消除，2022 年 5 月份全国城镇调查失业率仍处于较高水平。所以下一步工作，还是要落实好稳定经济大盘的各项措施，促进经济稳定恢复，增强就业的吸纳能力；同时，要加强援企稳岗，缓解企业的暂时性困难；还要做好职业技能培训，促进劳动力市场供求有序衔接；并积极推动产业升级发展，创造高质量就业岗位，为大学生就业创造更有利条件。

（资料来源：新华网，2022 年 6 月 15 日，有改动）

第一节　宏观职业环境认知——就业形势与就业政策

我们在准备就业时需要对职业有全方位的认知。《现代汉语词典(第 7 版)》对职业的定义是：个人在社会中所从事的作为主要生活来源的工作。个体的生活、工作都处在社会这一大环境中，因此个体的任何行为都会受到社会环境的影响。大学生只有在认真分析并大体掌握了社会环境的情况后，才能更好地寻求自身的发展机会。

一、就业形势分析

(一)当代大学生所处时代的特征

当今世界正处于一个社会环境急速变迁的时代：全球化的浪潮席卷而来，带给人们前所未有的机遇和挑战，中国的发展离不开世界，世界的发展也离不开中国，大学生正是站在这一世界大舞台上尽情演绎的主角，经济的全球化必将带来人才竞争的国际化；我国市场经济体制不断完善，就业市场化机制趋向成熟，“供需见面、双向选择”，让用人单位与人才之间匹配有了更多的自主权；随着更深层次融入世界经济，我国经济将会遵循比较优势的原则，选择和调整产业结构，加大高科技产业在产业结构中的比重，以高附加值的产品赢得市场；知识经济时代的来临、创新型国家的建设，迫切需要高层次、高技能的人才和创新型、复合型人才。

(二)毕业生规模扩大，就业多元化趋势明显

近年来，毕业生规模持续扩大，就业形势总体稳定。自改革开放前期恢复高考制度以来，我国的高等教育得到了长足发展，目前高校毕业生已成为我国劳动力市场的重要组成部分，每年应届毕业生总数占新增劳动力的 70%左右。在 2022 年 12 月 28 日教育部召开的新闻发布会上，教育部高校学生司司长表示，2022 届高校毕业生规模达 1 076 万人，同比增加 167 万人，规模和增量均创历史新高。

毕业生就业多元化趋势明显。根据全国高等学校学生信息咨询与就业指导中心统计，2020 年和 2021 年应届毕业生灵活就业比例分别为 16.9%和 16.3%。北京大学发布的 2021 年全国高校毕业生就业状况调查报告显示，2021 年毕业生单位就业比例为 32.1%，比 2019 年降低 5.3 个百分点；升学比

例为 29.3%，比 2019 年提高 4 个百分点；自由职业和其他灵活就业比例略有增加，其中专科生在自主创业、自由职业和其他灵活就业方面合计比例为 24.0%。

（三）就业区域行业分布集中

毕业生就业的区域行业分布仍相对集中，呈现出不均衡发展的现象，部分行业领域和地区相对集中，一些领域和地区则相对短缺。毕业生就业行业分布中，在信息传输、软件和信息技术服务业，金融业，科学研究和技术服务业，教育、卫生和社会服务业，文化、体育和娱乐业，公共管理、社会保障和社会组织等行业从业人员中，具有大专及以上学历的人员比例较高；而在制造业、建筑业、住宿餐饮业、服务业、批发零售业等从业人员规模较大的行业中，具有大专及以上学历的人员比例较低。

（四）"缓就业""慢就业"现象增加

国际劳动力市场数据显示，目前青年劳动者劳动参与率下降，"尼特族"(即不升学、不就业、不接受培训的，受过高等教育的青年群体)数量增加和失业率偏高成为普遍现象。相应的，我国高校毕业生就业也呈现相似特征。全国高校毕业生就业状况调查显示，2022 年毕业生选择"不就业拟升学"或"其他暂不就业"为 9.7%，"慢就业""缓就业"现象增加。毕业生希望通过不断提高学历水平来缓解就业压力，一些高职院校的毕业生再攻读本科的比例超过半数，本科生读研人数也不断增加。

知识延伸

名人也曾"就业难"

1934 年，季羡林从清华大学西洋文学系德文专修科毕业。成绩 4 年全优的他早在 1933 年下半年就经常忧虑毕业之后的去处。在《清华园日记》中，他多次写道："要不择手段去抢一只饭碗。"但由于他所学的专业就业机会很少，所以到 1934 年秋天，季羡林的"饭碗"还没有拿到手。他曾这样回忆当时的情景："我大学一毕业，立刻就倒了霉，留学无望，饭碗难抢；临渊羡鱼，有网难结；穷途痛苦，无地自容。"后来，他回到了济南，在母校老师的帮助下，找到一份在中学教书的工作。

（五）就业政策与服务不断完善

在毕业生规模不断扩大的情况下，就业形势保持总体稳定：一方面得益于我国经济保持较快增长，提供了大量适合毕业生就业的岗位；另一方面也得益于不断完善的政策与服务体系，为毕业生就业提供了有力的政策支持。党和国家始终把高校毕业生就业作为就业工作的重中之重，不断创新、丰富毕业生就业政策与服务体系，通过扩大政府机关、事业单位、国有企业等公共部门招聘规模，鼓励各类市场主体，特别是中小微企业吸纳毕业生就业；实施"三支一扶"、西部计划、乡村教师支持计划项目等基础服务项目，鼓励毕业生到中西部边远地区就业，鼓励和支持毕业生自主创业、灵活就业等，多渠道拓展毕业生就业门路。

据国家发展和改革委员会、人力资源和社会保障部等统计，2020 年至 2021 年间，全国每年提供的公共部门就业岗位超过300万个。与此同时，毕业生就业全方位服务体系不断完善，政府、高校、市场机构和社会组织多方参与，为毕业生提供各种各样的就业服务支持。

二、大学生主要就业方式及政策法规

就业导向政策与服务政策

(一)应聘到企业任职

各类企业，无论是国企，还是外企、民企等，都为大学毕业生留有一席之地。大学毕业生可参加大规模、正规化、集中性的校园招聘，或查看企业的官网信息，或注册一些专业的人才招聘网站，但要留意其招聘流程是否正规，谨防上当受骗。

知识延伸

国企、外企还是民企?

大四学生小文最近遇到了一个幸福的烦恼，他曾到过几家不同的单位实习，有外企、国企也有民企，感受到了不同企业的工作风格。现在他手上拿着两家不同类型企业的录用通知，不知该如何取舍。

有关调查数据显示，在大学生钟情的雇主中，外企/合资企业占28%，其次为国有企业，占27%，而愿意去民营和个体企业的仅为14%。不同性质的企业在企业文化和用人标准上有着较大的差异，国企、外企、民企各有优势。

对于应届毕业生来说，求职前须充分了解不同类型企业的概况及特点，结合自身的求职意向、专业能力及行业(职业)前景等来瞄准最佳职业定位。国企通常有稳定的架构，人际关系复杂。国企是培养和锻炼职场新人的最佳之地，适应能力强的人能很快受益。一般来说，国家重点项目都是由国企实施，如果有机会参与甚至是担当重要角色，对于个人职业生涯的发展将极为有利。此外，国企的岗位通常相对稳定，各类保障、福利较为丰厚。谋求稳定的毕业生可考虑进入国企工作。

大部分外企针对新职员都有系统完备的培训计划，入职后，职员往往能接受一段时间的入职培训或轮岗，以便最大程度地了解公司的工作流程及不同工作岗位的工作内容。通过这一轮系统和专业化的学习与锻炼，毕业生往往已经具备了良好的工作能力。因此，善于接受新鲜事物、适应外企文化的毕业生可考虑外企。

民营企业以机制灵活、紧跟市场变化而被大家所知。民营企业讲究实效，注重员工的业务能力，相较于毕业院校、学历、专业等因素，往往更关注员工的忠诚度。一旦工作能力和业绩获得上司认可，有望迅速获得晋升、加薪机会。此外，大量的中小民营企业作为就业“蓄水池”，用人需求巨大，可吸纳相当部分未就业毕业生。

(资料来源：李为，代莉. 大学生职业生涯规划与就业创业指导[M]. 北京：中国农业出版社，2021. 有改动)

（二）考取公务员（含选调生）

公务员考试是公务员主管部门组织的担任主任科员以下及其他相当职务层次的非领导职务公务员的录用考试。中央机关及其直属机构公务员的录用，由中央公务员主管部门负责组织，俗称“国考”，采取的是“公开考试、严格考察、平等竞争、择优录取”的办法。自2002年起，“国考”时间固定下来，一般每年10月中旬组织报名，11月的第四个周末考试。

“省考”（各省公务员考试）由各地自行组织实施，大部分地区每年只考一次，部分地区上、下半年各组织一次考试。以河南省为例，2023年4月组织当年度“省考”，以河南省人力资源和社会保障厅网站、河南省人事考试中心为考试工作专用网站。河南省公务员主管部门通过以上网站发布招考公告及与本次考试录用工作有关的信息和事项。经网络报名、笔试、面试、专业能力测试（招考职位中明确进行专业能力测试的，在面试阶段组织实施专业能力测试）、体检（体能测评）和考察、公示后方可录用。

值得说明的是，选调生考试属于公务员考试的一种，其全称是“选调优秀大学毕业生到基层工作”考试，其对象是应届优秀大学毕业生。选调应届优秀大学毕业生赴基层锻炼，在锻炼中培养，在实践中选拔，为各级党政机关储备后备力量，补充高素质人才，这是党中央着眼干部队伍长远发展实施的一项系统性、战略性举措。

选调工作采取本人自愿报名、党组织审核推荐、人事部门组织考试与考察相结合的办法进行。经报名、资格审查、网上报名、打印准考证、笔试、面试、体检和考察等环节后方可录用。

一般而言，公务员工作相对稳定，行业流动性低，工作时间较为固定，同时，公务员薪酬待遇福利整体较好，但是不同城市公务员职位的吸引力程度有差异。

（三）应征入伍

根据国家有关规定批准设立、实施高等学历教育的全日制公办普通高等学校、民办普通高等学校和独立学院，按照国家招生规定录取的全日制普通本科、专科（含高职）、研究生、第二学士学位的应（往）届毕业生、在校生和已被普通高校录取但未报到入学的学生均可应征入伍服兵役。现行的义务兵役制度服役年限是2年。现行应征入伍对于年龄的要求是男性在校生的年龄为18～22周岁，高职（专科）毕业生放宽到23周岁，本科及以上学历毕业生可放宽到24周岁；女性在校生的年龄为18～20周岁，应届毕业生可放宽到22周岁。

知识延伸

高校毕业生应征入伍服义务兵役优惠政策

（1）优先报名应征。报名由县级兵役机关直接办理。夏秋季征兵开始前，县级兵役机关通知其报名时间、地点、注意事项等。确定为预征对象的高校毕业生，持《应届毕业生预征对象登记表》，可以直接到学校所在地或户籍所在地县级兵役机关报名应征。

（2）优先体检政考。体检由县级兵役机关直接办理。夏秋季征兵体检前，县级兵役机关通知其体检时间、地点、注意事项等。确定为预征对象的高校毕业生，未能在规定时间内在学校参加体检的，本人持《应届毕业生预征对象登记表》，可在征兵体检时间内报名直接参加体检。

（3）优先审批定兵。审批定兵时，应当优先批准体检、政审合格的高校毕业生入伍。高职（专科）以上文化程度的合格青年未被批准入伍前，不得批准高中文化程度的青年入伍。

(4)优先安排使用。在安排兵员去向时，根据高校毕业生的学历、专业和个人特长，优先安排到军兵种或专业技术要求高的部队服役；部队对应征入伍的高校毕业生，优先安排到适合的岗位，充分发挥其专长。

除此之外，家庭按规定享受军属待遇，本人享受优先选拔使用、学费补偿代偿和国家助学贷款代偿、退役后考学升学优惠、就业服务等政策。

在此，对学费补偿代偿和国家助学贷款代偿作如下解释。高校学生申请应征入伍服兵役可申请学费补偿代偿和国家助学贷款代偿，具体可登录全国征兵网，填写《高校学生应征入伍学费补偿国家助学贷款代偿申请表》(以下简称《申请表》)并提交学校学生资助管理有关部门。在校期间获得国家助学贷款者，需同时提供《国家助学贷款借款合同》复印件等有关资料。经学校相关部门对有关信息审核无误后，对《申请表》加盖公章。由学生本人在征兵报名时将《申请表》交至入伍所在地征兵办公室进行审核，学生将《申请表》原件和入伍通知书复印件寄回就读高校的学生资助管理有关部门。

根据政策，国家将不定期从各类应、往届毕业生中直招士官，毕业生可把握机会。有意向参军入伍的大学生可向所在学校学工部(处)、就业中心、资助中心或武装部咨询有关政策。

精选案例

从战士到硕士：这4名退役复学大学生退伍不褪色，青春不散场

2022年5月18日，湖南省2022年下半年高校征兵宣传启动仪式在长沙理工大学举行。该校退役复学大学生代表蒋利杨走上讲台，回顾军旅岁月，分享成长感悟。

以下是蒋利杨题为《士兵突击，一生突击》的演讲：

2019年9月，我从南部战区某部退役时，营长和教导员给我“开”了一张特殊的“批假条”。“批假条”上，“外出理由”一栏，写的是“光荣退役”；“外出地点”一栏，写的是“长沙理工大学”；“归队时间”一栏，写的是“若有战，召必回”；“备注”一栏，写的是“常回家看看”。

2017年9月，我入伍来到南部战区某部，成为一名通信兵。新兵下连后，我被分配到报务集训队。集训中，陪伴我的是一部电台、一副耳机，还有无限循环的莫尔斯代码。每天训练时间超过10小时，抄报发报上万组，没过多久我的手指关节就磨出血泡。

令人沮丧的是，由于技术不熟练，我的抄报、发报速度都不达标，还经常出错，训练成绩不尽如人意。我开始质疑自己的选择。

一次，集训队组织大家观看电影《永不消逝的电波》。晚上，躺在床上，影片中的情节不断地在我的脑海中回放。“一字一码，连着千军万马”，报务员是把手键、电子键当作钢枪的战士。寂静深夜中那一串串“嘀嘀嗒嗒”声，对我们来说，就是战斗的声音，也是青春与使命的交响。

我重拾斗志，刻苦训练。新伤接旧伤，手指长出一层层老茧；抄报速度，从每分钟不到30码提高到120码。结训考核，我取得专业总分第一名，后来作为骨干参与了多项重大演习保障任务。

我不会忘记那一天。2019年5月4日，五四运动100周年之际，我光荣地加入中国共产党。两个极具纪念意义的日子“叠加”，那一天，我在激动之余，对人生的意义、对这身军装，有了更深刻的理解和更真切的感知。

4个月后，退役仪式上，部队领导嘱咐我们："在任何时候、任何地方都不要忘了，你以前是一个兵，今后是一个老兵。"

青春不负韶华，永远渴望荣光。军营这所大熔炉，教会我担当，教会我奉献，更让我拥有纯粹的追求，不计得失，不畏付出。带着这份收获，带着更多期盼，我重返校园。

调整专业，重拾课本，钻研学业，我回归到一名大学生的角色，却又不再仅仅是一名大学生。宿舍床上立起"豆腐块"，担任学校新生军训教员，成为志愿者信息发布平台主创者……在部队养成的军人素养，让我在再度规划大学生活时，有了不同的方式和力量。

临近毕业，我们相邻宿舍、同年入伍的4位战友，不约而同地选择了考研，相约一起备考。"不相信有完不成的任务，不相信有克服不了的困难，不相信有战胜不了的敌人"，面对考研这场"硬仗"，我用中国军人熟知的这句誓言作为"战斗口号"，激励大家不畏难、不退缩、不放弃。

备考阶段，我特意建了一个名为"今天你学习了吗"的微信群，约定统一作息时间，互相监督复习，分享学习经验。同时，发扬部队"比学赶帮超"的精神，每天比一比谁能第一个到达图书馆。

这样的生活持续了一年。两个月前，研究生录取公告陆续公布，我们4个人均榜上有名。

有人说，是金子在哪里都能发光。我们4个人都深知，如果没有那两年军旅生涯对意志品质的淬炼，没有那一段"士兵突击"的经历，我们就不会有"发光"的时刻。

如今，站上更广阔的平台，我更加坚信，生命中有了军人的底色，人生的"突击"，才刚刚开始。

（资料来源：《解放军报》，2022年6月18日，有改动）

（四）基层就业

2005年，中共中央办公厅、国务院办公厅印发《关于引导和鼓励高校毕业生面向基层就业的意见》，到今天，毕业生基层就业路径已经有了十几年的发展和演进。目前，中央各有关部门组织实施的引导高校毕业生到基层就业的专门项目共5个：①共青团中央、教育部、财政部、人力资源和社会保障部等部门联合组织实施的"大学生志愿服务西部计划"；②中央组织部、人力资源和社会保障部、教育部等部门实施的"三支一扶"（支教、支农、支医和扶贫）计划；③教育部、财政部、人力资源和社会保障部、中央机构编制委员会办公室等部门实施的"农村义务教育阶段学校教师特设岗位计划"；④中央组织部、教育部、财政部、人力资源和社会保障部等部门实施的"选聘高校毕业生到村任职工作"；⑤农业农村部、人力资源和社会保障部、教育部等部门实施的"农业技术推广服务特设岗位计划"。这些基层项目将数以万计的大学生带向基层，留在基层，为基层的发展添砖加瓦。

1. 大学生志愿服务西部计划

本项目是国家重大人才工程"高校毕业生基层培养计划"的子项目，2003年，共青团中央、教育部、财政部、人力资源和社会保障部根据国务院常务会议和全国高校毕业生就业工作会议精神，联合组织实施大学生志愿服务西部计划，招募一定数量的高校应届毕业生或在读研究生，到西部基层开展为期1～3年的志愿服务工作，服务期满后鼓励扎根当地。根据内容，西部计划分为基础教育、服务"三农"、医疗卫生、基层青年工作、基层社会管理、服务新疆、服务西藏等7个专项。一般招录时间为4月中旬到5月底，6月中上旬完成选拔工作。

以2022年为例，计划招募选派2万名西部计划志愿者到西部地区基层工作，招录对象为普通高等学校应届毕业生或在读研究生，到岗之前获得毕业证书或学位证书，通过西部计划体检。有过志愿服务经历或担任过学生干部的优先录用。

知识延伸

大学生志愿服务西部计划优惠政策

(1)考研。服务2年以上且考核合格者，若服务期满后3年内报考硕士研究生，则初试总分加10分，同等条件下优先录取。

(2)应届生身份。参加西部计划项目前，无工作经历者，在服务期满且考核合格后2年内参加事业单位考录(招聘)、各类企业吸纳就业、自主创业、落户、升学等方面可同等享受应届高校毕业生的相关政策。

(3)学费补偿和助学贷款代偿。服务期满考核合格者，按规定符合补偿代偿相应条件的，可享受相应的学费补偿和助学贷款代偿政策。

(4)工龄核算。服务期满考核合格者，依实际服务年限计算服务期及工龄(参加工作时间按其到基层报到之日起算)，并在服务证书和服务鉴定表中体现。

(5)职称评定。服务期满1年且考核合格后，可按规定参加职称评定。

(6)待遇补助。出省服务的和在本省服务的志愿者享受同等优惠政策；中央财政按照西部地区每人3万元/年(西藏、新疆南疆四地州每人4万元/年)、中部地区每人2.4万元/年标准给予补助，地方财政统筹中央财政补助资金和自身财力，按月发放志愿者工作生活补贴，承担志愿者社会保险单位缴纳部分，为志愿者购买重大疾病、人身意外伤害等商业保险；各县级项目办及基层服务单位积极为志愿者提供交通、住宿和伙食等方面便利。

项目实施以来，综合成效明显，截至2023年，已累计选派41万余名大学生志愿者到中西部22个省、自治区、直辖市及新疆生产建设兵团的2 100多个(旗)县、市、区基层服务。习近平总书记曾多次做出批示或给志愿者回信，肯定志愿者们在西部地区的辛勤耕耘、默默奉献，为当地经济社会发展、民族团结进步做出的贡献，勉励越来越多的青年人以志愿者为榜样，到基层和群众中去建功立业，让青春之花绽放在祖国最需要的地方，在实现中国梦的伟大实践中书写别样精彩的人生。

有意向者可按时登录大学生志愿服务西部计划官网，在报名系统中注册、填写报名表并选择意向服务省份。

精选案例

“纺织姑娘”践行青年担当

“用一年的时间，做一件终生难忘的事。”这句研究生支教团(以下简称“研支团”)学长的感慨，触动了李瑶的心。

2021年9月，东华大学的学生李瑶第一时间关注到了研支团的招募信息，她当即联系老师了解详情，经过材料递交、综合能力选拔、专项体检等一系列程序，终于成功入选了东华大学第三届研支团。

李瑶是个北方姑娘，2018年，她考入了东华大学纺织学院高技术纺织品系。纺织是东华大学的传统优势学科，成绩优异的李瑶却在万千选择面前，放弃了在城市里工作的机会，跳出了生活的“舒适区”，走向了祖国最需要的地方，选择投身西部支教。

“生在红旗下，长在春风里。张桂梅老师身患多种顽疾却坚守在一线，点亮乡村女孩的人生梦想。以张老师为榜样，我想走上三尺讲台，为山区孩子前行增添一份力量，在支教中绽放青春的力量。”李瑶的话语朴实而有力，“而且，我还不够强大，我想在山区支教中沉淀和磨炼自己，留下青春的底色。”

其实，这种敢于跨越山海的青春力量早已贯穿于李瑶的大学生活之中。

在校期间，李瑶始终围绕团学工作坚持知行合一。她积极开展“战疫云团课”，课程有逾万人次观看，获得主流媒体的报道。她还代表东华大学“青马工程”学员在“上海支部生活”发表文章《为成为一名优秀的新时代青年而努力》。

参与“青马工程”的经历，在李瑶心底埋下了一颗种子，在中国国际进口博览会志愿服务的首日，她郑重地向党组织递交了入党申请书。正如她在入党申请书中所写的“请党组织在实践中考验我”，她积极投身各项志愿服务，“每日之星”“最美小白鹭”“优秀志愿者”……这些都是她的名字。

2020年末，河北省疫情严峻期间，李瑶主动服务家乡“抗疫”活动。在东华大学全员核酸检测工作中，她辅助医护人员和后勤保障人员与志愿者信息对接……青春由磨砺而出彩，这种被需要的青春，让她感到无比的宝贵。李瑶坚信，岁月因青春慨然以赴而更加美好，世间因少年挺身向前而更加瑰丽。

2021年11月，东华大学和东华附校为即将远赴遵义支教的研支团成员提供了浸润式实习培训机会，在为期一个月的时间里，李瑶和伙伴们参与了行政管理、教研活动及研讨交流等实践内容，并完成汇报课一节。从慌慌张张备课到从容不迫走上讲台开展一节汇报课，她深刻体会到了当老师的满足感和为人师表的责任感。

一代人有一代人的使命与征程，前往西部支教是李瑶的人生选择，对于她和研支团的各位成员来说，这一年的支教生活绝不仅仅只是一段经历，是奉献，更是成长。

“尽己所能，不计报酬，扎根西部，服务基层。践行志愿精神，传播先进文化，为实现中华民族伟大复兴的中国梦而奋斗。”这是李瑶的青春宣言，也是所有怀揣梦想奔赴西部、助力祖国建设的青年人的心声。

（资料来源：《光明日报》，2022年5月26日，有改动）

2.“三支一扶”计划

“三支一扶”是指毕业生到农村基层从事支农、支教、支医和扶贫工作。其中，“支教计划”是到师资紧缺的基层义务教育学校从事支教服务；“支农计划”是到乡镇或农技服务部门从事支农服务；“支医计划”是到乡镇卫生院从事支医服务；“扶贫计划”是到乡镇从事扶贫开发项目服务。

2006年，人事部（现人力资源和社会保障部）发布了《中共中央组织部 教育部 财政部 农业部 卫生部 国务院扶贫开发领导小组办公室 共青团中央关于组织开展高校毕业生到农村基层从事支教、支农、支医和扶贫工作的通知》，中共中央组织部、人事部、教育部等八部门决定联合组织开展“三支一扶”。

2021 年 5 月 28 日，人力资源和社会保障部会同中共中央组织部、教育部、财政部、水利部、农业农村部、国家卫生健康委、国家乡村振兴局、国家林草局、共青团中央等部门印发《中共中央组织部 人力资源部社会保障部等十部门关于实施第四轮高校毕业生“三支一扶”计划的通知》(以下简称《通知》)，决定于 2021 年至 2025 年实施第四轮高校毕业生“三支一扶”(支教、支农、支医和帮扶乡村振兴)计划，每年选派约 3.2 万名高校毕业生到基层服务。

第四轮“三支一扶”计划围绕实施乡村振兴战略，以培养党和国家事业发展需要的基层人才为根本，引导和鼓励高校毕业生到基层干事创业，为全面推进乡村振兴、加快农业农村现代化提供人才和智力支持。

《通知》明确，要完善招募政策，加大乡村振兴急需岗位和生态文明建设服务岗位开发力度，招募计划向乡村振兴重点帮扶县、脱贫地区、艰苦边远地区和少数民族地区等倾斜，对招人难、留人难的艰苦边远地区可适当放宽报考条件。要强化培训培养，深入实施“三支一扶”人员能力提升专项计划，确保“三支一扶”人员每人每年参加培训不少于 5 天。要加强岗位锻炼，推动“三支一扶”计划与基层青年干部队伍、人才队伍建设相衔接。要健全服务保障，落实工作生活补贴和社会保险等待遇，做好日常服务。要促进服务期满流动，加大公务员定向考录和事业单位专项招聘力度，支持学习深造，促进服务期满人员多渠道就业创业。

知识延伸

“三支一扶”优惠政策

(1)报考不限户籍。考生所报考省份大多不需要省份当地生源即可参加所在省份的考试，考试通过便可工作。一般毕业生及往届 2 年内，学历大专以上，年龄不超过 30 岁均可报考。

(2)期满转编。服务期满考核合格后可直接转为事业编制。享有提供福利待遇、工资晋升、职务晋升等便利。期满转编省份包括海南、湖北、河南、吉林、山西、江西、云南、山东等。

(3)定向招录。期满考核合格后，可选择考公务员，享受定向招录的政策，优先其他没有经验者先行选择岗位，并进入工作。

(4)考研。有相关志愿经验者加 10 分。

(5)待遇补助。完善服务保障机制，西部地区按每人 3 万元/年西藏、新疆南疆四地州 4 万元/年给予补助；中部地区按每人 2.4 万元/年给予补助；东部地区按每人 1.2 万元/年给予补助。对于在岗服务满半年的新招募“三支一扶”人员，中央财政给予一次性安家费3 000 元。

“三支一扶”计划自 2006 年实施以来，截止到 2022 年已累计选派 46.9 万名高校毕业生到基层服务，为助力脱贫攻坚、推动经济社会事业发展、优化基层人才队伍结构发挥了积极作用。

相关事项可关注各地人事考试网及“三支一扶”招募网。

3. 农村义务教育阶段学校教师特设岗位计划

农村义务教育阶段学校教师特设岗位计划(以下简称“特岗计划”)，是从高校毕业生中招聘人才，到县以下的基层学校任教，旨在充实乡村教育队伍，提高农村教师队伍的整体素质，促进城乡教育均衡发展。

2006 年，教育部、财政部、人事部、中央机构编制委员会办公室联合下发《关于实施农村义务教育阶段学校教师特设岗位计划的通知》，启动“特岗计划”，公开招聘高校毕业生到西部地区“两基”攻坚县(含新疆生产建设兵团的部分团场)以下农村义务教育阶段学校任教。截至 2021 年 9 月，这一政策已为中西部地区乡村学校补充特岗教师 103 万人。

2022 年 6 月 14 日，《教育部办公厅、财政部办公厅关于做好 2022 年农村义务教育阶段学校教师特设岗位计划实施工作的通知》发布，计划 2022 年招聘 6.7 万名中央“特岗计划”教师。

中央“特岗计划”仍面向中西部省份实施，重点向原“三区三州”、国家乡村振兴重点帮扶县、少数民族地区等地区倾斜；重点为乡村学校补充特岗教师，持续优化教师队伍结构，进一步加强思想政治、体音美、外语、科学、劳动、心理健康、信息技术、特殊教育等紧缺薄弱学科教师的补充。

上述文件还明确，边远艰苦地区和急需紧缺专业的特岗教师招聘，可以结合实际情况适当降低开考比例或不设开考比例，采取面试、直接考查的方式公开招聘，划定成绩合格线。对于特别边远艰苦、教师流失较严重的地区可向本地生源倾斜。

知识延伸

农村特岗教师优惠政策

(1)待遇补助。特岗教师聘期 3 年，聘任期间，执行事业单位工资制度和标准，津贴、补贴结合各地情况，原则上不低于当地同等条件公办教师年收入水平。中央财政设专项资金，用于教师的工资性支出。从 2012 年起，特岗教师工资性补助标准提高为西部地区人均 2.7 万元/年，中部地区人均 2.4 万元/年；设岗县的财政部门负责落实用于解决特设岗位教师的地方性津补贴、交通补助、体检费和其他社会保障待遇应缴纳的相关费用。

(2)期满就业。服务期满后，若选择在当地留任，保证有编有岗，并享受当地教师同等待遇；若打算异地流转，或到城镇学校应聘，优先考虑；若重新就业，则各地政府包括教育部门应当提供便利。

相关信息可关注各地人民政府网。

4.“选聘高校毕业生到村任职工作”计划(大学生村官)

大学生村官是国家统一选聘高校毕业生到农村担任村党支部书记助理、村民委员会主任助理或团支部书记、副书记等职务，以此培养大批新农村建设骨干人才、党政干部后备人才、各行各业优秀人才。

2008 年，中共中央组织部、教育部、财政部、人力资源和社会保障部《关于印发〈关于选聘高校毕业生到村任职工作的意见(试行)〉的通知》，计划用 5 年时间选聘 10 万名毕业生到岗。2009 年，中共中央组织部、中共中央宣传部、教育部等部门联合发布了《关于建立选聘高校毕业生到村任职工作长效机制的意见》。2010 年开始，逐步扩大选聘规模，实现“一村一名大学生村官”。2014 年，中央组织部召开全国大学生村官工作座谈会，进一步明确了大学生村官的工作定位：其岗位性质为“村级组织特设岗位”，系非公务员身份。

大学生村官选聘对象为专科以上学历、30 岁以下、应届毕业生和毕业 1～2 年的往届生，原则上为中共党员(含预备党员)，非党员的优秀团干部、优秀学生干部也可参与选聘。在村工作期限一般为 2～3 年。此外，“三支一扶”计划、“志愿服务西部计划”等期满的毕业生，本人自愿且具备选聘条件的，经组织推荐可作为选聘对象。大学生村官的工作、生活补助和享受保障待遇相关费用由中央财政和地方财政共同承担。

大学生村官是为党和国家培养可靠接班人的战略工程，是加强基层党组织建设的强基工程，是建设社会主义新农村的人才工程，是青年学生实现人生抱负的希望工程。大学生村官应思想政治素质好，作风踏实，吃苦耐劳，组织纪律观念强。到农村基层工作的大学生村官要充分利用自己的所学和特长，积极为建设农村、服务农民、发展农业做出贡献，成为农村发展的新鲜血液和新农村建设的骨干力量。

相关信息可关注所在省区市以及学校招生就业部门发布的大学生村官招聘公告。

5. 农业技术推广服务特设岗位计划

2013 年，《农业部 人力资源社会保障部 教育部 科技部关于实施农业技术推广服务特设岗位计划的意见》(以下简称《意见》)发布，《意见》提出组织实施“农业技术推广服务特设岗位计划”，每年招募一批普通高等学校应届毕业生，到乡镇或区域性农业技术推广机构开展农业技术推广、动植物疫病防控、农产品质量安全服务等工作，服务期为 2～3 年。

招聘条件为具有全日制普通高校大专以上涉农专业学历，并符合具体岗位条件的人员均可报名。有基层农业技术推广服务工作经验的人员同等条件下优先聘用。

知识延伸

农业技术推广服务特设岗位计划优惠政策

(1)服务期间。试用期满后，参照当地条件确定工资收入水平；参加相应社会保险；艰苦边远地区的工作者享受艰苦边远地区津贴。在评聘技术职称、申报科技成果、评奖评优等方面与在编农技人员享有同等权利。

(2)服务期满后。服务期满后，享受国家助学贷款代偿和学费补偿、研究生招录和事业单位公开招聘优先、公务员定向考录等各类优惠。对符合条件，需要继续攻读农业推广硕士专业学位的优秀人员，相关部门要制定优惠政策，同等条件下优先录取。县级以上农业技术推广机构相应岗位空缺时可优先从特岗农技人员中择优聘用。鼓励服务期满后继续在农村就业创业，领办、创办和协办农业试验示范基地、农民专业合作社、农业专业服务组织和涉农企业等。

在“大众创业、万众创新”成为经济发展新动能的大环境和乡村振兴战略下，特岗农技人员在实践中学习创业知识，积累创业经验，为成为企业经营管理者、致富项目带头人做好了准备。

相关信息可关注各地政府网站。

(五)到国家重点领域就业

近年来，我国能源、粮食生产等重点领域，交通运输、航空、通信等重点行业支持力度持续加大，重点领域、行业的改革取得突破性进展：产业布局更加合理，优质产能得到更多释放，实现了新旧动能的转化和结构调整。京津冀协同发展、长江经济带发展等国家重大战略一呼百应，建设工作如火如荼，军民融合创新示范区、高新技术开发区、各类产业集聚区建设发展人才需求旺盛，就业岗位不断开拓。

从政策保障、组织领导到资金支持、营造良好氛围，在国家、地方的支持下，重点领域、重点行业的企业也逐渐进入毕业生的视线，一大批如中国科学院物理研究所等实力雄厚的重点领域单位，成为求职热点。此类重点领域机构和企业依托更多政策倾斜，且拥有广阔的市场前景，外部发展环境较为宽松，对人才的需求也更大。重点区域、领域和行业意味着更多的岗位需求和求职机会，能让求职成功率更高，而且职业发展前景更好。所以，在考虑工作时，毕业生不妨多向国家重点支持的领域和行业努力。

(六)新兴业态就业

新兴业态主要是基于不同产业、企业内外部价值链的分化和融合，行业跨界整合，以及嫁接信息及互联网技术所形成的新型企业、商业以及产业的组织形态。其发展得益于用工主体多样化、用人机制灵活化等社会发展变革的结果，得益于劳动者就业观念的变化和信息技术、网络社会、分享经济等劳动就业形态提供的客观基础。伴随着信息技术的飞速发展，近年来诸如“平台就业”“家庭就业”“间歇就业”“网络就业”等新就业形态不断出现并大量存在，这些就业形态具有如下特点。

1. 就业形式多元化

就业形式愈发多元，覆盖各个领域，既包括从事临时工、季节工等劳务活动，也有通过自身知识或技能从事各类自由职业；既有从事建筑、装修、家政服务及其他服务性职业，也有通过各类创新创业平台实现众包就业、网店就业、创业就业等。

2. 全职就业兼职化

酒店主厨下班后上线化身美食博主，公司职员下班后开网约车……全职就业出现了兼职化倾向，许多有正式工作的人利用空闲时间兼职兼业，使得个人的工作和职业的边界越来越模糊。

3. 零工就业全时化

借助互联网平台，一些没有全职工作的人也在多项工作中无缝切换，进而实现一天 8 小时的全时工作，这使得个人的工作和雇佣相分离。现在越来越多的年轻人选择这种工作方式从事多重职业，劳动和工作被认为是人生的一种体验方式。

4. 组织方式平台化

随着分享经济的发展，越来越多的平台出现，劳动者灵活就业实现的方式通过平台得到了全新的改变。平台型组织具有轻资产的特点，依靠先进的平台信息系统进行管理，供给和需求实现了即时性、零成本交易。

5. 平台用工规模化

平台型组织的灵活用工量往往比较大，如“互联网＋灵活用工”平台用工量远超传统企业雇佣。又如某电子商务平台只雇用少量员工，但通过电子商务却能带动一大批人就业。

6. 用工管理去雇主化

分享经济的本质为“不求拥有，但求所用”。随着平台型组织的兴起，用工单位与劳动者之间不构成法律规定的劳动关系或雇佣关系，劳动者对平台的人身依附性弱，用工管理去雇主化、去组织化，双方之间的关系更像是合伙人、合作者、利益共同者。劳动者个人获得了一种全新的谋生方式，人们不必依托雇佣即可供应自己的劳动力和知识技能。

7. 劳动供给自主化

灵活就业人员通过“平台＋个人”的模式，真正做到分时就业、随时就业，自由度相对较高、自主权较大，工作时间、工作地点和工作内容完全由自己选择和决定。在此背景下，高人力资本者进入灵活就业群体，灵活工作使得这一群体仍然可以实现高收入。

目前，包括平台经济、分享经济、“互联网+”在内的新就业形态，正在成为稳就业的重要力量。相关数据显示，高校毕业生的灵活就业比例近年来明显上升，其中自主创业比例增长幅度较大。

当然，新兴业态的发展还需要规范新业态企业履行管理责任、建立用户权益保障机制、强化行业自律、加强评估检测等配套措施的落地。

精选案例

灵活就业备受青睐 相关劳动权益如何保障？

近两年，网络主播、电商运营、文案写手等与互联网关联密切的职业，不打卡、不坐班，就业方式灵活，受到毕业生青睐。近日，某求职平台发布的《2022大学生就业力调研报告》显示，18.6%的2022届高校毕业生选择了自由职业，较2021年提高了3%。

“我自己是做短视频的，视频剪辑那种，现在很多人都在做短视频，这块其实还挺缺人的……”李慧今年26岁，大学专业是动画设计，平时自己比较喜欢拍视频和剪辑视频。2020年大学毕业后，李慧就在浙江金华老家接短视频剪辑的单子，有了一定的客源积累，收入不错。

李慧说：“我大概做了一年多时间了，也有很多人会和我合作，基本上我都接散单，简单的一条视频差不多一两百块，收入还行，一个月多的时候七八千、上万都有的，但我也不想让自己太累。”

目前来看，越来越多的高校毕业生选择了诸如短视频领域的灵活就业岗位。然而，不签劳动合同，劳动权益如何保障？职业长远发展怎么办？由于灵活就业属于一种新的就业方式，在用工规范等方面存在一些法律空白，加上高校毕业生本身社会阅历不足，导致他们在选择灵活就业时常会遇到各种各样的法律困惑。

随着灵活就业呈现规模化趋势，多地、多部门陆续出台政策，为包括高校毕业生在内的灵活就业劳动者保驾护航。

2021年7月，人力资源和社会保障部等部委联合发布了《关于维护新就业形态劳动者劳动保障权益的指导意见》，对新就业形态进行了规范，明确平台用工责任、禁止限制新就业形态劳动者多平台就业、将新就业形态劳动者纳入最低工资标准制度保障、逐步提高新就业形态劳动者社会保险保障。

对于呼声很高的职业伤害保障，多地也陆续开始试点。江苏省常熟市启动新业态从业人员职业伤害保险，每人每年缴纳360元，最高理赔标准为每人每年40万元。浙江省金华市打造“工伤＋补充＋商业”参保新模式，明确发挥用工主体作用的网络平台可以为新业态从业人员单险种参加工伤保险，同时参加工伤补充保险。

在中国人民大学劳动关系研究所相关领导看来，除了要为灵活就业提供相应的职业保障之外，还需要为灵活就业者提供公平的就业环境和良好的职业发展前景。

他说：“第一个保障就是公平的就业环境，因为在灵活用工和正式的劳动关系用工中，不公平的就业环境会导致很多的劳动者在劳动力市场中受到歧视。第二个是良好的职业发展，目前灵活用工人员的职业发展确实有很大的问题，因为大量的灵活就业人员都是在一些重复性的、技术简单的岗位上工作。所以这部分灵活就业人员未来的职业发展，可能不仅仅是企业要面临和解决的问题，也是国家要面临和解决的一个问题。”

（资料来源：《中国之声》，2022年8月4日，有改动）

第二节 微观职业环境认知——具体职业及相关要求

微观职业环境是指每个人的就业环境。在一定的社会环境(宏观环境)中，每个人将要进入的组织(用人单位)，其所提供的微观职业环境千差万别。绝大多数人的职业生涯是与其工作或服务的某个或某些组织相联系的，因此，大学生必须了解各种组织类型及组织形态。有效的职业生涯发展要求个人需要与组织需要之间相互匹配，在整个职业生涯中，个人和组织双方共处于一个不断变化的环境中，二者的相互匹配过程也是动态的过程。如果匹配过程能够有效地推进，组织与个人都能受益：组织将合理运用与开发人力资源，提高绩效和改善人际关系；个人将能较好地管理自己的职业生涯，个人才能得到有效的发挥，目标与理想得到较好的实现，个人也得到较好的发展。

因此，大学生在进行职业生涯规划时，要根据自己的兴趣、性格、能力、价值观等因素，结合将要加入的组织的具体情况，了解组织的类型和特点、组织文化、组织结构，以及该组织对全体员工及某个工作岗位上的员工提出的工作要求，来确定能否在该组织中找到适合自己发挥才能的平台。

一、具体职业

(一)用职业分类法进行职业探索

大学生可能会对多个职业有就业意向，这些职业分布在各个行业之中，往往让大学生难以选择。如果能够按照一定的规则将职业进行分类，那么大学生就可以轻松地分析和评价各种职业。下面介绍《中华人民共和国职业分类大典》对职业的分类。

《中华人民共和国职业分类大典》颁布于 1999 年。随着我国进入新发展阶段，国家经济实力、科技实力、综合国力跃上新的台阶，新技术、新产业、新业态发展迅猛，行业发展变革引发社会职业结构较大规模变迁。为适应新时代我国人力资源管理的需要，2021 年 4 月，人力资源和社会保障部会同国家市场监督管理总局、国家统计局启动了《中华人民共和国职业分类大典》(以下简称《大典》)修订工作。2022 年 9 月 27 日，《中华人民共和国职业分类大典(2022 年版)》正式审定颁布。

《大典》的修订是一项系统工程，涉及国民经济信息统计和人口普查、人力资源市场建设、就业创业、职业教育与职业培训等诸多领域。2022 年版《大典》是以 2015 年版《大典》为基础，将近年来已发布的新职业纳入其中，保持大类体系不变，增加或取消了部分中类、小类及职业(工种)，优化调整了部分归类，修改完善了部分职业信息描述。2022 年版《大典》中，职业划分为 8 个大类、79 个中类、449 个小类、1 636 个细类(职业)、2 967 个工种。其中，绿色职业 133 个(标注为 L)、数字职业 97 个(标注为 S)、既是绿色职业又是数字职业的有 23 个(标注为 L/S)。

通过《大典》，大学生能大体掌握我国的职业分类状况，这对了解和分析职业发展趋势有着很高的参考价值。而除了《大典》外，还有其他的有关职业分类方面的材料，大学生也可以根据需要自行参阅。

知识延伸

新职业不断出炉：为年轻人提供就业新方向

据统计，2019—2021年，人力资源和社会保障部（以下简称“人社部”）会同有关部门发布了4批共56个新职业。目前这些新职业已被纳入《中华人民共和国职业分类大典（2022年版）》。

来自人社部的信息显示，不少新职业是数字经济发展催生的数字职业，如“数据安全工程技术人员”“数据库运行管理员”“商务数据分析师”“农业数字化技术员”等，都具有数字职业的鲜明特点。

还有一些在新阶段、新理念、新格局和适应人民美好生活需要中孕育的新职业，如为满足广大旅游消费者个性需求的民宿行业，“民宿管家”短短几年实现了由零到百万级的规模跨越。

针对当前庞大的新职业市场，各地在积极筹备新职业相关的技能培训。人社部职业能力建设司相关负责人介绍，下一步，人社部将会同有关部门组织制定新职业标准，并指导培训机构依据国家职业标准开展培训。同时，积极稳妥推行社会化评价，对评价认定合格的人员，由评价机构按照有关规定为其颁发证书。

（资料来源：《中国青年报》，2022年7月15日，有改动）

（二）参与校内外职业实践进行职业探索

通过参与校内外职业实践，大学生同样可以接触、收集一些职业的相关信息。而且通过实践，大学生可以得到最直接的职业体验，这是其他任何途径都无法替代的。因此，参与校内外职业实践也是大学生进行职业探索的可行方法。

1. 做好校内的每项工作

校园中存在许多参与职业实践的机会。例如，担任学生干部、在校内实习、参加学生社团、开展勤工助学项目等，做好这些校内的工作，能够锻炼大学生的能力，提高大学生的素质，从而使大学生为就业做好准备。

担任学生干部的大学生应树立服务同学的良好心态并积极组织开展相关活动，努力履行应尽的职责。这样不仅可以提高自己的综合素质，而且能逐渐提高自己的组织、沟通、协调及管理能力。

校内实习基地是大学生参与实践活动的重要场所，专业技能只有通过实践才能掌握。因此，大学生应该重视每一次课程实习，并积极参与。

学生社团是大学校园内学生参与实践活动的重要平台。大学生可以根据自己的兴趣和需要有选择地参与学生社团，踏踏实实地做好自己分内的工作，从而提升自己的综合能力。

勤工助学是指学生在学校的组织下利用课余时间，通过自己的劳动取得合法报酬，用于改善学习和生活条件的社会实践活动。勤工助学是提高大学生综合素质的有效途径。

值得注意的是，实践并非越多越好，过多的实践、过重的任务必然不利于大学生完成学业。因此，大学生需要有选择地参与有价值的实践，以提高自己的各方面能力，加深自己对某具体职业的理解。

2. 寻找校外职业实践的机会

相对校内的实践来说，校外的职业实践较为复杂，但与社会的接触更加紧密，更贴近现实的职业环境。课余时间，在保证课程学习和适当休息的同时，大学生不妨主动寻找并从事与自己兴趣和专业相关的兼职工作。

寒暑假期间，大学生也可以选择到与所学专业相关的用人单位实习，或者考虑结合自己的专业参加学校组织的暑期实践。通过校外的职业实践，大学生不仅可以对自己有更深入的认识，而且也能了解当今社会的就业需求，培养自己的职业能力，发现适合自己的工作岗位，为今后顺利就业打下基础。

(三)使用其他方法进行职业探索

除了前面介绍的方法外，大学生同样可以使用调研法、职业生涯人物访谈法、网络搜集法等方法进行职业探索。这些方法各具特色，能够在不同的方面为大学生提供帮助。

1. 调研法

调研法是有目的、有计划、系统地收集与自己的性格、兴趣、专业等相关的职业信息的一种方法。一方面，大学生可以通过搜寻与所学专业相关的就业状况、调研报告等材料，了解与自己相关的职业，这是静态的方法；另一方面，大学生也可以开展个人或团体调研了解职业信息，这是动态的方法。不管是静态的方法还是动态的方法，调研时一般要考虑以下 6 个问题：

(1)这个专业的大学生毕业后都能做什么工作？

(2)在这个专业领域，权威的企业或机构有哪些？

(3)这个专业的成功人士都有谁？他们的具体成就有哪些？

(4)这个专业对口的用人单位对大学毕业生有哪些要求？

(5)这个专业的前几届大学毕业生目前的状况如何？

(6)这个专业及专业对口职业的社会评价如何？

2. 职业生涯人物访谈法

职业生涯人物访谈法是指大学生对一些有代表性的或自己感兴趣的职业的从业者进行访谈，从而更加深入地了解和判断某个职业的详细信息的一种方法。通过对不同人物的访谈，大学生可以综合各访谈对象对某个职业的认识、理解及其关注点，从而获得较全面的信息。职业生涯人物访谈的流程一般包括以下 5 步：

(1)确定访谈的目标和主题。大学生在进行访谈之前，首先需要明确访谈的目标和主题，只有明确了访谈的目标和主题，才能有针对性地进行访谈。

(2)确定访谈对象。访谈对象决定了访谈的效果，大学生应该选择在相关职业领域中有代表性的、经历丰富的人作为访谈对象。通常为了避免访谈存在过多的主观影响，访谈对象至少应有 3 人。

(3)准备好访谈提纲。访谈并非闲聊，为了保证访谈围绕主题、逻辑清晰、言之有物，大学生应该提前准备好访谈提纲，确定几个基本话题。

(4)访谈与记录。这是访谈的核心环节，大学生要多倾听，但也要给访谈对象积极的回应，记录则可以在征得访谈对象的同意后用录音、录像设备进行。

(5)总结与梳理。访谈结束后，大学生还要进行总结与梳理工作，将访谈记录整理成文字材料，并综合所有访谈对象的观点，总结从访谈中获得的信息，这样才算完成了整个访谈过程。

知识延伸

职业生涯人物访谈的常见问题

(1)在这个工作岗位上，您每天都做些什么？

(2)您如何看待这个领域将来的发展趋势？

(3)到这个领域工作的基本前提是什么？

(4)这种工作需要什么样的人？

(5)这种工作需要什么样的教育背景？

(6)这种工作需要特别的知识、技能和经验吗？

(7)什么样的个人品质或能力对这种工作的成功来讲是重要的？

(8)用人单位会为刚进入这个领域的员工提供哪些培训？

(9)这个领域初级职位和略高级别职位的薪资一般是多少？

(10)这种工作的哪个部分让你最满意，哪个部分最有挑战性？

(11)这个领域有发展空间吗？

(12)这个领域潜在的不利因素是什么？

(13)对于一个即将进入这个领域的人，您愿意提出特别的建议吗？

(14)还有哪些方法能帮助大家深入了解这个领域？

3. 网络收集法

网络是一种便捷的搜索工具，含有海量的职业信息。大学生可以通过各种求职网站、各个城市的人才招聘网站及各大高校就业中心的网站，还有一些提供招聘信息的微信公众号、微博等渠道来获取职业信息。

总而言之，大学生要积极地收集、分析、评估和运用各种职业信息，这样才能在进行职业生涯决策时更加自信、更加从容。

值得注意的是，网络上的信息良莠不齐，很多虚假信息、恶意信息充斥其中，大学生一定要擦亮双眼、提高警惕，以确保职业信息的可靠性。

二、职业要求

职业要求是指影响人们能否从事某一职业的各种内外因素的总和。职业要求个人具备良好的职业素质。良好的职业素质首先要熟练地掌握所学的专业技能，同时要具备良好的职业素养，了解用人单位的需求，根据用人单位的需求来提升自己的能力。因为用人单位需要的人才，不仅要具备专业技能和工作经验，还要懂得职场的规范、用人单位的规章制度等；不仅要知道用人单位工作流程，还要具备良好的商务礼仪和职场形象等。一般来说，大学毕业生能否顺利就业并取得成就，在很大程度上取决于个人职业素质是否达到职业要求。职业对人才素质的一般要求有如下几个方面。

1. 优良的职业道德

职业道德是所有从业人员在职业活动中应该遵循的行为准则，它反映了鲜明的职业要求，是整个社会对从业人员的职业理想、职业信念、职业态度、职业品质、职业责任和职业良心等诸多方面的标准要求。

职业道德是正确处理职业内部、职业与职业之间、职业与社会之间、人与人之间的关系所应遵循的行为规范，它不仅关系着个人的名誉和形象，还与用人单位乃至整个行业的声望和利益密切相关，良好的职业道德会给个人带来荣誉和更好的职位，也会给企业带来更大的收益。

2. 扎实的专业技能

专业技能的扎实程度，是衡量一个人在特定领域内能力和素养的重要指标之一，是用人单位衡量大学毕业生的一项无可替代的重要标准。熟练掌握或精通某项专业技能，打下坚实的专业知识基础，永远是用人单位对大学毕业生最基本的要求之一。大学毕业生只有通过不断学习与积累，不断提升自己的专业素养，才能在竞争激烈的职场中立于不败之地。

3. 良好的人际交往能力

人际交往是人们社会生活的重要内容之一，人际交往能力是必备的职业素质之一。一个人在工作中，往往需要与许多不同的人打交道，如同事、上司、下属、客户等。良好的人际交往能力可以帮助自己更好地完成工作任务，提高工作效率，获取工作成果。

4. 良好的团队协作能力

在当今社会，团队协作已经成为完成工作必不可少的重要因素。团结协作的力量可以促进工作效率的提高，是有效完成工作的关键。实际上，良好的团队协作是每个用人单位成功的核心。用人单位的兴衰成败在很大程度上取决于其成员相互协商、相互尊重、相互凝聚的程度。所以用人单位非常看重大学毕业生的团队协作精神。大学毕业生也只有将个人融入团队，个人发展才会更加顺利。

5. 强烈的事业心和责任感

强烈的事业心和责任感是用人单位对大学毕业生基本的素质要求，也是做好一切工作的重要前提和思想基础。用人单位希望并要求大学毕业生把选择的“职业”当作长期追求的“事业”，要其热爱、投入和执着，要与用人单位同甘苦、共患难、荣辱与共。一个有强烈的事业心和责任感的大学毕业生，能够自觉承担起自己的责任和义务，能够积极履行自己的职责，能够得到他人的信任和尊重，从而实现自己的人生价值和目标。

三、树立正确的就业观

大学毕业生在择业过程中遇到困难时，需摆正心态，树立正确的就业观，认清当前的就业形势，转变就业观念，树立就业信心；大学生要不断提高自己的综合素质，培养职业能力，不断增强自主意识、竞争意识和创新意识，增强自己的就业竞争力；大学生还应做好就业信息的收集与筛选工作，找到自己理想的职业。

(一) 了解就业形势，树立就业信心

大学毕业生应理性看待当前的就业形势，把握社会发展的趋势，树立就业信心。其实，我国经济的不断发展给大学生带来了一些新的机遇，面对这些机遇，大学生应积极把握，同时又要理性选择，切忌盲目跟风。大学毕业生应全面冷静地分析自身情况和社会发展趋势，调整心态，不断充实自己，树立就业信心。

(二)提高个人素质，培养职业能力

大学生在校学习期间，除了努力学习课本知识外，还必须培养良好的素质，树立正确的世界观、人生观、价值观。大学生还应当具有创新精神，在社会竞争中，能视变化为机遇，视困难为挑战，对生活、对未来充满期望、充满热情。同时，大学生还要注重能力的培养，能力是一个人素质的外在表现，大学生应尽可能培养自己处理信息的能力、处理人际关系的能力、处理人与资源之间关系的能力、系统地看待事物的能力、运用技术的能力等职业生涯所需的重要能力，只有这样才可能在社会上更好地立足。

(三)做好就业信息的收集与筛选

就业信息的收集与筛选是大学生择业时应重点注意的方面，不管是“双向选择”还是“自主择业”，大学生要想选择适合自己的职业，首先就要从收集职业相关的信息入手。信息越多，选择的余地就越大；信息越可靠，越有利于做出合理的决定。

其次，大学生要善于筛选信息。筛选信息要从主客观两个方面考虑。从主观上来讲，大学生要考虑自身条件适合哪些用人单位、哪些职业等；从客观上来讲，要考虑用人单位的岗位性质、发展前景、人才结构、需求情况是否与自己的预期匹配等。只有综合考虑主观因素和客观因素，大学生才能在择业的过程中明确方向，通过理性的选择找到适合自己的职业。

精选案例

明确定位， 成功就业

李薇薇是一名应届毕业生，她觉得自己学历普通，专业成绩不突出，更没有明显的专长，在职场中缺乏竞争力。于是，她将自己的就业目标从市中心的热门岗位转移到小城市和郊区，并且在毕业前就锁定了几家目标企业。就这样，她很快入职了一家市郊的中型企业，从事一份专业对口、薪资较合理、管理也比较人性化的工作。虽然每天的通勤时间要一个多小时，但是她对这份工作很满意。

本章小结

本章对当前我国大学生就业形势和就业政策做了简要分析，并对相关职业做了简要介绍。因为毕业生数量、供求关系等原因形成了当前就业形势，但国家的发展也带来了一些新的机遇。通过一系列方法，大学生在校期间可以了解社会、职业的宏观环境和微观环境、各类职业的特点及对人才的不同要求，同时大学生应树立正确的就业观，建立自信心，提升素质，获取更详细的职业信息，为成功进入职业世界做好准备。

教学检测

1. 简述我国大学生的主要就业方向。
2. 简述获取职业信息、进行职业探索的方法。

3. 大学生应该如何树立正确的就业观？

思政园地★

求职先查雇主底细：当年轻人开始对雇主“反向背调”

1. 多维度为意向雇主“画像”

将求职目标锁定在互联网行业后，乔林把闲暇时间都给了职场社交软件，他认为“官方信息太空泛，鲜活的日常工作细节才有参考意义”。通过在职和离职员工的分享，乔林了解到哪些公司的试用期待遇好，哪些公司晋升机制明朗，甚至还打探到一些企业架构调整的内幕。

各种社交平台是他的“背调”神器。2019 年，一份名为《公司作息表》的共享文档广为流传，乔林从中了解到千余家热门企业不同岗位的作息安排，细化到午餐时间、有无周报等。他借此筛掉了两个加班严重的“大厂”团队，同时也补充了几条新数据进去。“以前这些只能听人力资源工作人员介绍，现在大家互帮互助，让信息流动起来，有效降低了试错成本。”

法律专业毕业生胡康把实习看作最直观的“反向背调”，他认为“企业文化渗透在每一件小事中，体验过才知道是否契合”。几份实习带给胡康的还有一群履历相当的伙伴，以及灵活可靠的消息网络。每当“背调”遇到瓶颈，他总能在实习群中找到答案。“我曾想通过暑期实习进入某心仪的律师事务所，一位已经入职的姐姐透露，最近项目多才大量招人，但留用名额极少。我及时打住，以免白白浪费时间。”

对于在某普通高校学金融的楚越来说，天眼查等商业信息服务平台是开展“背调”的主阵地，她说：“被公开讨论的只有大企业，以我的学历背景很难进，而摸清小企业情况只能靠自己。”

一方面，她会逐一分析注册信息、股权结构、投融资情况等资料，从而推测出公司规模和发展前景；另一方面，法律纠纷和行政处罚也是她关注的重点。“就像我们不会把黑历史写进简历，雇主也不会在公开宣传中自曝其短，‘反向背调’就是为了规避潜在风险。”

2.“反向背调”，也是自我探索

虽然早就听说过“反向背调”，但乔林一直有些不解。在他看来，求职是一场“双向奔赴”，背景调查也无须区分“正向”和“反向”。

胡康觉得，“反向背调”的过程，也是自我探索的过程。“起初职业规划是模糊的，在先后体验了各大律师事务所、法检系统、公司法务等职位之后，我才渐渐明确自己想做一名律师。这段经历让我学会结合自身特质去衡量一份工作，也让我真正走出象牙塔，开始为自己负责。”

除了筛选公司，充分的“背调”还让楚越在面试中化被动为主动。在一家民企接受总裁面试时，她着眼于该公司刚开拓的一项新业务，抛出一个角度巧妙的问题，让对方眼前一亮。

3.“反向背调”十分必要，但也要审慎把握

“‘反向背调’十分必要，但求职者也要审慎把握。”中国政法大学人力资源开发与管理研究中心相关领导提示，在社交媒体上，一些匿名信息真假难辨，很多观点带有浓厚的主观色彩，甚至是单纯的情绪宣泄，如离职员工的负面吐槽。求职者要提高甄别能力、扩充信源，不能照单全收。

他建议，在“背调”过程中，不能被海量信息牵着鼻子走，要抓住关键。“首先应关注雇主的品牌，以及背后体现的价值观，如是否重视人才，是否担当社会责任。在价值观一致的基础上，再依据所掌握的可靠信息，对未来的发展和职业通道做出推断，而不是单纯以薪资水平、工作强度来衡量一个岗位。”

（部分受访者为化名）

（资料来源：《工人日报》，2022 年 5 月 23 日，有改动）

讨论：

1. 作为一名未来的求职者，谈谈你对“反向背调”的看法。
2. 结合材料分析，我们应该如何进行“反向背调”？

第四章 职业生涯决策与行动

育人目标

◎ 通过进行职业生涯决策，锻炼全面考虑问题的能力。

◎ 对人生保持开放的态度，主动行动，勇于尝试。

学习目标

◎ 掌握基本的职业生涯决策方法。

◎ 尝试编写自己的职业生涯规划书。

情境导入

职业生涯决策的重要性

人生是一连串选择和决策的过程：从早上起来思考要穿哪套衣服出门开始，你就在选择；中午考虑要去哪里吃饭，你又在选择；交往中你选择朋友；恋爱时你选择伴侣；工作前你选择职业；等等。虽然并非所有的决策都是重要的，但有一些选择确实是至关重要的，例如，职业生涯决策。哈克特和贝茨指出：几乎不存在什么决策比选择一个职业或工作对人们的生活具有更重大而深刻的影响。由此可见，职业生涯决策会影响人们的生活方式。

职业发展和职业生涯规划本身就是一个个职业生涯决策的联合体。在掌握职业自我和职业社会知识后，下一步的工作是对这些信息进行加工，做出与个人的职业生涯发展有关的系列决策，如职业定位、确立职业目标、选择生涯路径、制订行动计划、采取行动措施、选择第一份职业等。决策的正确与否很大程度上决定了职业生涯是否顺利。

第一节 职业生涯决策概述

一、职业生涯决策的定义及特点

(一)职业生涯决策的定义

职业生涯决策是指个人在职业生涯认知的基础上，对自我职业生涯发展方向或目标的选择。这一选择是综合个人对自我的认知以及对职业、教育等外在因素的评判，做出的关于职业生涯决策情境的反应，其结果受时代背景、个人价值观等因素的影响。

(二)职业生涯决策的特点

职业生涯决策主要有以下三个特点。

1. 选择性

职业生涯决策是一个选择和放弃的过程，每一种决策情境都至少有两个可能的选择，决策者必须从中选择一个。每一个决策都不是完美的，都有优点和缺点，这与个人的性格特征和成熟度有关。每个人对于职业生涯决策的心理反应是不一样的，比如，有人意识到选择的专业、未来的出路充满荆棘，十分艰难，就会因此灰心丧气，否定之前所有的付出。实际上，每条路都充满了挑战，而每个人对于主客观环境的认知都有不同的局限，一条路是否走得通，主要取决于个人的决策和努力。

2. 倾向性

决策路线分为保守路线和冒险路线，个人在做出决策时会存在一定的倾向性。一般来说，保守路线决策风险低，变化幅度小；而与之相反的冒险路线，决策风险高，变化幅度也大。选择哪条路线取决于个人的性格和风险偏好。

3. 不确定性

职业生涯决策常常伴随着不确定性，而且每一个不确定性都会导致下一个不确定性的出现。每一种选择都存在利弊，决策者需要根据自己的综合判断做出最有价值的选择。

知识延伸

《淮南子·说林训》中有一句话："杨子见逵路而哭之，为其可以南可以北；墨子见练丝而泣之，为其可以黄可以黑。"

杨子哭是因为遇到了分岔路口，可以往南去，也可以往北去，他的痛苦来自选择。选择一条路也就是意味着放弃另一条路。

如果只是两条路，我们可以先走一条看看究竟，然后回来走另一条路，但是人生只有一次，对人生之路的选择也只有一次。

所以，我们每个人在面对自己人生的每一个“重要关口”时，必须认真分析、郑重选择，争取不留下太多的遗憾，一旦做出了自己的选择，哪怕是有所“遗憾”，也要理智去面对，然后努力创造条件去逐步改变。

二、职业生涯决策的影响因素

不同的大学生面临职业生涯决策时，往往会做出不同的决策，这种个体间的决策差异是由影响个体决策的因素不同决定的。个体的决策往往受到多方因素的影响，弄清楚影响个人职业生涯决策的因素，大学生才能适应时代的整体发展趋势，才能做出明智的职业生涯决策。

(一)个体因素

个体是职业生涯决策的主体，个体因素是影响职业生涯决策的决定性因素。个体因素的构成很复杂，大体上可以归纳为个体的综合能力和素质、个体的经济需求及个体的身心状态三个方面。

1. 个体的综合能力和素质

个体的综合能力和素质是个体知识水平、道德修养及各种能力的综合体现，个体在决策时所依靠的判断、比较、决定等活动都是个体的综合能力和素质的体现。个体的综合能力和素质对职业生涯决策的影响主要体现在内在涵养、职业能力、决断能力和创造能力 4 个方面。

(1)内在涵养。内在涵养指个体的修养、道德水平和文化涵养等内在因素，一般可概括为个体的心理素质、文化素质，以及个体在体育、美术、音乐等方面的特长或天赋。

(2)职业能力。职业能力包括表达能力、处事能力、组织能力、语言能力、公关能力和社交能力等。

(3)决断能力。决断能力包括认知能力、分析能力、逻辑思维能力和解决问题的能力等。

(4)创造能力。创造能力包括敏锐与独特的观察力、活跃的思维能力和实践创新能力等。

2. 个体的经济需求

收入决定了个体的生活水平，体现了个体的事业发展空间，是个体获得精神满足和社会成就感的重要基础。因此，收入是职业选择中应考虑的重要因素。市场经济的高度发展必然会导致个体金钱意识的提升，处于职业观念萌芽阶段的大学生对这方面的理解也许还不够透彻。因此，在职业生涯规划的过程中，大学生应在职业方向的选择上充分考虑自身的经济情况，适当追求经济收入，以满足生活和发展的需求。

大学生进行职业生涯决策时，需要充分考虑未来可能的经济收入与实际需求之间不平衡的问题。一些大学生在就业后迫于经济压力重新选择职业，浪费了很多宝贵的时间，错失了不少机会，甚至给职业生涯的后续发展造成了巨大的影响。

3. 个体的身心状态

要做出科学、合理的决策，就需要个体的身体、情绪和精神都处于较佳状态。而个体的身心状态不但会受外界环境的影响，还会因心理素质的不同而产生变化，具有明显的不确定性。因此，同一个体在不同身心状态下可能会做出不同的决策。

在职业生涯决策的过程中，个体会遇到各种各样的问题和困难。大学生处在从校园向职场过渡的阶段，身心状态容易发生较大的波动，面对职业生涯决策这一人生重大选择时，会有极大的压力，甚至感到迷惘。所以，在进行职业生涯决策的过程中，大学生要及时调整好个人的身心状态，处理好个人与职业生涯规划之间的矛盾，把握好个人的前途和命运。

(二)专业因素

大学生进行职业生涯决策时，常常将自己所学的专业作为一个非常重要的因素加以考虑，也就是人们常说的找工作要看专业是否对口。因为大学生在大学阶段投入某个专业领域的学习，不仅积累了专业知识，而且受到了相应的思维训练，如果毕业后能够从事与专业对口的职业，这些知识和训练会对工作非常有帮助。

精选案例

某著名高校机械工程专业的本科生凌峰很喜欢与人沟通，不喜欢制图、设计等专业课程，成绩不太理想。在意识到这个问题后，凌峰主动了解本专业毕业后未从事工程、设计类工作的学长的情况，积极参加院校组织的各种职业生涯规划及职业素质与能力提升的讲座、工作坊活动，并注重培养自己的组织协调、人际沟通等方面的能力。最终在本科毕业后，凌峰进入一家工程机械领域的知名外企，成为一名管理培训生，实现了自己从事管理工作的梦想。

(三)家庭因素

家庭对个体的影响巨大，大学生在职业生涯决策的过程中，很大程度上会受到家庭因素的制约。这种制约主要体现在家庭经济状况、家庭价值观念和家庭社会关系上。

1. 家庭经济状况

家庭经济状况影响着大学生受教育的水平和对职业生涯的态度，在一定程度上制约着大学生对精神生活的追求，对大学生性格、能力和兴趣的形成也有着直接或间接的影响。

2. 家庭价值观念

家庭价值观念与家庭经济情况类似，但其对大学生受教育的水平和对职业生涯的态度的影响更直接，对大学生精神生活追求的影响更显著。家庭价值观念对大学生性格、能力和兴趣的形成也有着直接或间接的影响。

3. 家庭社会关系

家庭的社会关系对大学生的就业起着重要的影响。通过家庭社会关系，大学生可以获得更多的职业指导和就业信息，从而拓宽大学生的就业渠道。

(四)社会因素

个体无时无刻不处在社会中，其就业和职业发展都依赖于社会。对职业环境和社会环境的认知，是大学生分析和判断未来职业世界的重要参考。通常，对大学生职业生涯决策影响较大的社会因素包括社会声望、政治因素和地域因素等。

1. 社会声望

某个职业的社会声望会对人们的价值观产生较大影响，因此社会声望是影响个体职业生涯决策的主要社会因素。社会声望潜移默化地影响着大学生的职业认知，包括大学生的职业观念、思维方式、价值取向等。大学生追求社会地位是无可厚非的，但应该充分了解自己的实际情况，避免因过分追求社会声望高的职业而影响了自己职业生涯的整体规划。

2. 政治因素

职业的发展趋势和政治因素密切相关，政治因素对大学生职业生涯决策有着不可忽视的影响。政治制度和文化氛围是经济发展的主要指向标，为了满足时代的发展需要，国家会通过相关的政策和措施对职业环境和经济进行引导、调控和约束。所以，大学生应该注意个人发展与国家发展的关联性，在职业发展的方向上充分考虑政治因素，以保证自己的职业生涯有好的发展前景。

3. 地域因素

地域因素是影响大学生就业决策的一个重要因素。社会经济发达地区、省会城市、毕业院校所在地城市或生源所在地往往受大学生的青睐。大学生在进行职业生涯决策时，应该结合区域经济的发展状况，选择或制定更加贴近自身状况的发展方案，以实现职业生涯良好有序的发展。

三、职业生涯决策的原则

职业生涯决策是一个复杂的过程，需要遵循一定的原则，才能事半功倍。

(一)个性化原则

在面对职业生涯决策时，个体必须结合自身的特点，明确未来发展需要，做出适合自己发展的、自主的决定。个性化原则有两层含义：一是需要根据自己的特点做出决策，包括明确自己的性格、兴趣、能力、人生目标等。所以，在做决策之前要对自己有综合的、客观的认识和把握，明确自己的未来方向，只有这样所做的决策才能满足自己的需要。二是应该按照个人的主观意愿做职业生涯决策，做决策可以参考他人的意见或建议，但不能受到他人的诱导和操控，更不能由他人越俎代庖，应该将最终决定权掌握在自己手中。

(二)群体无害原则

虽然职业生涯决策中的个性化原则尤为重要，但这并不意味着个人可以毫无顾忌地做出职业生涯选择。在社会生活中，个人的行为要以社会的共同规范为基本准则。所以，在追求自身价值最大化的同时，必须遵循群体无害原则，不妨碍他人，不危害社会，符合社会规范。

(三)目标导向原则

目标导向原则是指完成目标是所有行动的指导原则，对行动的考量也是以是否对目标完成有帮助为标准的。根据目标导向理论，想要实现任何一个目标，都需要经过先目标导向行为(选择和寻找目标)、后目标行为(实现过程)这一过程。职业目标是人生目标的一部分，它能为人指引行动的前进方向。故而设定科学的职业目标，是职业生涯决策过程中的重要一环。每个人应当结合自己的实际，确定职业目标，并围绕着这个目标不断努力，逐步实现各个阶段的小目标，最终到达理想的彼岸。

(四)可操作性原则

过自己想要的生活、实现自己的目标，这是每个人在进行职业生涯决策时的最终目的。职业目标的确定应当基于个体的兴趣、技能、性格、环境等条件。职业目标的设定要切实可行，如果目标太大、太空洞、过于复杂，目标实现的可能性就很小。当然，也要高瞻远瞩，因为人的潜力十分巨大，对其加以开发、不断挖掘，也许就能取得意想不到的成绩。

（五）可调整性原则

职业目标一经确立，我们就会为之努力奋斗，经过一定时间的拼搏，才有可能最终实现既定目标。需要注意的是，决策的目标并不是固定不变的。毕竟我们做决策时，是基于当时自身的实际情况和现实环境而选择的最优方案，但各种主观情况和客观情况都在不断地调整和变化。所以，决策目标要有一定的灵活性和回旋余地，以便能够从容应对、进退自如。

在进行职业生涯决策时，除了上述五个基本原则外，个体也应当将自身的发展与国家的未来、人民的需要结合起来，同呼吸、共命运，身怀“天下兴亡，匹夫有责”的远大志向，脚踏实地，书写属于自己的璀璨人生。

四、职业生涯决策的风格

决策风格是指决策者由于各自决策情境、经验、才能、个性、气质等的差异而形成的不同的决策行为类型。决策风格可以反映决策者精神层面上的考虑、价值系统以及决策者的性格特征、人际关系能力、认知和解决事件的能力，而这些同时又是影响决策的重要因素。所以，了解自己的决策风格有助于提高职业生涯决策的速度和水平。著名学者丁克里奇按照人们做决策时的不同行为特征，将职业生涯决策风格分为以下八种类型。

（一）犹豫型

这一类型的人会过度收集信息，了解有哪些选择，然后询问专家，反复进行对比，顾虑重重，难以做出决定。他们经常的心境表现是：“我就是拿不定主意。”处于这一状况下，即使收集再多的信息，进行再多的比较分析，也只是画饼充饥。针对这种情况，决策者应当首先搞明白自己困在什么样的情绪和非理性信念中，如是害怕自己做出的决定不对，还是追求完美等，再针对具体情况进行相应的调整和改变。

（二）冲动型

不同于犹豫型，冲动型的人执着于第一选择，其他选择不在他们的考虑范畴。他们常说：“先决定，以后再说。”这一类型的产生可能源于对困难的回避，不愿意耗费人力、物力去深入探索。这样的选择风险较大，当看到更好的选择时，常会悔不当初。

（三）计划型

这一类型的人善于思考、善于分析、逻辑性强。在做决策时，他们会以事实为依据，综合全面地收集信息，而且还会对决策的长期效果进行评估。这种类型强调个体需要培养理性思考和冷静分析的思维习惯。

（四）延迟型

遇到事情都往后推，是这一类型人的习惯。他们的想法是：“过两天再考虑。”体现在大学生身上就是："我还没有准备好工作，所以打算先……"延迟型的人希望事情会在几天内自行解决。但事实上，问题并不会自行解决，甚至有时会变得更糟。

(五)瘫痪型

这一类型的人在主观上知道需要自己做决策，但却不能迈出开始做决策的第一步。其实他们也知道自己应该开始了，但"一想到这事就害怕"的感觉总笼罩在内心深处。其实，他们只是不敢承担决策及其后果所带来的责任。

(六)直觉型

这一类型的人在做决策时通常以自己的直觉感受为基础。他们也说不上缘由，只是一味认为："就是觉得这个好。"当人们没有掌握足够的信息时，直觉型的方法会比较有效，但它可能与事实不符，所以我们不能只将直觉作为决策的依据。

(七)宿命型

这一类型的人无法自己承担责任，常把自己的命运归咎于外部环境的变化。"该怎么样就怎么样吧"和"我这个人永远也不会走运"是他们的口头禅。这样的人总认为自己是环境的"受害者"，他们经常会怨天尤人，但并不会认识到自己的情况是因为自己放弃了个人生活的"主导权"所致。

(八)顺从型

顺从别人的计划而不是自主做决策，是这一类型人的突出特征。他们的想法是："只要他们都觉得好，我就觉得好。"例如，只因为"大家都这样做"，于是很多大学生一窝蜂似的考研、考证、出国等。他们在从众过程中忽略了自身的独特性，只获得了一种虚假的"安全感"，这很可能导致他们的选择并不适合自己。

按照对"自己"和"环境"的认知程度，上述八种决策风格可以分为四类(表 4-1)。

表 4-1　八种决策风格

对环境	对自己	
	未知	已知
未知	困惑和麻木性决策：犹豫型、延迟型、瘫痪型	直觉性决策：冲动型、直觉型
已知	依赖性决策：宿命型、顺从型	信息性决策：计划型

虽然不能将八种职业生涯决策风格的分析直接运用于职业生涯决策环节，但大学生可从职业自我和职业社会两个方面入手，了解自身的决策特点，从而有针对性地完善对职业自我和职业社会的认识，以便更好地进入职业生涯决策的状态。分析各个职业生涯决策的利与弊，也有利于大学生解决职业生涯决策过程中存在的问题，最终设计出适合职业生涯发展的最佳方案。

知识延伸

职业生涯决策类型测试

1. 假设你有 1 000 美元可以投资 3 只股票中的一只，你最有可能买哪一只？

A. 红利很高，但行情不稳定、投资风险很大的股票

B. 红利不高，但不大可能有什么损失的股票

C. 红利为中等水平，比 A 选项股票可靠一些，但比 B 选项股票的可靠性差一些的股票

D. 决定不买，因为害怕有所损失

2. 如果你在工作上寻求高收入和成功，现在有 3 个就业机会，你会选择哪一个？

A. 能提供极好的赚钱机会，但是成功的机会微乎其微的工作

B. 收入适中，但是极有可能成功的工作

C. 报酬普普通通，但有一些机会赢得较多收入，而且成功的可能性也较大的工作

D. 不在这 3 份工作中选择，另找一份待遇不错、失败风险也小的工作

结论：

上述两道题，选项 A 代表的类型属于"一厢情愿"型的人；选项 B 代表的类型属于把安全保险因素放在首位的人；选项 C 代表的类型则属于对各种因素进行综合考虑，然后进行慎重选择的人；选项 D 代表的类型是面临决策时往往选择逃避的人。

（资料来源：李晓红．大学生职业生涯规划[M]．北京：北京邮电大学出版社，2012．有改动）

第二节 职业生涯决策的过程、步骤与方法

一、职业生涯决策的过程

职业生涯决策的过程，就是将个人的属性（性格、兴趣和理想等）与职业环境进行整合或匹配，最终确定自己职业生涯路线的过程，可以简要地用图 4-1 来描述。

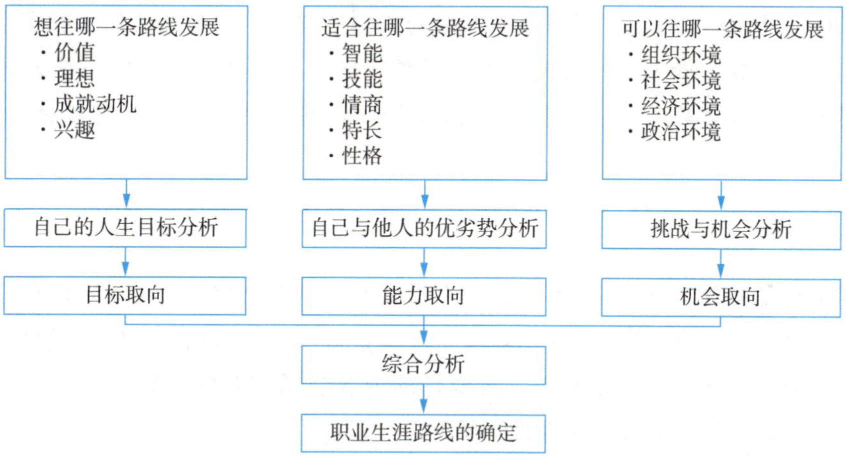

图 4-1 职业生涯决策的过程

二、职业生涯决策的步骤

职业生涯决策的过程可分为以下几个步骤。

(一)自我评估

自我评估的目的在于认识自我、了解自我。我们只有在认识自我的前提下，才能对职业做出正确的选择，才能确定哪些职业适合自身发展，才能对自身的职业目标做出最合理的决策。

(二)职业分析

在制订职业生涯规划时，评估我们所处环境的条件特点、发展变化，以及自我与环境的关系等是非常必要的，其目的在于帮助我们在复杂的环境中趋利避害，使我们的职业生涯决策更具有实际意义。

(三)职业选择

职业选择的正确与否关系着个人事业的成败。我们在选择职业时，一般要考虑自身的性格、兴趣、特长与职业的匹配情况，还要考虑内外环境与职业之间的相适应性。

(四)选择职业生涯路线

选择了职业之后，就要选择职业生涯路线。需要确定自己想往或能往哪一条职业生涯路线发展，如是行政管理方向，还是技术专业路线，或者是个体创业方向……这些需要综合分析与考量后，再确定自己的最佳职业生涯路线。不同的职业生涯路线，对职业发展的要求不尽相同。

(五)设定职业目标

职业目标的设定，是职业生涯规划的核心步骤。职业目标可以分为短期目标、中期目标、长期目标和最终目标。这些目标的设定，需要以自身的性格、兴趣、特长和所处的环境等为依据，做出正确、适当的决策。

(六)制订行动计划

制订落实目标的具体行动计划，是指落实目标的具体措施，主要包括培训、教育、工作等方面的措施。例如，如何提高综合能力、如何改变不良习惯、如何培养特长、如何完善人脉、如何改正缺点、如何提高成绩、如何弥补差距、如何开发潜能等，这些实施策略都要有具体的计划与明确的措施。

(七)评估与调整

在实施过程中自觉地总结经验、教训，评估自己的职业生涯决策，及时诊断出职业生涯决策各环节出现的问题，并找到相应的对策。通过对职业生涯决策进行评估与调整，纠正最终职业目标与分阶段目标的偏差，使职业生涯决策行之有效。其修订的内容包括职业的重新选择、职业生涯路线的选择、职业目标的修正、实施措施与计划的变更等。

三、职业生涯决策的方法

(一)归零思考法

1. 归零思考法的定义

归零思考法是一种简便的职业生涯决策辅助方法，即通过5个问题来思考自己的职业生涯规划与设计。由于每个问题都有一个英文字母W，所以这个方法也叫“5W”法，这5个问题分别如下：

我是谁(Who am I)？

我想做什么(What do I want to do)？

我能做什么(What can I do)？

环境支持或允许我做什么(What does the situation allow me to do)？

我的职业与生活规划是什么(What is the plan of my career and life)？

这5个问题涵盖了目标、定位、条件、距离、计划等方面的内容。只要在以上几个关键点上加以细化和精心设计，使自身因素和社会条件达到最大程度的契合，对实施过程加以控制，并在现实生活中趋利避害，就能使职业生涯规划更具有实际意义。

2. 使用归零思考法的步骤

(1)准备5张白纸、1支铅笔及1块橡皮等工具，去除杂念，静下心来。

(2)回答第一个问题“我是谁?”。冷静地去思考自己是个什么样的人，性格有什么特点，将自己的优点和缺点列出来，并按重要性进行排序，从而形成一个比较清醒的、全面的自我认识。

(3)回答第二个问题“我想做什么?”。这个问题要求我们对自己的职业发展心理趋向进行认识。每个人在不同阶段的兴趣和目标并不完全相同，有时甚至是对立的。但随着年龄和阅历的增长，个人的兴趣和目标会逐渐固定下来，并最终形成自己的终身理想。除了对事业上的期望外，还包括对生活的期望和对家庭的期望等，把你期望做的事情按期望程度进行排序。

(4)回答第三个问题“我能做什么?”。个人职业的定位最终以自己的能力为根本基础，而其职业发展空间的大小则取决于自己的潜力，因而必须对自己的能力与潜力进行全面了解。对自身潜力的了解应该从个人的兴趣、毅力、判断力与决断力，以及知识结构是否全面、知识是否及时更新等方面着手。要把自己会的、擅长的项目罗列出来，包括自认为还可以开发出来的潜力，把这些项目按照擅长的程度进行排序。

(5)回答第四个问题“环境支持或允许我做什么?”。环境对于职业选择的重要影响包括两个方面：一是客观方面，如经济发展、人事政策、企业制度、职业空间等；二是人为主观方面，如家庭支持、朋友关系、同事关系、领导态度、亲戚关系等。对于涉世未深的大学生来说，后者的影响更加明显。同时，职业发展也很容易受家人、朋友等人的态度的影响。请仔细想一想，自己现在所处的环境能支持自己做什么？环境要从小到大罗列，包括单位、本市、本省、本国甚至其他国家，最后，按照重要性进行排列。

(6)回答第五个问题“我的职业与生活规划是什么?”。明确了前面4个问题，就能从各个方面找到对自己有利和不利的条件。那么，对于第五个问题自然就有了一个清楚的方向，从而找到不利条件最少的、自己想做而且又有希望实现的最终目标。

(7)把5张纸一字排开，比较上面的答案，然后用一条线连接相同或相似的答案。也许会得到多条相交连线，其中与其他线没有交叉且又处在最上面位置的那条线，就代表了最优选择。

(二)决策树法

1. 决策树法的定义

决策树法是利用树形决策图，选择最优方案的综合决策分析方法。它利用了概率论的原理，并且利用一种树形图作为分析工具。决策树由树根(根决策节点)、其他内点(决策节点)、树叶(叶子节点)、树枝(机会枝)组成(图 4-2)。其基本原理是用根决策节点或决策节点代表决策问题，用机会枝代表可供选择的方案，用叶子节点代表方案可能出现的各种结果，通过对各种方案在各种结果条件下损益值(通过该条件下的概率值计算)的计算比较，为决策者提供决策依据。

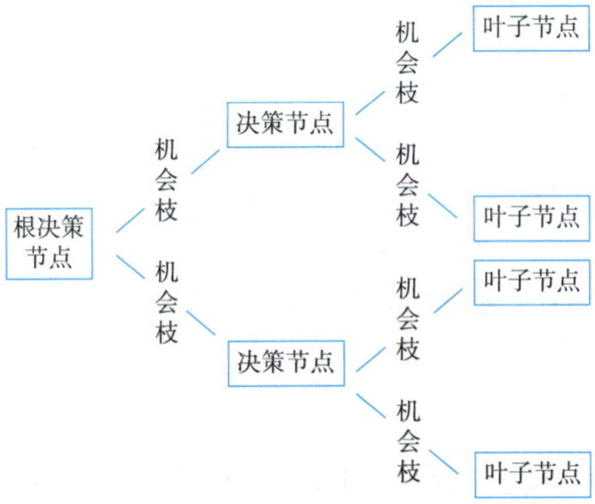

图 4-2　决策树示意图

如果一个决策树只在树的根部有一个决策点，则称为单级决策；若一个决策树不仅在树的根部有决策点，而且在树的中间也有决策点，则称为多级决策。

2. 使用决策树法的步骤

(1)绘制决策树图。按从左到右的顺序绘制决策树，此过程本身就是对决策问题的再分过程。

(2)按从右到左的顺序计算各方案的期望值，并将结果写在相应方案的节点上方。期望值是从右到左沿着决策树的反方向进行计算的。

(3)对比各方案的期望值的大小，进行剪枝优选。在舍去的备选方案枝上，用“//”记号隔断。

3. 决策树法的优点与缺点

决策树法列出了决策问题的全部可行方案和可能出现的各种自然状态，以及各种可行方法在各种不同状态下的期望值；能直观地显示整个决策在时间和决策顺序上不同阶段的决策过程；在应用于复杂的多阶段决策时，阶段明显，层次清楚，便于研究，可以周密地思考各种因素，有利于做出正确的决策。

当然，决策树法也不是十全十美的，它也有缺点，如使用范围有限，无法适用于一些不能用数量表示的决策；对各种方案的出现概率的确定有时主观性较大，可能导致决策失误；等等。

(三)决策方格法

决策方格法，即布莱克的管理方格理论(Management Grid Theory)，由美国得克萨斯大学的行为科学家罗伯特・R. 布莱克和简・S. 穆顿提出。其具体操作步骤如下：

(1)列出最向往的 2 个或 3 个职业目标。

(2)评估职业目标回报等级。根据个人情况，从个人价值满足程度、与兴趣一致程度、技能专长的施展空间等方面思考自己的职业目标，并评估每个职业目标的回报等级。其中，差=1 分，中=2 分，良=3 分，优=4 分。

(3)评估职业目标机会。根据职业发展机会的情况，从职业发展机会对能力与经验的要求、专业限制、发展前景等方面，评估每个职业目标的机会。其中，差=1 分，中=2 分，良=3 分，优=4 分。

(4)填写决策方格。根据你对回报和机会的评估结果，在职业目标决策方格中找到相应的位置，并将职业目标填入决策方格中。

(5)计算最佳职业目标。将每个职业目标的回报与机会的得分相乘，乘积最大的目标就是最适合你的职业目标。

精选案例

小静，女，商务英语专业，在临近毕业时还难以确立自己的职业目标。当前，外语专业较为热门，找一份不错的工作并不难，但小静性格外向，并不喜欢单调的办公室生活，而是特别喜欢导游这一职业。于是，小静采取了职业目标决策方格的方式确定自己的选择。

小静的职业目标决策方格

回报	优		出国深造		
	良			化妆品公司客服	导游
	中			加盟同学的公司	
	差				
机会		差	中	良	优

小静的四种职业目标的决策结果：

出国深造：4×2=8；化妆品公司客服：3×3=9；加盟同学的公司：2×3=6；导游：3×4=12。经过一番职业目标决策的评估之后，导游成为小静的最佳选择。

（资料来源：方志勇，邵天舒，金伟林．职业规划与创业就业指导[M]．北京：经济科学出版社，2021. 有改动）

(四)SWOT 分析法

1. SWOT 分析法的内容

SWOT 分析法是战略管理领域、市场营销等工作中经常使用的分析工具，也是职业生涯决策中一个非常有用的工具。S(Strength)代表优势，W(Weakness)代表劣势，O(Opportunity)代表机会，T(Threat)代表威胁。其中，S、W 是内部因素，O、T 是外部因素。SWOT 分析法是将内部环境的优势(S)与劣势(W)、外部环境的机会(O)与威胁(T)同列在一张表格中加以对比，以便在对比内外环境条件的基础上做出更深入分析评价的方法(表 4-2)。SWOT 分析法应用于职业生涯决策的过程就是基于对个体自身的优势和劣势进行分析，同时对个体所追求的职业环境方案和各种可供选择职业的前景进行分析，最后综合自身的优势和劣势，认清周围的职业环境和前景，从而做出正确的职业目标选择。

SWOT分析法

表 4-2 个体职业生涯决策的 SWOT 分析表

优势(S)	劣势(W)
机会(O)	威胁(T)

2. 使用 SWOT 分析法的步骤

(1)评估自己的优势和劣势。每个人都有自己的价值观、性格、兴趣和能力。列出自己喜欢做的事情和自己的优势，同时找出自己不是很喜欢做的事情和自己的劣势。做决策时，找出自己的劣势与发现自己的优势同等重要，因为基于自己的长处和短处可以做出两种选择：一是提高自己的技能；二是放弃那些自己不擅长的、技能要求很高的职业。

(2)找出自己的职业机会和威胁。不同的行业(包括这些行业里不同的用人单位)面临不同的外部机会和威胁，所以，找出这些外界因素，将有助于你成功地找到一份适合自己的工作，因为这些机会和威胁会影响你的第一份工作和今后的职业发展。如果用人单位处于一个常受到外界不利因素影响的行业，那么这个用人单位能提供的职业机会将是很少的，职业升迁的机会更少。相反，充满了许多积极的外界因素的用人单位将为求职者提供广阔的职业前景。在此可以列出你感兴趣的一两个行业，然后认真地评估这些职业机会和威胁。

(3)提纲式地列出今后五年的职业目标。仔细地对自己做一个 SWOT 分析评估，列出你从学校毕业后五年内最想实现的三个职业目标。这些目标可以包括想从事哪一种职业或者你希望拿到的薪酬。

(4)提纲式地列出一份今后五年的职业行动计划。这一步主要涉及一些具体的东西。请你拟出一份实现上述第三步列出的职业目标的行动计划，并且详细地说明为了实现这些职业目标需要做的每一件事，以及何时完成这些事。如果你觉得需要一些外界的帮助，请说明需要何种帮助和如何获取这些帮助。

3. SWOT 分析法的不足及对策

职业生涯决策是由一系列不断递进的阶段组成的，是某个方案被选择、履行和不断调整的结果。有时一个决策者可能会从后面的阶段重新返回前面的阶段，甚至第一阶段。因此，职业生涯决策的过程充满着动态性、连续性和发展性。

SWOT 分析法本身是一种基于某个时间截面的静态分析方法，它不能结合过去、现在和未来的发展趋势做出综合评判。在职业生涯决策中实施 SWOT 分析，个体是依据自己已经存在的现实形态和持有的观点来分析自我和周围环境，而很少考虑到未来环境的发展所带来的机会和危险，这种目光短浅的做法会导致个体忽略很多新的可能性。

要克服 SWOT 分析法静态性导致的不足，个体在使用 SWOT 分析法时就应该重视信息的及时反馈：一方面要加强自我觉察能力，时刻站在未来的立场上衡量自身值得赞赏和仍需要改进的地方；另一方面要密切注意市场环境的变化，通过网络、社交媒体等来追踪最新的行业趋势，根据具体的环境变化及时修正和调整自身的 SWOT 矩阵，从而做出更加科学的职业生涯决策。

(五)决策平衡单法

1. 决策平衡单法的内容

决策平衡单(Decision-making Balance Sheet)经常被用于职业咨询，用以协助咨询者系统地分析每个可能的选项，判断分别执行各选项的利弊得失，然后依据其在利弊得失上的加权计分排定各个选项的优先顺序，以执行最优先或偏好的选项。其主体框架包含以下四个部分。

(1)自我物质方面的得失。

(2)重要他人物质方面的得失。

(3)自我赞许与否。

(4)社会赞许与否。

实际应用时，由于认为“自我赞许与否”和“社会赞许与否”仍显得笼统，所以，职业生涯辅导专家金树人将后两项改为“自我精神方面的得失”与“他人精神方面的得失”，就是从以“自我—他人”以及“物质—精神”所构成的四个范围内来考虑的。

决策平衡单用于协助咨询者做出好的决定。它可以帮助咨询者具体地分析每个可能的选择方案，考虑各种方案实施后的利弊得失，最后排定优先顺序，择一而行。

2. 使用决策平衡单法的步骤

(1)列出可能的职业选项。咨询者首先需在决策平衡单中列出3～5个有待深入评量的潜在职业选项。

(2)判断各个职业选项的利弊得失。决策平衡单中为咨询者提供思考的重要得失，集中于四个方面：自我物质方面的得失(如个人收入、未来发展、健康状况等)、重要他人物质方面的得失(如家庭经济、家庭地位等)、自我精神方面的得失(如生活方式的改变、成就感等)，他人精神方面的得失(如父母支持、师长支持等)。

(3)为各考虑项目赋予权重。对个人而言，每个项目的价值是不同的，个体可以主观地给每个项目赋予权重(如1～5分)。一个项目越重要，其权重越高，5为最高权重，表示“非常重要”，3代表“一般”，1代表“最不重要”。

(4)给各考虑项目评分。咨询者为每个项目赋予数值，代表得失程度，“＋”“－”分别代表得与失。分值在－5分和5分之间，其中5分代表“完全满足”，0分代表“不知道或无法确定”，－5分代表“完全不满足”。

(5)计算出各个职业选项的得分。咨询者须逐一计算各个职业选项在“得”(正分)与“失”(负分)的加权计分与累加结果，并计算各个职业生涯选项的总分。

(6)排定各个职业选项的优先顺序。依据各职业选项在总分上的高低，排定优先次序。职业选项的优先次序即可作为咨询者职业生涯决策的依据。

最后，咨询者需要比较最终的得分，做出思考。需要注意的是，决策平衡单只是一个工具，从理性的角度为咨询者提供一个决策参考。有些人能够借助这一工具理性地确认自己的选择，也有一些人发现评估的结果并非自己所期望的，这时，就需要进一步分析思考产生这样的结果的原因，更深入地挖掘咨询者的内心世界，以便做出更理智的决策。职业生涯决策平衡单样表如表4-3所示。

表 4-3 职业生涯决策平衡单样表

选择项目		重要性权数（1～5分）	选择一		选择二		选择三	
考虑因素			+	−	+	−	+	−
自我物质方面的得失	1. 个人收入							
	2. 工作的难易程度							
	3. 升迁的机会							
	4. 工作环境的安全							
	5. 休闲时间							
	6. 生活变化							
	7. 对健康的影响							
	8. 就业机会							
	……							
重要他人物质方面的得失	1. 家庭经济							
	2. 家庭地位							
	……							
自我精神方面的得失	1. 生活方式的改变							
	2. 成就感							
	3. 自我实现的程度							
	4. 兴趣的满足							
	5. 挑战性							
	6. 社会声望的提高							
	……							
他人精神方面的得失	1. 父母支持							
	2. 师长支持							
	3. 配偶支持							
	……							
加权后合计								
加权后得失差数								

第三节 职业生涯规划的制订

一、职业目标的设立

1. 职业目标设立的原则

设立职业目标有一个“黄金准则”——SMART 原则。

S(Specific)即明确的，指要用具体的语言清楚地说明要达到的目标。明确的目标有助于我们聚焦努力的方向，制订切实可行的计划，从而有效地执行和落实。比如，一位大学生所学的是人力资源管理专业，他希望毕业后进入企业工作，同时他对人力资源管理比较感兴趣，那么招聘专员就是一个非常明确的目标。

M(Measurable)即可衡量的，指应该有一组明确的数据，作为衡量是否达到目标的依据。如果设立的目标无法衡量，就无法判断这个目标能否实现。可衡量的目标不仅可以让我们在过程中跟踪进展，还能帮助我们及时收到反馈，进行调整。例如，“提高自己的写作能力”，怎样才算提高呢？坚持每天看书，每周写两篇公众号推文，这个学期公开发表 3 篇文章，这样的目标就是可以衡量的。

A(Attainable)即可实现的，指要考虑是否具备实现目标的条件。目标应该是现实可行的，不应过于理想化或不切实际，要考虑当前资源和条件能否支持实现目标。关于目标的可实现性，我们还要识别目标中存在的障碍，如时间、金钱、能力等的限制。然后，我们需要思考是否拥有足够的资源与条件，以克服这些障碍。所以我们在设定职业目标时，需要考虑自身的实际情况，确定通过努力可以实现的目标，避免设立过高或过低的目标。

R(Relevant)即相关的，指目标应该与我们的职业发展相关。在设定目标时，需要明确目标与我们的长期职业规划和职业价值观之间的关系。目标应该与个人或组织的长期愿景和战略相符，确保目标与整体发展方向一致，避免不相关的目标分散资源。例如，大学本科阶段主要学习的是法律，研究生阶段也是学习法律，职业规划时也选择与法律相关的职业，那么职业生涯成功的可能性就会大大增加。

T(Time-bound)即有时限的，指设立目标应有时间限制。设定时间限制可以帮助我们更加有条理地计划行动，从而实现目标。当我们设定时间限制时，要确保期限是现实的。例如，某大学毕业生计划在 2023 年 12 月 31 日之前参加 5 场校园招聘会，当面递交 20 份简历，2023 年 12 月 31 日就是一个确定的时间限制。没有时间限制，很可能会让目标无法实现。

精选案例

王蔷：我的目标是大满贯冠军

2020 年 1 月 24 日，中国选手王蔷在澳大利亚网球公开赛中击败美国名将塞雷娜·威廉姆斯，晋级 16 强。

对于王蔷来说，战胜塞雷娜·威廉姆斯是职业生涯的一次突破，但是她的目标远不止于此。2020年2月3日上午，王蔷在接受记者电话采访时表示，自己在2020年的目标是进入世界前十，远期目标则是像李娜那样成为中国又一位大满贯女单冠军。

这场胜利，是王蔷职业生涯的一次里程碑，她说，战胜塞雷娜·威廉姆斯之后更增添了自己实现网球目标的信心。至于自己的网球目标，王蔷的回答简单直接，“夺得大满贯冠军”。

中国女子网球的实力在过去十几年时间里突飞猛进，从2004年李婷、孙甜甜夺得奥运会网球比赛女双冠军，到李娜两夺大满贯女单冠军，再到目前有多位选手活跃在世界网坛，并不断涌现有实力的新人。

2014年，王蔷夺得仁川亚运会网球比赛女单冠军；2016年澳大利亚网球公开赛，首次闯过第一轮；2017年夺得全运会网球比赛女单冠军；2019年打进美国网球公开赛女单八强；2020年澳大利亚网球公开赛，女单第三轮战胜塞雷娜·威廉姆斯并晋级十六强。一次次的胜利使得王蔷成为目前这批中国女子网球选手中最受关注的人物。

2019年美国网球公开赛之后，王蔷的世界排名达到了截至目前个人最高的第12位，这也成为她把闯入世界前十定为自己目标之一的原因。

如果说李娜是在29岁才迎来竞技生涯的黄金期(29岁夺得法国网球公开赛女单冠军、32岁夺得澳大利亚网球公开赛女单冠军)，28岁的王蔷，仍处于网球生涯的上升阶段。

每一次成功或失败、欣喜或挫折，都是通往实现最终目标的必经之路，从9岁开始，王蔷她始终相信自己能取得最终的成功，也以积极心态去面对每一次的挑战。

（资料来源：《中国青年报》，2020年2月4日，有改动）

2. 职业目标设立的方法

通过对自己和环境认真、客观的分析，我们可以参照职业目标设立的原则，设立自己的职业目标。可以将目标进行科学的分解和组合，使其明确化、具体化，从而提高目标的可操作性。

(1)目标的分解。没有哪一个远大目标的实现可以一蹴而就，但它可以分解为一系列的阶段目标来分步实现，这就需要按照各阶段的特点来分别设立不同层级的目标。职业目标分解即基于自身现状与未来目标之间的差距，将职业目标分解成多个不同的小目标。这种方法可以帮助我们在自身与职业目标之间建立一个可触及的、充满希望的、可以拾级而上的台阶。职业目标可以按时间分解，也可以按性质分解。

①职业目标按时间长短可以分解为短期目标、中期目标、长期目标和最终目标。

在职业目标设定上，通常是先设定最终目标和长期目标，然后进行分解，根据个人经历和所处的环境设立相应的中期目标和短期目标。在大多数情况下，最终目标应尽可能远大，它是一个人的最高追求。长期目标可能随着内外部形势的变化而变化，所以在设立时宜以勾画轮廓为主。在确定了长期目标后，将其具体化、现实化、可操作化，便形成中期目标和短期目标。中期目标和短期目标应尽可能具体明确，并限定时间，要求在特定的时间内完成特定的任务，这就使人必须集中精力，调动自己的潜力，为实现目标而奋斗。唯有如此，设立的目标才具有行动指导和激励价值。

精选案例

跳远冠军王嘉男：8.36米的绝地反击

北京时间2022年7月17日上午，在美国俄勒冈州尤金进行的2022世界田径锦标赛(以下简称“尤金世锦赛”)男子跳远决赛中，王嘉男凭借最后一跳的8.36米完成“绝地反击”，为中国田径队夺得尤金世锦赛的第一枚金牌，这也是中国男子选手首夺世锦赛跳远金牌，更是中国田径历史上第一个男子田赛世界冠军。

出征尤金世锦赛前，王嘉男在社交媒体分享了一张日历表：“来到国家队已经3 078天，2016年奥运会跳远决赛已过2 058天，第一次半月板手术已过1 928天，第二次半月板手术已过1 565天……”他记录着运动生涯的每一个拐点。一位国家队工作人员在他的日历表下评论说：“运动员绝对是长期主义的最佳注释。”2022年距离王嘉男从十项全能转攻跳远，刚好10年。

也许是为了激励运动员，跳远决赛那天，金、银、铜三块奖牌就悬挂在起跑线的边上，在尤金夏日的阳光下，吸引着这群为之奋斗的年轻人。“我看了好几次。”王嘉男回忆，“但是我跟自己讲：不要看，不要看……不要看！”

直到最后一跳之前，王嘉男8.03米的成绩还仅排名在第五位。显示成绩的大屏幕上，第三名的成绩是8.15米，“不是特别高，我觉得我应该去冲一下，就是仰着头跳也能拼个奖牌。”王嘉男的信心不是没有根据，他的最好成绩为8.47米，远在2016年他首次出征里约热内卢奥运会时，在资格赛第一跳就曾跳出过8.24米。

放松的心态帮助了王嘉男，最后一跳完全发挥出了技术水平，在跳起来的那一瞬间，他就隐约感觉这跳“有了”。在之后的很多天，这逆袭为冠军的一跳仍被观众们找出来反复观看，那已经成为中国田径史上光辉的一笔。

无论苏炳添的“高龄”突破，还是王嘉男的逆袭夺金，都是中国田径在探索中不断靠近世界一流水平的缩影。而王嘉男还不到26岁，当人们忍不住把目光投向2024年的巴黎奥运会时，他坦言自己的经验和教训，一旦把目标锁定在赛事的名次和成绩上，对于备战和训练，反而起不到促进作用，既然如此，不如把注意力放在当下的每一次训练中。

完成长远目标最好的方式，就是做好当下的事。

(资料来源：《中国新闻周刊》，2022年8月7日，有改动)

②职业目标按性质分解可划分为外职业生涯和内职业生涯两种。

外职业生涯，强调外部环境和外部条件，指个体在职时的工作地点、工作内容、工作环境和职务，以及单位名称、薪资奖赏等因素的组合和变化过程。

内职业生涯，指个体在职时所具有的价值观、知识才能、身体素质、内心体会等因素的组合和变化过程。它是个人职业生涯发展的原动力，需要个人不断地学习和研究来完善其中各项因素。

外职业生涯目标的完成对内职业生涯目标的完成起到积极的促进作用，而同时内职业生涯目标的变化又对外职业生涯目标的变化具有反作用，内外职业生涯目标相互影响、相互映射。

(2)目标的组合。我们在设立职业目标时经常会遇到需要一个时间段内完成多个目标的情况，这时就需要根据不同目标之间的因果关系、互补性等特点，将不同的目标进行组合，以便集中时间和精力去实现目标。如果只是机械地选择一个目标依次进行，则会出现实现目标效率低下的问题。目标可以按照时间进行组合，也可以按照功能进行组合。

①按时间组合。

一是并进，即同时着手完成两个或多个需要同时进行的目标。在工作和生活中，我们有时需要完成两个或多个不同的目标。事实上，只要安排得合理得当，完全有可能在一定时间内将多个目标同时完成。目标的并进，有助于我们进一步开发自身的潜能，解决更多的问题。

二是连续，即遵循时间先后顺序，把多个目标按顺序连接起来，并逐一完成。职业生涯的各个阶段目标与最终目标有着密切的关系，短、中、长期目标要依次完成，也就是目标的连续。较短期目标是较长期目标的先决条件，只有一个接一个将短期目标实现，才有可能实现最终目标。

②按功能组合。

一是按照因果关系组合，目标之间，如工作能力目标与晋升目标、物质收入目标，有着较为明显的因果关系。工作能力目标达成后，就有可能达到晋升目标，进而实现物质收入目标。在这种情形中，工作能力目标是因，晋升目标和物质收入目标为果，需要先实现工作能力目标才有实现后两个目标的可能。一般情况下，在内外职业生涯目标中，前者是因，后者是果。

二是按照互补关系组合，即将存在互补关系的目标进行组合。例如，一名翻译人员希望在做好翻译工作的基础上，考取高级口译证书，这其中就包含互补关系。从事翻译工作为考取口译证书提供了丰富的实践机会，而考取口译证书的过程又为从事翻译工作提供了新的思路和方法，两个目标组合在一起完成，往往能达到事半功倍的效果。

三是全方位组合，个人事宜、家庭生活和职业生涯均衡发展、彼此促进，它囊括了人生的全部活动。要做到全部活动均衡发展，我们在设计职业目标时，应充分考虑自身的各种愿望，包括个人抱负、家庭未来和职业发展三个方面。人的一生并非只有事业，还有家庭和休闲娱乐，没有人可以离开它们生活。完美的职业生涯规划，应该建立起人生中不同目标之间的平衡协调关系，而不应该将事业以外的内容排斥在人生之外。

(3)注意事项。个人在设立职业目标时，往往会优先考虑当时社会上人们对这一目标的认同或趋附程度，也就是要看一看这个目标是否是“热门”。一般来说，一个目标成为“热门”，说明社会对它的需求量大，人们对这个职业目标具有高度的认同感，社会环境也对它有利。但同时，“热门”目标也存在着相似群体众多、社会竞争巨大等不利因素，很多人虽然树立了“热门”目标，但由于自身能力不足、竞争激烈等原因最后被淘汰。相对于“热门”职业，有些“冷门”职业竞争人数少，虽然在当前社会环境下没有明显的优势，但可能是未来的主要发展方向，存在较大的发展潜力，因此，在设立职业目标时，不要一味地追求所谓的“热门”职业。

二、职业生涯规划书的编写

结合对自我和职业的认知，掌握了职业生涯决策的方法，设立了职业目标，就可以进行具体的职业生涯规划了。大学生进行职业生涯规划的主要途径是撰写职业生涯规划书。个人职业生涯规划书和职业生涯规划之间是载体和内容的关系，前者是形式、框架，后者是基础、核心。

(一)职业生涯规划书的概念与分类

职业生涯规划书需要描述大学生的职业生涯发展计划，是大学生职业生涯规划过程中思考和总结的书面呈现。

撰写职业生涯规划书的过程，其实也是一个制订和审视自己职业生涯发展规划的过程，可以帮助大学生进一步厘清思路，明确发展目标，细化阶段任务，认识不足和确立努力的方向。

职业生涯规划书的呈现方式多种多样，通常可以分为文本型、档案型和表格型三种。

1. 文本型

相对于档案型和表格型的职业生涯规划书，文本型的职业生涯规划书没有固定的模板和格式，也没有严格的篇幅要求，可以在必须书写的内容外加上自己的专长，如个人的兴趣爱好、获奖情况等，具有一定的创新性。

2. 档案型

档案型的职业生涯规划书由多份分析文书构成，它将整个职业生涯的规划过程全面而详细地记录下来，包括前期准备时的分析、思考过程。例如，大学生在进行自我认知时做的兴趣探索、性格分析、能力分析、价值观判断，大学生在进行职业生涯决策时遵循的原则和采用的方法，以及如何了解自己的职业定位等具体过程。因此，档案型的职业生涯规划书能反映个人的职业生涯成长历程，具有较强的参考性。

3. 表格型

表格型的职业生涯规划书有固定的格式，分为表头和表格两个部分，通常包含个人基本情况、环境分析、职业生涯细分目标、执行方案等。表格的内容并不固定，大学生可以根据自身需要进行设计和调整。

(二)职业生涯规划书的内容

一份完整的职业生涯规划书通常包括以下七个部分的内容。大学生在撰写职业生涯规划书时可根据自己的实际情况，对其详略进行取舍。

1. 标题与封面

作为文书，标题是必不可少的，其可以表明文书的性质。封面上一般标明姓名、规划的年限和起止时间等信息。职业生涯的规划年限一般不做硬性要求，可以根据自身的具体情况而定，有 1 年、3 年、5 年和 10 年等。大学生制订的职业生涯规划书，不管规划年限长短，都应该将开始职业生涯规划到毕业的这段时间作为规划的重点。

2. 个人简历

个人简历主要是简单地描写自己受过的教育、培训，以及实习或工作经历。将这些内容记录下来，大学生可以对过往所学的知识和技能有总体的把握，也能清楚地认识自己的成长过程。由于大学生将面临的职业生涯时日尚长，该部分内容可适当留白，以便后期不断更新简历。

3. 个人因素分析

个人情况是职业生涯规划的基础，个人因素分析主要是简单罗列并分析个人的特点。此处需要将个人的兴趣、性格、能力和价值观等因素分别罗列出来并进行分析。分析应该力求详尽，特别是对兴趣、性格等可以重点分析。

4. 外部环境分析

简要罗列并分析外部环境因素。大学生可结合前面所总结的具体外部环境因素，分析哪些外部环境对自身未来职业的发展有利或不利，分析其可能带来的机遇和挑战，以及可能对自身未来职业生涯发展造成的影响。

5. 职业目标

这是职业生涯规划书的重点部分，包括大学生将要选择的职业方向、职业总体目标和阶段性目标等内容。大学生选择的职业方向指第一职业目标和备选职业；职业总体目标指职业生涯发展想要达成的最终目标；阶段性目标则指分解职业目标所得的小目标。在这一部分，大学生需要重点阐述短期目标，罗列出具体的短期规划。

6. 实现目标的方案

大学生应通过前面的分析，找出自身与职业实际需求之间的差距，并有针对性地制订具体的措施来缩小差距，说明实现各个阶段目标的方法与时限以期实现职业目标。

7. 评估与调整

设定一个科学、客观的参考标准来评估职业目标实现的情况、职业生涯规划的是否合理等。另外，如果在职业生涯发展的过程中发现职业目标难以实现，还需设定一个修改、调整该目标的方案。

职业生涯规划书并不是一份“已完结”的文书，相反，制订完成后，它的使命才刚刚开始。大学生需要定时查阅职业生涯规划书，评估自己当前阶段的目标实现情况，并根据现实需要和条件变化不断修订职业生涯规划书；当有新的、值得记述的经历、兴趣、技能时，要及时补充到职业生涯规划书中，这样不断地丰富职业生涯规划书的内容，才能充分发挥其作用。

知识延伸

职业生涯规划书（模板）

第一部分　封面

职业生涯规划书

署名和日期

第二部分　扉页

个人资料

姓名：

性别：

出生年月：

所在学校、院系、专业：

联系方式：

第三部分　总论

第一章　认识自我

（结合相关的人才测评报告对自己进行全方位、多角度的分析。）

1. 个人基本情况

2. 职业性格

我的职业测评报告显示……我的具体情况是……

3. 职业兴趣

在我的职业测评报告中，职业兴趣前三项是××型(×分)、××型(×分)和××型(×分)。我的具体情况是……

4. 职业能力

我的职业测评报告结果显示，××能力得分较高(×分)，××能力得分较低(×分)。我的具体情况是……

5. 职业价值观

我的职业测评报告结果显示前三项是××取向(×分)、××取向(×分)和××取向(×分)。我的具体情况是……

6. 自我分析报告

第二章 职业生涯条件分析

(参考职业测评报告建议，对影响职业选择的相关外部环境进行较为系统的分析。)

1. 家庭环境分析

如经济状况、家人期望、家族文化等对本人的影响。

2. 学校环境分析

如学校特色、专业学习、实践经验等。

3. 职业环境分析

如就业形势、就业政策、竞争对手等。

(1)行业分析，如××行业现状及发展趋势，人业匹配分析。

(2)职业分析，如××职业的工作内容、工作要求、发展前景，人岗匹配分析。

(3)企业分析，如××单位类型、企业文化、发展前景、发展阶段、产品服务、员工素质、工作氛围等，人职匹配分析。

(4)地域分析，如工作城市的发展前景、文化特点、气候水土等，人城匹配分析。

4. 职业生涯条件分析小结

第三章 职业目标定位及其分解组合

1. 职业目标的确定

(从综合自我分析及职业生涯条件分析的主要内容得出本人职业定位的SWOT分析。)

结论：

职业目标——将来从事(××行业的)××职业

职业发展策略——进入××类型的组织(到××地区发展)

职业发展路径——走专家路线(管理路线等)

2. 职业目标的分解与组合

把职业目标分为三个规划期，即短期规划、中期规划和长期规划，并对各个规划期及其要实现的目标进行分解。

第四章 具体执行计划

短期目标的具体实施计划。

中期目标的具体实施计划。

长期目标的具体实施计划。

最终目标的具体实施计划。

第五章 评估调整

(职业生涯规划是一个动态的过程，必须根据实施结果的情况以及变化情况进行及时的评估与修正。)

1. 评估的内容

职业目标评估：(是否需要重新选择职业)假如一直……那么我……

职业路径评估：(是否需要调整发展方向)当出现……的时候，我就……

实施策略评估：(是否需要改变行动策略)如果……就……

其他因素评估：身体、家庭、经济状况以及机遇、意外情况的及时评估。

2. 评估的时间

一般情况下，定期(半年或一年)评估规划；当出现特殊情况时，随时评估并进行相应的调整。

3. 规划调整的原则

第四部分　结束语

(资料来源：陈浩明，孙晓虹，吕京宝．大学生职业生涯规划[M]. 上海：复旦大学出版社，2012. 有改动)

本章小结

本章介绍了大学生职业生涯决策的影响因素以及职业生涯决策和设立目标时应该遵循的原则。分析了自我决策风格会影响大学生做决策的方式，而掌握高效的决策方法可以帮助大学生在制订计划时事半功倍。最后简要介绍了职业生涯规划书的分类和内容。

教学检测

1. 职业生涯决策的步骤有哪些?

2. 试着使用 SMART 原则，将下列目标变为符合 SMART 原则要求的目标。

(1)我要锻炼身体。

(2)我要改变自卑的心理。

(3)我要通过英语六级考试。

(4)我要加强社会实践。

(5)我要拿到全额奖学金。

3. 为自己制订一份职业生涯规划书，格式不限。

思政园地★

因一档文博类综艺定下目标　扬州大学大学生跨专业考研圆梦

站在博物馆的文物面前，陈文倩仿佛沉浸在历史的长河中。

数年前，因为一档综艺节目，陈文倩迷上了文博。从那时候起，她就一直向这一方向努力。近日，作为扬州大学社会发展学院大四学生，她跨专业为自己圆了梦，以 403 分的高分考入了山东大学历史文化学院文物与博物馆专业。为了这一刻，她利用从高三毕业以来的每一个寒暑假到博物馆当志愿者、实习，并写下了长达两万字的考古笔记，以此提升自己。

1. 因一档文博类综艺定下目标

五年前，家里的电视正播放着一档文博类综艺节目。厚重的历史，吸引了正在读高二的陈文倩。“我要学文博、学考古！”从那时候起，陈文倩就给自己定下了目标。

2019年，陈文倩考上了扬州大学社会发展学院档案专业。从那年的暑假开始，她就为自己的理想奔波了起来。老家徐州是一座文博之城，她联系了徐州博物馆，通过了考核成为志愿者。每天坐近一小时的公交车来到博物馆，就是为了学到更多的知识和近距离接触充满故事的文物。

成为博物馆志愿者，需要了解、背诵馆藏文物的相关知识，并对其有深刻的见解。在陈文倩的背包里，经常放着一本博物馆的讲解手册，上面被她用各种颜色的笔画上了记号，只要有空闲，她都会拿出来看一看。正是这份钻劲，让她成功进入徐州博物馆这个大家庭中。来到扬州上学后，她又用同样的方式，成为扬州博物馆新馆和扬州中国雕版印刷博物馆的志愿者，负责讲解广陵潮——扬州城市故事厅。

2. 把经历写成两万余字的笔记

成为博物馆志愿讲解员只是陈文倩圆梦的第一步。在徐州博物馆，她就常常和做考古研究工作的老师们交流、学习，渐渐地积累了许多考古知识。

陈文倩的努力，徐州博物馆社会服务部的领导和同事们都看在眼里。时机成熟后，陈文倩就被调入了考古部门。知识的积累和动手实践完全不同。没有实践经验的陈文倩在老师们的帮助下，渐渐地学会了画图、文物发掘与修复等。

徐州是汉文化圣地之一，这里有着楚王陵等一系列珍贵的墓葬群。终于，陈文倩等来了进入考古现场的机会。“考古是个体力活，每次一铲子下去最多只能铲5～6厘米……”从那一刻起，陈文倩就养成了写考古笔记的习惯。

随着时间的推移，陈文倩的技术越来越成熟，能够很好地完成前方的发掘、后方的画图等工作。考古现场的风吹雨淋、工作台前的细致入微，这些经历都被她写进了笔记中。几年下来，这本笔记已经累积到了两万多字。

3. 高分圆梦——跨专业考上研究生

所有的努力，最终开出了灿烂的花。刚刚过去的“考研季”，是陈文倩的圆梦转折点。“我就是想考文博类的专业。”丰富的文博经验，加上自己的刻苦，让她收获了成功。她以403分的高分跨专业考上了山东大学历史文化学院文物与博物馆专业。

“这是她送给自己最好的礼物！”得知这一喜讯，老师们都替她高兴。大家都知道陈文倩背后付出了多少努力。在她的考古笔记里，每一天的结尾都是对自己的加油打气：“小陈不能灰心，不能放弃，继续努力吧！”“小陈要好好珍惜啊，继续努力啊！”凭借着这份对文博事业的热爱钻研和不服输的精神，陈文倩终于圆了梦。

陈文倩是腼腆的，但说起文物、考古等，她总能侃侃而谈。她说，希望能有更多像她一样的年轻人参与到文博事业中来，为这个寂寞但充满成就感和责任感的事业注入新鲜的血液。在老师和同学们的眼中，陈文倩小小的身躯里迸发着巨大的能量，这就是大家心目中为梦想而努力的最完美的样子。

（资料来源：《扬州晚报》，2023年6月21日，有改动）

讨论：

1. 兴趣和自我定位在职业生涯决策中可以发挥什么作用？
2. 你会根据自己的兴趣来选择职业目标吗？

第五章 就业指导

育人目标

◎ 能够以积极的心态面对求职择业，面对生活，提高心理素质。
◎ 讲礼貌，懂礼仪，通过学习如何应对面试，学会从容面对其他压力情境。
◎ 能够树立维护就业权益的意识。

学习目标

◎ 了解求职就业需要的心理准备，掌握心理调适的方法。
◎ 掌握就业信息及求职材料准备的相关内容。
◎ 了解面试的类型，掌握基本的面试技巧。
◎ 了解与大学生有关的权益保障政策和法律。

情境导入

找好工作需先培养求职能力

人才市场的规范化程度在不断提高，同时由于求职信息的网络化、交通的便利化、职业发展观念的现代化，人们的流动性越来越高。作为现代职业人，我们每个人都应提升自我的求职能力，不断突破原有的职业瓶颈，取得一个又一个职业发展的成功。

一提到求职，很多人都会想到如何写简历、如何面试，但这些只是操作层面的东西，是术不是道。求职能力的核心是道，外在表现和行为是术。求职能力中第一个重要的能力是自我分析能力。我们每个人在求职或跳槽前，一定要对自己进行深入的分析，把握自己的求职动机与求职期望，分析自己到底想从工作中得到什么，到底想要一份什么样的工作，是为了生存自我、发展自我，还是为了挑战自我、实现自我。

第二个重要的能力是职业信息收集与分析能力。现在从网络和社交媒体上收集招聘信息非常方便，但这些信息只提供一些非常简单的介绍，我们在人才市场经常会发现很多人根本没有对招聘信息和招聘单位进行过仔细和系统的分析。其实，首先，我们要分析招聘单位，可以用电话询问、网络查询等方法，去全面了解我们想要应聘的工作单位，分析工作单位的行业特征、产品或服务特点，工作单位的规模、负责人、组织文化、组织结构、组织目标和愿景，招聘流程等。其次，我们要对应聘的岗位进行深入分析，分析岗位的工作性质、工作内容、工作权限、工作要求、工作胜任的条件、工作环境、工作人际关系和工资福利等。可能因为各方面的限制，我们有时无法从各个渠道得到我们想了解的全面信息，但我们一定要认真地收集并分析能得到的信息，对应聘的工作单位和工作岗位有一个较全面的了解，知己知彼方能得到最大的机会。

第三个重要的能力是求职匹配能力，就是对自我的全面分析，对招聘单位和岗位的深入分析，从这两个方面进行匹配。从招聘单位的角度考虑，应聘者是否适合和胜任这个岗位，是否能够接受本单位的文化和待遇；从应聘者的角度考虑，我能给这个招聘单位带来什么，我能否胜任这个岗位，我能否适应这个招聘单位，我能从这个岗位得到什么，这个岗位是否适合我的长期职业发展，这个岗位对实现我的职业目标有什么价值。从这两个方面进行匹配，我们就能有目的地求职和应聘了。

第四个重要的能力是求职策略能力。我们确定了自己的求职目标，进行过岗位匹配后，就要思考如何获得这个岗位。这时，我们可以考虑用什么方法来提高求职的成功概率，例如，怎样在简历中突出自己适合和胜任应聘岗位的特性，如何在面试中表现出自己是最适合这个岗位的人选，要向招聘单位展示什么才能得到他们的认可，从而在竞争中胜出。这就看我们每个人的求职策略和智慧，千篇一律的求职方式，不会给我们制造一个更好胜出的机会。

第五个重要的能力是撰写简历、面试技能，包括简历写作能力、面试技巧和薪酬谈判能力。这方面的技巧在网上、社交媒体上和其他相关书籍上有很多介绍，这里就不再赘述。

总之，求职能力是一个综合能力，不只是简历写作和面试技巧。这其中包括我们每个人的人生需求、职业发展和自我实现，包括信息分析、岗位匹配，包括策略选择与运用、求职方法多元化和薪酬谈判等重要因素。

第一节 就业准备

求职路上，我们在不断地寻找自己满意的工作，在此之前需要做充分的准备，调整好自己的心态，扬长避短，以自己的优势和特点为“长剑”，在求职路上披荆斩棘。

一、就业心理准备

就业心理准备就是求职者在就业前对求职过程中可能出现的各种情况所作的估计和评价，以及为了解决这些问题而建立的某些思想观念和为强化某些心理品质而形成的心理活动过程。

(一)应该做哪些心理准备

1. 竞争的心理准备

在市场经济条件下，竞争机制已深入社会生活的各个方面。大学毕业生就业市场同样存在着激烈的竞争。因此，大学毕业生要树立正确的竞争意识，通过竞争寻求理想的职业，实现个人的职业理想。全国每年有数百万甚至上千万名大学毕业生要在短短几个月的时间内集中实现就业，这对每个毕业生来说都存在着一定的压力。尤其是较好的职业岗位，往往有较多的求职者期望获得。因此，大学毕业生要想实现自己的期望目标，唯有通过竞争，如果没有主动竞争的心理准备和积极参与竞争的行为，很可能难以顺利实现就业。

2. 动态就业心理准备

随着科学技术的发展，产业结构调整的速度加快，知识更新、产业升级趋势加速，传统产业逐渐被新型产业代替，就业岗位在不断更迭。只有通过合理的岗位流转，才能找到最适合自己的工作，才能发现最能施展自己才华的岗位。因此，大学毕业生要做好动态就业的心理准备，打破“一劳永逸”的旧思想观念，树立竞争意识，不断提高参与竞争的能力和实力，要有危机感、紧迫感。这样，才能在激烈的竞争中立于不败之地。

3. 多渠道就业心理准备

我国既是一个发展中国家，又是一个人口众多的国家。目前，就我国的就业形势而言，大学毕业生要实现就业须从多渠道、多角度入手。

有的大学毕业生把自己的就业范围定得太窄，非大城市、大公司不去。其实，无论是进国家机关、国有企业，还是到外资企业、民营企业，都有发挥自己聪明才智的机会。那种非要到什么岗位不可，非某单位不进，非专业对口不干的想法是不可取的。况且，在市场经济条件下，就业并非一次就能完成的，有的人甚至要经过多次岗位流转才能找到适合自己的岗位。所以，大学毕业生要多角度思考就业，多渠道选择就业，以此来扩大自己的就业范围，从而成功就业。

知识延伸

心理学家曾经对 1 500 名学生进行了长达 50 年的跟踪研究。他们对其中 150 名最成功者(高成就组)和 150 名最不成功者(低成就组)进行了详细的分析、比较，结果发现两组之间在智力发展上相差无几，而在毅力、自信心、情感、社会适应能力以及实现目标的内驱力等心理素质方面的差异却非常明显。

高成就组具有较强的进取心、自信心和责任心，有不屈不挠、坚韧不拔的意志，有和谐的人际关系和较强的社会适应能力等良好的心理素质。

低成就组则表现出意志薄弱、耐挫折能力差，在机遇面前患得患失，在困难面前畏缩不前，被动、退缩、害怕失败等特点，从而丧失了发展和成功的机遇。

（二）常见的就业心理问题

一般来说，大学生在就业期的心理问题主要有挫折心理、从众心理、嫉妒心理、羞怯心理、盲目攀比心理、自卑心理、依赖心理等。为了帮助广大大学生更好地认识这些心理问题，为就业做好心理准备和心理调适，我们首先从以下几个方面来看大学生就业时存在的常见心理问题。

常见的就业心理问题

1. 自我认知失调

(1)自负心理。一些专业较好、个人能力较强的大学生容易从自信变为自负。还有些大学生是脱离实际的自大，他们既缺乏对自己的客观认识，也缺乏对就业市场、职业生活的了解，一切都凭自己的主观想象。如有的大学生自以为经过大学几年的学习和锻炼已经满腹经纶，任何工作都可以出色完成，在求职中自觉高人一等、自命不凡，一旦出现变故，他们的情绪就会一落千丈，从而产生孤独、失落、烦躁、抑郁等心理现象。

精选案例

毕业生小张，相貌英俊，学习成绩优秀，是学生干部，并多次获得各类奖学金。他认为自己各方面条件都不错，不怕找不到好单位。他给自己的工作定位是：沿海城市与一线城市的大公司。曾经有一家公司想聘用他，可他不愿意去。他说：“那个企业，一个月才挣 4 000 多元，在广州怎么够花?”“如果广州实在留不下来，就去深圳、珠海，我绝不回老家!”在 2021 年毕业生供需见面会上，他相继被几家公司相中，但他不是嫌公司的规模不够大，就是认为工作条件不太好，总之，就是不满意。后来，他又陆续参加了用人单位的面试与考核，由于这些用人单位与他的预期目标都有一定差距，因此他就不把面试和考核当回事，敷衍了事。当班上的其他同学都拿到了与用人单位签好的就业协议时，他还是两手空空。

(2)自卑心理。自卑是大学生中最为常见的一种不良的就业心理。求职中的自卑心理一般产生于以下几种情况：第一，一些冷门专业的大学生看到自己专业的就业岗位数量少、待遇差，或在求职中遭冷遇，就容易悲观失望；第二，一些性格比较内向、不善言辞的大学生看到其他应聘者面试时侃侃而谈，自己却什么也说不出来，就会自惭形秽；第三，一些在校成绩与表现一般的大学生看到别人的自荐书上奖励、证书、成果很多，自己什么也没有，也容易自我贬低。总之，自卑的大学生不敢正视现实，常看不到自身的优势，怀疑自己的能力，不善于发现适合自己的职业岗位，容易在对自己的抱怨、贬低中失去求职的勇气。

精选案例

大学毕业生小刘学习成绩和其他方面条件都不错，在就业的初期满怀信心。但由于专业冷门，找过几家用人单位都碰了壁，结果在后来的择业过程中表现越来越差，陷入恶性循环，以至于到新的用人单位应聘，只能被动地问人家："学××专业的要不要？"

小敏是个腼腆的女孩，每次去应聘都失望而归，每次落选的原因都是输在面试上。她一见到面试官就紧张万分，战战兢兢、如履薄冰，手脚不知往哪儿放，头也不敢抬，眼睛也不敢看人。面试过程中，她的大脑经常是一片空白，听不清面试官问的问题，要么没反应，要么答非所问，面试后又懊恼不已，恨自己不争气。越是这样，就越影响下次面试的心态，以致她慢慢失去了找工作的信心。

(3)盲目攀比。人们在衡量事物时容易出现攀比心理。一些大学生在择业过程中也常常陷入这一误区，习惯于将自己与周围的人进行比较。在择业时，一旦发现某个就业条件比自己差的同学却找到了一个好的单位时，不平衡的心理就产生了。盲目攀比会使得这部分大学生不愿意到基层去，更有甚者迟迟不肯签约，最后往往"高不成、低不就"。

2. 情绪困扰

情绪困扰的集中体现是产生焦虑心理。焦虑是一种紧张不安并带有恐惧体验的情绪状态，多是由不能实现目标或不能避免某些威胁而引起的。毕业前，绝大多数大学生的心理问题表现为过度焦虑。面对理想与现实、就业与失业、签约与违约、就业与考研等矛盾时，他们难以取舍、无所适从，表现出焦虑情绪。这种焦虑使大学生在择业阶段可能会精神负担过重，紧张烦躁，心神不安；学习上精力分散，疲于应付；生活上意志消沉，萎靡不振。有些大学生遇到挫折后，甚至产生了恐惧感，一提择业就情绪紧张。

3. 人际交往障碍

(1)依赖心理。依赖心理，实质是缺乏自信心的一种表现，即不相信自己的能力和实力，只想依靠别人。要克服依赖心理，关键是要提高自我意识。德国心理学家爱利克・埃里克森曾指出，自我是自主的、有力量的实体，自我决定个性行为的方向。自我不仅保证个人适应环境、健康成长，而且是个人自我意识和统一性的源泉。

精选案例

大学毕业生供需见面会上人山人海，许多用人单位的招聘摊位前都排起了长龙，参加应聘的大学毕业生挤进挤出，挥汗如雨。毕业生小红却悠闲地坐在会场边上边听音乐，边玩手机游戏，一副无忧无虑、无所事事的样子，好像近在咫尺的火热招聘场面与她无关。原来是她父母在帮她排队、投简历。快轮到她面试时，小红才去找她父母。在与用人单位面谈的过程中，小红表现得十分消极被动。由于她缺乏心理准备，所以她不是积极主动地介绍、推荐自己，而是用人单位问一句她答半句，遇到自己不会回答的问题时就说："这个问题你还是问我爸妈吧。"整个见面会，她的话还没有她父母说得多。一天下来，尽管面试了十来家单位，但没有哪个面试官不摇头的，结果可想而知，难怪有用人单位这样说："你本人都要靠别人来推销，企业还能靠你来推销产品吗?"

(2)偏执心理。

①高择业标准的偏执。大多数毕业生对求职有过高的期望，不过他们一般能通过在就业市场的体验，客观地认识和接受当前的就业现状并调整自己的择业标准。但仍有部分大学生固执己见，偏执地坚持自己原来的择业标准，甚至宁愿不就业也不愿改变择业标准。

②专业对口的偏执。一些大学生在就业时过分追求专业对口，不顾社会需要，无视专业的伸缩性、适应性。与所学专业有一定出入的工作他们就不考虑，不能从事与所学专业有关的工作就不签约，这样的想法人为地削减了自己的就业机会。

知识延伸

30天口才训练计划

目标：能大胆地发言、大声地说话、流畅地演讲。

目标实现时间：30天。

1. 积极心态训练

(1)自我暗示：每天清晨默念10遍"我一定能大胆地发言，我一定能大声地说话，我一定能流畅地演讲。我一定行！今天一定是幸福快乐的一天!"

(2)想象训练：至少用5分钟想象自己在公众场合成功地演讲。

(3)至少用5分钟在镜前学习微笑，练习自己的手势及体态。

2. 口才锻炼

(1)每天至少进行10分钟深呼吸训练。

(2)抓住一切机会讲话，锻炼口才。每天至少与5个人有意识地交流思想。每天大声朗诵或大声讲话至少5分钟。每天训练自己"3分钟演讲"一次或"3分钟默讲"一次。每天给同学至少讲一个故事或完整地叙述一件事情。

讲话时的一些技巧如下：

①讲话前，深吸一口气，平静心情，面带微笑，眼神交流一遍后，开始讲话。

②勇敢地讲出第一句话，声音大一点，速度慢一点，说短句，语句中间不打岔。

③当发现紧张卡壳时，停下来有意识地深吸一口气，然后随着吐气讲出来。

④如果表现不好，自我安慰"刚才怎么又紧张了？没关系，继续平稳地讲"；同时，用感觉和行动上的自信战胜恐惧。

⑤紧张时，可以做放松练习，深呼吸，或尽力握紧拳头，再迅速放松，连续10次。

3. 辅助锻炼

(1)每天至少用20分钟阅读励志书籍或与口才训练有关的书籍，培养自己的积极心态，学习一些技巧。

(2)每天放声大笑10次，乐观面对生活，放松情绪。

(3)训练接受他人的目光，培养自信。

(4)培养微笑的习惯，要笑得灿烂、笑得真诚，锻炼亲和力。

(5)学会自省，每天总结得与失，写心得体会。每周要全面总结成效及不足之处，并确定下周的目标。

(三)就业心理调适方法

1. 认清就业形势，确立职业目标

随着我国社会经济的发展，我国的就业形势总体稳定，但也存在着一些挑战。有不少大学生在择业时抱着观望态度，想找一家工作环境、薪金等各方面条件都比较好的用人单位，这种期待“一步到位”的想法导致很多人错失了良机。因此，大学生需要认清就业形势，自觉调整就业期待，确立职业目标。没有明确职业目标的人，大多高不成低不就，在机会面前犹豫不决。大学生应当结合自身实际情况，对自己有一个正确的评价，选择适合自身条件的职业，使职业活动更有利于个人和社会的发展。现在用人单位的招聘信息很多，竞争也很激烈，只有认清就业形势，明确职业目标，才能在众多信息中做出取舍，把握择业的主动权。

2. 正确认识自我，做好角色转换

对于大学生来说，选择职业的过程本身就是一个认识自我、了解自我的过程。大学生需要认清自己的性格、兴趣爱好、气质和能力等，这些因素都影响着自身职业的选择及发展。通过全面地认识自我、了解自我，客观、冷静地看待自己的优点和缺点，找出自己的兴趣爱好，有针对性地明确职业方向，不盲目地求职，是走好就业之路的关键。

即将走向社会的大学生，首先面临的是角色的转换。大学生活相对单纯、轻松、稳定且有规律，这使大学生容易对社会的期望过于理想化。与学校相比，社会生活环境、工作条件、人际关系都有着很大的变化，难免会使大学生形成强烈的心理反差，产生就业心理障碍。因此，大学生要尽快转变角色，抛开某些幻想，面对社会现实，使自己的心理意识与外部环境相一致，以平常的心态看待就业环境，冷静、理智地做出职业选择，寻找适合自己的职业岗位。

3. 提高自身素质，增强综合能力

一切职业都要求求职者具有相应的知识、能力和技能。知识是人类实践活动和思维成果的结晶，是培养能力和提高技能的基础。对于大学生来说，知识的积累是成才的基础，也是就业的必备条件。大学生在就业前应该好好学习专业知识。但是，目前有不少大学生专业知识掌握得不牢固；实际知识应用能力差，知识不能转化为实践能力。这类大学生在就业市场中缺乏竞争力，容易在就业竞争中四处碰壁，产生心理挫败感。因此，大学生应具备一定的专业能力，学好专业知识，掌握专业技巧，提

高实践能力。此外，大学生在校期间也要积极参加有益的校园文化活动和社会实践活动，全面提高自身素质，增强综合能力。

4. 端正就业期望，正视就业心理落差

刚刚从象牙塔里走出来的大学毕业生梦想着在社会大舞台上一展身手，实现自己的人生价值，就业期望值较高。但由于职业意识的缺乏和工作能力的不足，初入职场的大学毕业生有可能因受到领导、同事的批评、冷遇而心理失衡，甚至可能选择“跳槽”走人，从而错失发展良机。所以，大学毕业生要对期望值与现实之间的差距有一定的心理准备，宠辱不惊，不断地完善、提高自己。

知识延伸

几种常用的心理调适方法

常用的心理调适方法有自我激励法、注意力转移法、适度宣泄法、自我安慰法、合理情绪疗法等。

这些都是应变的方法，但最主要的还是要树立正确的就业观，对就业要充满信心，要注意磨炼自己的意志，培养乐观豁达的态度。

二、就业信息准备

大学生就业是大学生选择职业的过程，而科学的决策建立在准确、全面、系统的信息基础之上，信息错误必然导致决策失误。因此，大学生要想找到好工作，就需要重视对就业信息的准备。

(一)就业信息的内容

就业信息是指通过各种媒介传递的有关就业的消息和情况，如就业政策、供需双方的情况及招聘信息等，它是大学毕业生择业时必须收集和掌握的材料。就业信息有宏观信息和微观信息两种。

1. 宏观信息

宏观信息是指国家的政治、经济情况，国家或地区社会经济的方针、政策等，国家对大学毕业生的就业政策与人事制度改革的信息，社会各组织的需求情况及未来产业、职业发展趋势等。掌握这些信息，大学毕业生就可以宏观地把握就业方向。大学生在校期间就要多关心国家的各类政策和改革，这对确立宏观的就业方向有着重大的意义。

2. 微观信息

微观信息是指某些具体的就业信息，如用人单位的需求情况、发展前景、工资待遇等。就业信息来源繁杂、种类众多，通常可以分为职业相关信息、应聘条件信息和就业程序信息三种类型。

(1)职业相关信息。职业相关信息是指大学毕业生从各种就业信息的获取渠道收集的、由用人单位提供的与职业相关的内容，通常包括用人单位简介、岗位职责和薪酬福利三个方面的内容。

(2)应聘条件信息。应聘条件信息是指用人单位对求职者的年龄、性别、知识、能力、专业、学

历、经验等条件的要求，是胜任该工作需要具备的行为能力与素质要求。大学毕业生就业信息中关于应聘条件的信息一般包括知识和技能、工作经历、受教育程度等，以及关于职业素养的要求，通常包括团队精神、职业道德、沟通能力等。不同岗位的应聘条件信息的侧重点会有所不同。

(3)就业程序信息。就业程序信息是指用人单位对求职者求职流程的展示内容，包括报名手续、应聘方式、联系方式、考核内容、面试与录用程序、截止日期等。就业程序信息十分重要，现在许多用人单位在招聘时会要求求职者先进行网络申请，求职者一定要注意网络申请的流程和截止日期，避免由于流程错误或逾期而错失良好的就业机会。

精选案例

盲目求职一无所获

毕业生阿阳学的是一个非热门专业，他知道自己的专业不太好就业，于是采取了“漫天撒网”的办法，自以为“网”撒得越大，捕到“鱼”的希望也就越大。所以，他把自己精心设计、制作的求职信和个人简历等材料进行了“海投”。

然而，一个多月之后，什么消息都没有，几百封求职信如石沉大海，毫无反馈。

阿阳非常苦恼地来到学校就业指导中心向老师诉说自己是如何投简历，如何满心期盼，而结果又是如何令人失望的。就业指导中心的老师耐心地为他指点迷津：“你积极主动的精神值得肯定，但找工作一定要有明确的目标，千万不要盲目行事，要根据自己的实际情况和对方的需求有的放矢地投送简历。你现在要做的第一件事应该是去收集就业信息，然后才是联系用人单位、参加应聘等。”在老师的指点下，他很快改变了策略，重新制作了10份简历，在广泛收集招聘信息的基础上，根据自己的实际情况和兴趣爱好，有选择、有重点地参加了几场招聘会，总共投出去9份简历，收到了5家用人单位的面试通知。最后，他参加了3家用人单位的面试，并与其中一家用人单位正式签约。

许多毕业生在求职初期总要走一些弯路，主要原因在于收集信息的目标不明确，收集信息的方法不正确。此外，毕业生的自我推荐要讲究方式、方法，应有目标、有选择地投送简历或上门应聘，以提高命中率。当然，在求职刚开始时，毕业生可能对就业市场的情况不是很了解，可以适当地把“网”撒大一点。但是，一定要知道这只是一种“火力侦察”的手段，摸一遍底后要及时收“网”，要根据自己的求职目标，有针对性地对信息进行分类处理，重点突破，不能“守株待兔”。

(二)就业信息的获取渠道

在求职的过程中，谁的就业信息获取得越及时、越全面，谁的职业选择视野就越开阔，就业主动性也就越强。大学毕业生在求职过程中应该着重关注各种就业信息，了解和掌握各种就业信息的获取渠道。随着互联网的发展普及以及新媒体的崛起，大学毕业生就业信息的获取渠道得到了极大的丰富，具体介绍如下。

1. 学校机构

许多高校都专门设立了为大学毕业生就业提供指导和服务的机构，如大学生就业指导服务中心、就业工作处或就业办公室等。这类机构所提供的信息，无论是全国性的、地方性的，还是行业性的，一般都来自政府、事业单位、国有企业、外资企业、民营企业等。该渠道信息的准确性、权威性、可信度非一般渠道可比。大学毕业生可放心地在此获取就业信息。

2. 校园招聘会

校园招聘会是各个用人单位直接到高校开展的招聘活动，它搭建起了大学毕业生与用人单位之间的桥梁，可以充分实现双向交流。校园招聘会一般是当年 11～12 月、次年 3～4 月在各高校举行，每年年底各大城市通常也会举办相应的大型校园招聘会。

3. 网上招聘

由于便捷性以及信息的多样性，互联网已成为当代大学毕业生获取就业信息的主要渠道。大学毕业生通过网上招聘获取就业信息具体有以下三种渠道。

(1)专业招聘网站。互联网上存在大量的专业招聘网站，大学毕业生可通过这些招聘网站提供的岗位，结合自身情况与用人单位取得联系，传达就业意向。而且，大学毕业生还可以将自己的求职简历上传至招聘网站，让用人单位精确地找到自己。

(2)企业的官方网站。一些较大型的企业一般都有自己的官方网站，企业会将招聘信息发布到官方网站上，大学毕业生可在其发布的招聘信息中，寻找到适合自己的岗位，然后与企业取得联系。

(3)网络就业平台。为了方便大学毕业生更好地选择职业，越来越多的高校和地方政府都设立了网络就业平台，将用人单位的招聘信息发布在这些平台上，供大学毕业生选择。

4. 社会关系

大学毕业生从自己的朋友、家人等社会关系中也可以获取很多就业信息。由于他们分布在社会的各个领域、各个岗位，因此通过他们了解和收集的社会需求信息的针对性更强，信息的可信度和准确性也比较高。

5. 社会实践、毕业实习

大学生寒暑假的社会实践单位及毕业实习单位等的岗位要求一般与大学生的专业对口。实习过程中，大学生不仅能将自己所学的知识直接用于管理、生产或其他社会服务，而且还可以更直接地了解所在单位的人员需求情况。同时，社会实践单位对大学生也有一定的了解，假如其有意招人，这对参加该单位的社会实践的大学生或实习生来说就是一个很好的机会。

6. 各种大众媒体

电视、报刊等大众媒体是大学毕业生获取就业信息的传统渠道，它们一般会定期或不定期地发布招聘信息。大众媒体方便快捷、传播范围广、传播速度快、信息量大、可信度高、省钱省时，大学毕业生可以通过各种大众媒体获取大量的就业信息。

7. 新媒体

近年来，新媒体凭借社交性、互动性和多元化等诸多信息传播优势而快速发展，已经成为一种非常重要的就业信息获取渠道。很多用人单位会通过 App、微信公众号、短视频等新媒体平台发布招聘信息。大学毕业生可以随时随地通过手机等设备访问新媒体平台，获取最新的就业信息。

8. 人才中介代理机构

人才中介代理机构提供的就业信息大多面向有经验的工作者，但仍可以作为大学毕业生获取就业信息的补充渠道。目前，我国许多地区都相继建立了劳务市场或人才交流中心，为大学毕业生提供中介服务和就业信息服务。

(三)就业信息再加工

毕业生通过各种渠道收集到的原始的就业信息是杂乱无序的，因此，应根据自身实际情况和需求，对这些信息进行分析，有目的、有针对性地进行筛选，使信息更准确、更全面，从而更好地为求职服务。

1. 去伪存真，科学鉴别

大学毕业生所获得的就业信息未必准确、可靠，因此，要对其进行科学的鉴别、判断，做到去伪存真。对不确定的信息要通过各种手段去辨其真伪；对那些自己想知道但又不全知道或模糊不清的信息细节，应通过实际考察进一步了解。大学毕业生必须在确保就业信息真实、可靠之后再做出求职决定。

2. 将信息进行粗略的分组排序

结合就业政策、行业和地域的特点、用人单位的情况等将各种就业信息进行分组，形成粗略的信息群，剔除那些与自己关系不大的信息，完成初步的筛选。

3. 详细整理用人单位提供的信息

在进行粗略的分组排序后，再对重点关注的用人单位的信息进行详细整理。大学毕业生在整理信息的过程中要特别关注以下几个方面的内容：用人单位的准确全称，用人单位的部门隶属关系，用人单位的性质(国有、股份制、合资、学校、科研机构等)，用人单位提供的具体工作岗位、需要的专业技能等，用人单位的规模、发展前景、地理环境、经营范围等，用人单位的福利待遇(包括薪金、福利、保险、培训、休假等)，用人单位的联系方式(如人事部门联系人、电话、通信地址等)，用人单位对求职人员在思想道德素质、学历学业水平、职业能力、气质等方面的要求。

大学毕业生可以借助表格统计就业信息，参考如下(表 5-1)。

表 5-1　就业信息统计表

单位信息	名称			
	地址			
	规模实力			
岗位信息	岗位职责			
	福利待遇			
	发展前景			

续表

招聘安排	应聘流程			
	时间地点			
	联系方式			

值得注意的是，用人单位往往倾向于宣传自己的优势，很少提及自己的劣势，这就需要大学毕业生对它们的情况进行充分的调查和了解，做到心中有数。

大学毕业生在对就业信息进行整理之后，还应该尽快使用信息。这不仅因为求职信息具有时效性，还由于这些信息对全国高校的毕业生都是公开的，一旦动作慢了，或者自己努力不够，别的大学毕业生往往就会捷足先登。所以大学毕业生在使用信息时，既不能盲目，也不能拖延。

知识延伸

学会做就业选择

当你同时面对几个用人单位不知道如何做出选择时，你需要将收集的信息分别加以整理，对不同的情况进行比较。下面介绍一个处理信息的有效系统，这个系统要求你考虑关于每个工作的 5 个参数。

(1)职位描述，包括一般责任、工作层次和有关单位。

(2)工作地点，包括你将工作的地理区域和物理环境。

(3)发展机会，包括晋升机会和工作保障。

(4)雇用条件，包括工资、奖金、工作时间和着装规范等要求。

(5)入门要求，包括你应具备的教育和培训经历等。

下面我们利用“职业评价工作单”对收集的信息进行处理和选择。你可以依次判断该工作是否符合你的理想。做评价时根据以下标准，在该工作每个特点所对应的吸引力评分框中画圈。

“5”表示该工作对你有绝对的吸引力或非常强烈的吸引力。

“4”表示该工作对你有较大的吸引力。

“3”表示该工作对你的吸引力一般。

“2”表示该工作对你没有太大吸引力。

“1”表示该工作对你几乎没有吸引力。

“0”表示该工作对你完全没有吸引力。

职业评价工作单

职位名称	评价	评分
职位描述		0 1 2 3 4 5
工作地点		0 1 2 3 4 5
发展机会		0 1 2 3 4 5
雇用条件		0 1 2 3 4 5
入门要求		0 1 2 3 4 5

请把表中画圈的数字相加，得出总分。它反映了该工作对你总的吸引力有多大。如果有3个用人单位都准备录用你，你可以按要求把3个用人单位的情况分别填入3张表中。根据得分的多少，比较得出你对这3个用人单位的取舍。

三、求职材料准备

在获取、筛选并处理了就业信息之后，大学毕业生已经明确了适合自己且自己也心仪的用人单位，接下来要做的就是联系和接触用人单位，谋求入职。在与用人单位联系和接触的过程中，大学毕业生不可避免地要表达自己的基本情况、入职的意愿、胜任岗位的能力以及联络方式等，这就需要使用相关的就业材料，而就业材料也是用人单位认识求职者的主要渠道。常见的求职材料通常包括个人简历、求职信等。

(一)个人简历

1. 个人简历的内容

个人简历

大学毕业生个人简历的内容一般包括基本信息、实习活动经历和其他信息等。

(1)基本信息。

①个人信息：必须写明姓名、电话、邮箱、地址，以及身高、体重、政治面貌等。

②求职意向：一份个人简历建议填写一个求职意向。如果要投不同的职位，那么需要在简历中修改这部分内容。

③教育信息：包括学校、学历、专业、毕业时间、成绩、主修课程等信息。

(2)实习活动经历。

实习活动经历主要分为实习、校园活动(指社团活动及各种竞赛经历)与项目经历(包括学术、科研项目与创业经历等)。阐述实习活动经历时需要包含的内容有工作单位与工作部门、工作性质、职位、工作内容、工作成果以及起止时间。详细描述时，可以采用STAR法则对经历进行描述，要抓住这些经历的闪光点，分析从这些经历中所获得的经验与技能，并量化事实，即将发生了的事情转化为可量化的数据。

(3)其他信息。

①获奖信息：写清楚奖项的名称、等级与获奖时间。获奖信息在精不在多，列举几个分量比较重或者与职位要求相关性高的奖项即可。

②技能信息：用官方或领域内公认的证书来证明自己的技能水平。

③兴趣爱好：列举两到三项与工作岗位相关的兴趣爱好，这些爱好应展示出积极向上的生活态度。

④自我评价：此部分不宜出现极端化的措辞，如“极其讨厌”“极其不喜欢”等。

⑤薪酬期望：如无要求，建议不写此部分内容；如有要求，可以根据招聘信息填写期望薪酬范围。

精选案例

A集团某年招聘，收到应届生的个人简历近4.8万份，近2.5万人进入测评环节，近1万人进入小组面试，近5 000人进入人力资源面试，近3 000人进入专业面试，进入复试的约2 000人，最终录取1 000多人。

B集团每年收到应届生的个人简历10万份以上，最终录取3 000人左右。我们都能看到一个数据——从投个人简历到录取，成功率不到3%。在一些竞争激烈的行业，这个数据可能还要更低一些。

数据统计显示：人力资源在每份个人简历上花费的时间平均为15秒；每245份个人简历中有一份获得面试机会。也就是说，如果求职者连个人简历都没通过人力资源部门的筛选，那就更不要谈后面的多轮面试了。简历的重要性不言而喻，它是求职的第一道关，也是最重要的一个环节，个人能力再强，也得把简历做好了，才有可能获得面试机会。

2. 简历的撰写技巧

(1)体现职业精神。大学毕业生在制作个人简历时，要时刻记住自己是在向用人单位推销自己，因此要让用人单位通过简历了解应聘者对未来职业生涯有积极的准备和规划，具备职业精神。很多用人单位都非常重视员工的职业精神，重视程度甚至有可能超过学历和职业技能。这些用人单位认为，员工有了职业精神，其他的素质就相对容易培养；员工若没有职业精神，再优秀也无法坚持做好本职工作，不仅无法为单位创造价值，反而可能会给单位带来损失。

(2)展示自己的独特之处。个人简历是求职者为自己制作的"广告"。这则"广告"最重要的目的就是吸引用人单位的目光。要想让用人单位在众多个人简历中对自己的这份个人简历感兴趣，大学毕业生就需要在个人简历中突出自己的"闪光点"。至于"闪光点"是教育背景、实习实践、技能还是其他，就需要大学毕业生根据用人单位的要求，在个人简历中最有效地将自己的独特之处展示出来。

(3)简洁、有利。个人简历应简要记录个人经历，内容不用太多，以一页为宜。求职者需要言简意赅地表述信息，并把重要信息和"闪光点"列在前面，让招聘人员一目了然，不要大段地罗列无价值的信息。另外，大学生可以在个人简历中写一段总结性的语言，陈述自己求职的最大优势，然后将自己胜任本岗位的优势通过过往的经历和成绩展现出来。有利是指个人简历要陈述有利的信息，尽量避免在筛选阶段被淘汰。相应的教育背景、技术水平和能力是大学生在求职过程中取得成功的关键，只有符合这些关键条件，并将这些有利信息在个人简历中加以陈述，才能打动用人单位，并赢得面试机会。

精选案例

求职简历

	籍贯：山东济南	政治面貌：中共党员
马×	手机：13800000000	邮箱：my＊＊＊@163.com
	求职意向：外贸业务员	

教育背景

2019.09至今　　××××××

国际经济与贸易专业　　GAP：4.13/5.0

主修课程：国际贸易实务、国际营销、外贸函电、外贸英语口语、高级外贸英语听说、财务管理、国际贸易原理、国际商法、计量经济学、运筹学

实习经历

2021.07—2021.08　　济南××股份有限公司国际业务部　实习生

■收集市场信息，提交市场分析报告2份，展现出较强的业务能力

■修改更新外贸产品安全技术说明书51份，并及时归档，帮助企业完善档案信息

■协助安排备货，与生产部等相关部门沟通，确保满足订单要求，锻炼了沟通交往能力

校内工作经历

2019.09—2020.06　　班级学习委员

■收集并发放各科学习资料与信息，担任老师和班级同学沟通的桥梁，锻炼并提高了语言表达和信息收集能力；对班级同学进行课程安排变动及考试安排的提醒，帮助班级同学答疑解惑，责任意识强

2020.11—2021.11　　学院大学生创新创业协会主席

■积极宣传各项科创赛事，鼓励并组织我院同学参加各类创新创业比赛，具有一定的组织能力；定期组织部门例会，统筹规划部门内部工作，确保各项工作认真落实，具有一定的领导能力

个人荣誉

■获"国家励志奖学金"一次(该学年专业成绩排名1/57)，获"爱迪特奖学金"一次，多次获得校综合二、三等奖

■获"优秀团员标兵""优秀学生干部标兵""创新创业工作优秀学生干部"等称号

■获第十七届"挑战杯"全国大学生课外学术科技作品竞赛二等奖

个人技能

语言技能：CET-6、普通话二级甲等

办公技能：全国计算机等级证书(二级Access、二级Office)，熟悉Office等日常办公软件，熟悉Premiere Pro视频剪辑软件及InDesign排版软件

思政元素

海投简历也要抓住机会 和舍友相伴求职

“刚开始投了很多份简历都石沉大海，后来才明白，没有回复就是答案。”2022年年初，即将在西北一所高校毕业的马长森刚结束实习，便又转向另一场求职“海投”之旅。

参加线上招聘会、不间断地刷招聘类公众号消息、加入各企业的求职招聘群……以前，马长森的简历总会因为内容重点不突出、与岗位匹配性不高而被筛掉。马长森初步估计，那段时间他投递了约上百份简历。

不过，在和舍友讨论后，马长森的“海投”策略逐渐起了效果，一段时间之后，投出去的简历能够收到笔试、面试通知的有一半左右。舍友不仅能帮他回忆起一些重要的实践经历，还帮他一起分析了不同经历与不同岗位的匹配性。除了更新简历，在求职的其他环节他们也互相帮助，从分享招聘信息、分析岗位到投递简历，以及之后的每一轮笔试面试。

“我还是我，但调整了表述方式就会变成亮点”，马长森从没想到自己有这么多与求职相关的经历和优势，更没想到舍友帮助他建立起了自信。

（资料来源：《中国青年报》，2022年7月11日，有改动）

(二)其他材料

除了个人简历外，为加深用人单位对自己的综合了解，大学毕业生还需要准备其他材料。例如，学校审核发放的三方协议书和就业推荐表、毕业生所属院系提供的鉴定材料、学习成绩单、各类证书、成果证明材料，以及足以证明自己具备某方面素质和能力的资格证书或其他材料。

其中，各类证书是反映学生德、智、体、美、劳全面发展的依据之一，包括毕业证书、学位证书、学历证书等复印件；三好学生、优秀团员、优秀学生干部、优秀团干部、奖学金证书等复印件；英语、计算机等级证书复印件；参加社会实践、征文比赛、文艺演出、体育运动会、社团活动等各类活动的获奖荣誉证书复印件。证书比较多的学生，要选择关键和重要的证书，也可以针对不同用人单位的要求进行选择。成果证明材料包括获得的发明专利证书或正在申请的专利材料；在杂志上发表的文章、论文；出版的专著或读物；有一定价值的调查报告；参与并完成教师科研工作的证明材料；等等。

以上各种证书、材料可复印装订成册，并附上封面、目录，这样既美观又整齐，使人感到条理分明、内容充实。以上材料的使用方法根据使用的途径而有所不同：如果面见招聘者或亲自上门去推荐自己，材料可以准备得充足一些，凡能反映自己各方面能力的材料尽可能带齐全，而且最好是原件；若采取寄送自荐材料(最好是复印件)的方式，则应选择最具有代表性的材料，而且要根据各用人单位的不同情况有针对性地取舍；也可以选择电子邮件的方式，直接发送扫描的电子版证书等材料。

第二节 求职应聘

一、求职礼仪

求职礼仪是求职者面试时的基本礼仪素养，是给面试官的第一印象，而好的第一印象会增加用人单位对求职者的好感，从而增加面试成功的可能性。了解、掌握并恰当地应用求职礼仪，用合理的方式与人沟通、交流有助于求职成功。

精选案例

一位先生在报纸上登了一则广告，要雇一名勤杂工到他的办公室做事。有 50 多人闻讯前来应聘，这位先生最后录用了一位普普通通的男士。朋友问他原因，他说："他在门口蹭掉鞋底带的土，进门后随手关上了门，说明他仔细；当看到那位残疾老人时，他立即起身让座，表明他心地善良，体贴别人；进了办公室他先摘下帽子，回答我提出的问题也干脆果断，说明他既懂礼貌又有教养；当我和他交谈时，我发现他衣着整洁，头发梳得整整齐齐，指甲修得干干净净。我认为注意细节就相当于一封最好的介绍信。"

(一)服饰礼仪

服饰在很大程度上反映了一个人的素养、个性、审美情趣等，是一种无声的、特殊的语言。因此，掌握和运用服饰这一特殊语言，是求职者不应忽视的一个重要方面。

1. 穿着要符合用人单位的文化

在面试过程中，合适的着装能够让求职者在第一时间给面试官留下良好的印象。在面试着装的选择上，首先要考虑用人单位的文化。如果是去传统行业的用人单位面试，求职者应选择正式的职业装；而如果是去时尚行业、设计领域的用人单位面试，求职者的着装则可以适度地加入个性化元素。

2. 穿着要遵循 TPO 原则

TPO 原则即穿着打扮要符合时间(Time)、地点(Place)、场合(Occasion)相统一的原则。其中，职业场合着装有六大禁忌：过分杂乱、过分鲜艳、过分暴露、过分透视、过分短小、过分紧身。制服、套装需要遵守三色原则，即全身颜色不多于 3 种；饰品使用要同质同色，要符合习俗，不可多用。

(二)仪容礼仪

仪容主要指一个人的容貌，包括身体、头发、面部、手部及个人卫生等方面。每个人都应该了解一些仪容修饰的基本常识。求职时要讲究仪容清洁，包括身体、头发、面部、口腔、双手等的清洁，这是人与人顺利交往并获得求职成功的必要条件。另外，还要注意克服面部"小动作"，如皱眉、眯眼、咬唇、做鬼脸等。

(三)仪态礼仪

在求职活动中，求职者可以通过自己规范的仪态向用人单位传递个人的学识与修养，并交流思想，表达感情。

精选案例

大学毕业生小丽到某公司应聘，由于社会阅历、人生经验不够丰富，她总是显得放不开，很像在课堂上回答不出老师提问的小女孩。坐下后，她显得手足无措，一双手搁在桌子上也不是，放下去也不是，只好时不时折一下自带的个人资料，搓一搓衣角。在回答问题时，她的思路、表述都不错，但面试官的眉头却始终舒展不开。到最后，女孩回答完问题后竟用手捂住了嘴，让人觉得不自然、不得体。最后，她被礼貌地拒绝了。面试官说："其实你的素质还是不错的，学的专业又对口，学历也可以，美中不足的是你不够大方，举止不得体。那些小动作非常影响个人气质进而会影响公司的形象。"

1. 站姿

站姿又称立姿，即站立的姿势。在人际交往中，站姿是一个人全部仪态的根本。如果站姿不够标准，一个人的其他姿势便谈不上优雅。正确、优雅的站姿会给人以挺拔笔直、舒展大方、精力充沛、积极向上的印象。

站姿的基本要领：两脚脚跟相靠，脚尖左右分开45°～60°，身体重心放在两脚上；两腿并拢立正，腰背挺直，挺胸收腹；两臂放松，自然下垂于体侧，手指自然弯曲；抬头，脖颈挺直，两眼向前平视，嘴唇微闭，面带微笑，微收下颌。

男性求职者在公众场合中，为了表示对招聘人员的尊敬与体现自身的风度气质，可以采用标准站姿。而女性大多采用握手式站姿。

求职者的站姿决定了给对方留下的第一印象，因此必须克服一些不受欢迎的站姿。例如，两腿分得太开(如果要张开双腿，两腿间距离不可超过肩宽)；高低肩(一个肩高、一个肩低)；脚在地上不停地画弧线或者不停地摇晃身体；等等。

2. 坐姿

良好的坐姿传递着自信、友好、热情的信息，同时也显示出一个人优雅端庄的气质。

坐姿的基本要领：入座时，走到座位前，转身后把右脚向后撤半步，轻轻地坐下，然后把右脚与左脚并齐；就座时，上体自然挺直，头正，表情自然亲切，两眼平视，目光柔和，嘴微闭，两肩平正放松，两臂自然弯曲放在膝上，也可以放在椅子或沙发的扶手上，掌心向下，两脚平落在地面；起立时，右脚先后收半步，然后站起来。

通常，男性的坐姿两腿之间可有一拳的距离；女性则须并拢两腿，且两腿自然弯曲，两脚平落于地面，不宜前伸，着裙装入座时，应用手将裙装稍稍拢一下，不要坐下后再站起来整理衣服。

就座时，一般坐到椅子的三分之二处，不可坐满椅子，也不要坐在椅子边上过分前倾；坐沙发椅时，不要太靠里面。坐姿一定要规范、得体，不要出现一些不受欢迎的坐姿。例如，抖腿、跷二郎腿、两腿分得太开等。

此外，求职者面试时还应当注意落座要和面试官保持一定的距离，留有适当的空间。如果求职者多，招聘单位一般会预先布置好面试室，给求职者指定好座位。进入面试室后，不要随意将椅子挪来挪去。如果求职者少，面试官也许会让求职者同自己坐在一张沙发上，这时求职者就应该保持距离，坐得太近，是失礼行为；也不可坐得太远，以免让主考官产生一种疏远的感觉，影响沟通的效果。

(四)握手礼仪

在面试或现场招聘会上，与面试官见面时最常用的礼节是握手礼。握手不仅能沟通情感，也有助于树立自身良好的形象。

在握手时，两人应相距约一步远，两脚立正，上身稍向前倾；伸出右手，四指并拢，手掌与地面呈垂直状态；虎口相交，拇指张开下滑，向受礼者握手；握手时双方互相注视、微笑、问候、致意，整个握手时间控制在3～5秒为宜。

握手有一个基本的原则，即尊者优先。尊者优先是指在两人握手时，职位低者先问好，等职位高者伸手后才能伸手；男女之间，女方伸手后，男方才能伸手相握。如需要和多人握手，一定要讲究先后次序，由上而下，即先年长者后年幼者，先上级后下级，先女士后男士。

知识延伸

握手礼的注意事项

(1)不能戴着帽子和手套与人握手。

(2)握手时精神要集中，切忌四处顾盼、心不在焉。

(3)不能一只手插在口袋里，另一只手与人握手。

(4)不要交叉握手，当两人握手时，从别人两手之上伸手与对面的人握手是十分失礼的。

(5)握手后用手帕擦手，也是失礼行为。

(6)不可点头哈腰与人握手。

(7)男士与女士握手，时间要短些，用力要轻些，不要拉住对方忘了松手或用劲来显示自己的热情。

(8)如果面试官主动伸出手与你握别，你自己出手应快，不应慢慢腾腾。

(9)与数位面试官握手时，握手时间大体要相同，不要厚此薄彼，且不建议用双手与对方握手，以免显得过分热情。

(五)称呼礼仪

在求职过程中，免不了要使用一定的称呼。在面试时，选择正确、适当的称呼，可以反映出自身的教养及对对方的尊敬，甚至还体现着双方关系发展所达到的程度和社会风尚。在实际生活中，经常使用的称呼主要有以下几种。

1. 一般称呼

一般称呼的使用范围较广，如先生、太太、小姐、男士、女士、同志等。

2. 职务称呼

对有官衔或职务的人以职务称呼以示尊敬，如×局长、×经理等。按照我国的习惯，称呼副职时一般不说“副”字。

3. 称呼禁忌

称呼禁忌包括错误称呼、不通行的称呼、不当的称呼、庸俗的称呼等。常见的错误称呼主要包括误读和误会。误读是指错误地称呼了对方的姓名；误会是指错认了对方的身份或与他人的关系等。为了避免这些情况的发生，对于不认识的字和人，事先要有所准备；如果是临时遇到，就要谦虚请教，不要想当然，造成不必要的误会。有些称呼在求职等正式场合不适合使用，如兄弟、哥们儿等称呼，虽然听起来亲切，但显得不够严肃，过于随意。

(六)自我介绍礼仪

自我介绍是求职面试中让面试官了解求职者的基本方式，面试时面试官通常会先让求职者进行自我介绍。求职者在作自我介绍时，应注意相应的礼仪。

1. 准备充分

求职前应把自我介绍的讲稿写好、背熟。可事先在镜子前做一些练习，或请同学、家人、朋友指正，通过预演来提高自我介绍的技巧。

2. 自信大方

自我介绍时要充满自信，落落大方，态度诚恳。自信的人拥有魅力，能使人产生信赖的好感，如果流露出羞怯心理则会削弱对方的信任感。

3. 表述幽默

自我介绍中，适时融入一些幽默的话语，易于赢得对方的好感。诙谐的真实表述比庄重严肃的表白更深入人心。例如，有个毕业生自我介绍道："俗话说'胆小不得将军做'，对此，我却不敢苟同，有例为证，汉代韩信为度过险境，忍了街上小人的胯下之辱，可谓胆小，但是最终却成了将军。本人素以胆小著称，却偏有鸿鹄之志，故斗胆前来应聘，我自信能够胜任酒店的这份工作。"言辞之间，他充分展现了自己的聪慧与自信，有一定的吸引力。

4. 注意自谦

得意扬扬、咄咄逼人的态度只能给人留下骄傲自大的印象。正确的做法是如在说"我"字时语气平和、目光亲切、神态自然，才能让人从"我"字中感受到你的自信、自立、自尊而又自谦的美好形象。

5. 内容要有针对性

求职者进行自我介绍的目的是让面试官对自己有充分的了解和认识，从而判定是否能胜任应聘岗位。因此，求职者要有针对性地围绕应聘岗位重点介绍自己相关的学历、经历、能力及个性特征，而且要言之有物，切忌用鉴定式的语言、大而空的套话来描述自己。

6. 缺点要点到为止

求职者的自我介绍主要是展示自身的优势，从而赢得面试官的认可与支持，缺点介绍得过多，容易导致求职失败。例如，有的求职者在自述了优势之后言明："我深知自己尚有不适合这份工作的地方，但是有在座各位的支持和同事们的配合，我有信心做好工作。"言简意赅，承认不足恰到好处、点到为止，毫无自我贬低之意。

7. 举止端庄

求职者的举止要端庄大方，表情应亲切自然，眼睛应看着对方，不要显得不知所措、慌慌张张、面红耳赤，更不能表现出一副随随便便、满不在乎的样子。

8. 注意时间

把握好自我介绍的时间，以 3～5 分钟为最佳，如无特殊情况，最好不要超过 10 分钟。

精选案例

一个毕业生面试时的自我介绍

“各位领导，大家上午好！我叫王××，今年 21 岁，是湖南××人。三年前我考取了长沙××职业技术学院，学习应用电子技术专业。在这三年的时间里，我学习了电子技术、电工基础、电子仪表与测量、电机与变压器和计算机基础等十多门课程，通过自己的努力，各科均取得良好以上的成绩，目前我已取得了电工证等多个技能证书；在校期间我一直担任班级组织委员，积极组织同学参加各种文体活动，为班级争取了多项荣誉；我对电子技术特别感兴趣，也可以说这是我的专长，我曾代表学校参加了全省电子技术技能大赛，获得二等奖的好成绩。为了弥补自身工作经验的不足，去年暑假我到长沙市××电子公司生产一线参加了社会实践，这增强了我的吃苦精神，同时也获得了很多宝贵的经验。当然我也有一些不足的地方，但我相信通过今后在工作岗位上虚心学习，我一定能克服。根据贵公司的招聘要求，我觉得自己是比较合适的人选，希望我能为贵公司做贡献！”听完王××的介绍，面试官微笑着频频点头。

从上例可以看出，毕业生在面试时可重点介绍自己学过哪些课程、成绩如何、有何特长。能够显示自己优势的可以详细讲述，而且与招聘内容联系起来。例如，参加技能大赛获奖，显示了应聘者的技术水平，可以说正符合招聘公司心意。所以，能够立刻引起面试官的兴趣。在校参加的社会实践经历也很重要，特别是自己的收获或者得到了哪些提高等。总之，要给人以自信、谦逊、不卑不亢的印象。

(七)告别礼仪

面试的告别礼仪是每个求职者在面试结束时都应遵守的行为规范。在面试结束时，求职者应主动起立，面带微笑，向面试官致以谢意，以示对面试官的尊重。在离开面试房间时，可以将椅子轻轻放回原位，收拾、清理好自己的物品，以保持面试现场的整洁。在离开时，要礼貌地向面试官道别。

(八)电话求职礼仪

在求职过程中，求职者经常需要通过电话来与招聘单位的相关人员进行沟通、联系。通过电话，求职者可以将自己的良好形象展示出来，为自己争取到更多的就业机会。因此，求职者有必要掌握一些电话沟通礼仪。

1. 接电话的礼仪

在接听来电的过程中，求职者应左手持手机，右手拿笔以便记录，主动报出自己的姓名，确认来电者的身份及姓名，注意语言和语气，复诵来电要点，最后道谢，并要等对方先挂断。

2. 打电话的礼仪

打电话前应确定如何称呼对方，确认号码拨打正确等。拨通电话后，求职者应该主动报上自己的姓名，以便让对方大致了解通电话的是什么人、具体是为了什么事情。在通话过程中，要始终专心应答，注意复诵重要事项。

知识延伸

电话求职的注意事项

(1)早上刚上班和下午准备要下班这两个时间段，通常都是用人单位最忙碌的时候，打电话要注意避开这两个时间段。

(2)通话后要先礼貌地向对方打招呼，比如“我有几个问题想要请教，请问您现在方便吗”，以免打扰对方的工作，留下不佳的印象。

(3)打电话时应在安静的场所，因为，在嘈杂的环境中，除了听不清楚对方所说的话之外，也容易让人焦躁。

(4)注意控制通话时间，尤其是要控制自我介绍的时间，力争在3～5分钟内将自己的情况向对方介绍清楚。

良好的礼仪在求职过程中可能会起到意想不到的效果，大学生在求职时，应该特别留意有关人际交往的基本礼仪规范，只有这样才能充分传递出当代大学生良好的精神风貌，增加应聘成功的可能性。当然，良好的礼仪规范不可能轻而易举地养成，往往需要长期的积累。大学生平时在生活、学习中应注意自我约束和规范，日积月累才能养成良好的人际交往礼仪，从而成为表里如一、内外兼修的有用人才。

二、笔试和面试

(一)笔试

一些用人单位，尤其是中小企业，在招聘人才时往往以面试为主，而一些专业岗位、大型企业则通常会在面试前加上笔试环节。笔试是考查求职者理论知识的一种书面考试形式，用以考核求职者特定的知识、专业技术或求职者对文字的运用能力等。相对于面试，笔试不受面试官主观态度的影响，更加公平，目前已被越来越多的用人单位采用。

1. 笔试的种类

常见的笔试可以分为以下五种类型。

(1)专业考试。专业考试主要是为了检验求职者的专业水平和相关能力。用人单位一般从大学生的成绩单就可以大致了解其知识水平，但一些专业性较高的岗位需要通过笔试的方式对求职者的专业水平进行考核。例如，涉外贸易岗位要考核外语水平，金融岗位要考核金融专业知识等。

(2)心理素质测试。当前，用人单位越来越关注求职者的态度、兴趣、动机、个性等心理素质，这使得心理素质测试的应用越来越普遍。用人单位一般采用事先设计好的标准化调查问卷，对求职者的心理素质进行简单的测试。

(3)技能水平测试。技能水平测试实际考查的是求职者的动手能力和实践能力，一般是考核工作中需要使用的技能。例如，操作计算机的能力，英语会话和阅读的能力，以及财务、法律、驾驶等方面的专业能力等。

(4)命题写作。有些用人单位通过议论文或公文写作等方式来考查求职者的文字表达能力及分析归纳能力。例如，限时写出一份会议通知、请示报告或某项工作总结；也可能提出一个论点，让求职者予以论证和辨析等。

(5)文化素质测试。文化素质测试通常用于检验求职者的文化素质，由用人单位给出测试范围或特定要求，让求职者撰写具体的文字内容来考查其知识、思维、文字表达能力。文化素质测试的题目以开放性题目居多，例如，要求求职者运用某一原理或某一历史知识分析某一问题，或者要求求职者运用某一专业知识解决某个实际问题等。

2. 笔试的准备

笔试前的准备工作包括以下两个方面。

(1)调整身心状态。笔试时的良好表现需要良好的身心状态做支撑。大学生在参加笔试前，要正确评价自己，树立自信心，调整好自己的心理状态，同时保持充足的睡眠。另外，大学生也可以在笔试前参加一些文体活动，使高度紧张的大脑得到放松和休息，保持精力充沛。

精选案例

精力不济的应聘者

蔡涛对于求职非常积极，他同时和多个用人单位沟通，将自己的日程安排得满满当当。这天，他刚刚结束两个小时的车程来到市中心参加一个面试就接到了一个电话。这通电话是他前几天投递简历的公司人力资源打来的，邀请他近期参加该公司的笔试。蔡涛很看重这个岗位，但自己最近几天都有事，只能将该公司的笔试安排在第二天上午。当天的面试一直持续到下午，蔡涛又花了两个小时回到住处，此时他已疲惫不堪，草草洗漱之后便睡了。第二天闹钟响起时，蔡涛勉强打起精神起了床，简单收拾了一下就去参加笔试。在路上，他买了一杯咖啡提神。到了笔试现场，他发现试卷题量很大，而且有一些很费精力的改错题和计算题。蔡涛做题做到一半就觉得脑袋昏沉，虽然强撑着做完了题，但是感觉并不好。果不其然，蔡涛犯了几个低级错误，他没有通过这个公司的笔试。

(2)增加知识储备。笔试归根到底还是对知识的考查，大学生要想取得良好的笔试成绩，就需要学好专业知识，并广泛地涉猎和积累其他方面的知识。大学生应该通过平时的积累和必要的复习做好笔试的准备。

(二)面试

面试是一种在特定的场景下经过精心设计的，面试官与求职者双方采取面对面观察、交谈等双向沟通方式，以了解求职者的素质特征、能力状况及求职动机的人员选拔方法。面试给用人单位和求职者提供了双向交流的机会，让用人单位和求职者相互了解，从而使双方都能更好地做出决定，是目前主要的招聘考核方式。

精选案例

在一个小型会议室里，某公司正在对前来应聘的大学毕业生进行面试。以下是毕业生何华与面试官的对话实录。

何华：各位面试官好！

面试官：请坐！请你介绍一下自己。

何华：非常高兴你们到我们学校来招聘毕业生，我叫何华，是本校计算机系的应届毕业生。我对软件开发很有兴趣，在这方面投入了不少精力；同时作为班级干部也参与、组织了不少社会活动，应该说大学期间我在这两个方面都有不少的收获。这是我的成绩单和个人简历，请你们过目。

面试官：你了解我们公司吗？

何华：贵公司是全国著名的电信公司，我从上大学起就十分向往毕业后到贵公司工作。我认为到贵公司工作能最大程度地展示我的才华，我不怕吃苦，就怕无事可做。

面试官：上大学时你为什么报考计算机专业？

何华：说实话当时报考计算机专业是老师和家长的主意。但我在学习了计算机方面的知识后就深深地爱上了这个专业。特别是随着信息时代的到来，我对计算机这个专业的发展前景非常有信心。

面试官：你学过的课程与我们的工作有什么关系？

何华：我想，计算机技术的广泛应用是电信业的特点和发展趋势。我们计算机专业的课程设置几乎涵盖了硬件和软件技术的主要方面，这为我打下了坚实的理论基础，同时也使我拥有了较强的适应能力。前面我已说过我对软件开发很有兴趣，我想我在这方面的知识和能力也许是将来的工作所需要的。

面试官：你喜欢你们的学校吗？你们系的老师怎么样？

何华：我非常喜爱我的学校，我也非常尊敬我的老师，因为我在学校学到了知识，从老师身上学会了做人。

面试官：你还有哪些特长和爱好？

何华：除了专业外，我还具有一定的组织管理能力，喜欢抽象派美术作品和流行音乐，也喜欢背起行囊到处去旅游。

面试官：你有哪些缺点？

何华：我得承认我还缺乏实际工作经验，这方面的不足还需要在今后的工作实践中不断学习和弥补。

面试官：你对加班、出差怎么看？

何华：我近几年内不会考虑结婚，没有家庭方面的顾虑，加班应该没有问题。至于出差更是我所乐意的。

面试官：你是否打算将来继续深造？

何华：我想先工作几年，积累一些经验，发现自身的一些不足，然后进一步发展自己。

面试官：你有什么问题要问吗？

何华：贵公司什么时候能给我一个明确的结果？

面试官：一个星期内我们将公布此次招聘的毕业生名单。

何华：谢谢你们，我可以走了吗？

面试官：再见！

这个案例展现的是一个典型的面试过程，面试官所提的问题是面试时常常涉及的问题，毕业生何华的回答也称得上圆满。

1. 面试的形式和类型

面试的形式主要有问题式、压力式、随意式、情景式、专场式五种，在实际面试的过程中，用人单位可能会使用一种面试形式，也可能使用几种面试形式的组合。大学生只有熟悉所有的面试形式，才能在面试时发挥出正常水平。

按照不同的分类方式，可以将面试分为不同的类型。由于技术的发展，未来还可能出现更多类型的面试。目前，常见的面试类型主要有以下四种。

(1)单独面试和集体面试。按照每次参加面试的人数，面试可分为单独面试和集体面试。

①单独面试。单独面试是指用人单位的面试官逐个与求职者单独面谈的面试方式，这是最普遍、最基本的一种面试类型。单独面试能够提供面对面的机会，让面试双方深入地交流。单独面试又可以分为两种类型：一种是只有一位面试官负责整个面试过程，这种面试大多在较小规模的用人单位录用较低职位人员时采用；另一种是多位面试官参加整个面试过程，但面试官每次均只与一位求职者交谈，国家公务员的面试大多采用这种类型。

②集体面试。集体面试通常也称小组面试，是指多位求职者同时面对面试官的一种面试方式。集体面试通常会要求求职者自行组成小组进行讨论，或者相互协作解决某一问题，甚至让求职者轮流担任领导，主持会议、发表演说等。这种面试类型主要用于考查求职者的人际沟通能力、洞察力以及在不同环境中的应变能力、领导能力等。

知识延伸

如何在小组面试中脱颖而出？

(1)放下包袱，大胆开口，抢先发言。对于每个小组成员来说，机会只有一次，如果胆小怯场，沉默不语，不敢大方发言，那就等于失去了被考察的机会，结局自然不妙。当然，如果能在组织好材料的基础上，做到第一个发言，那效果就会更好，给人的印象也最深。

(2)逻辑严密，论证充分，辩驳有力。小组讨论中，不是谁的嗓门大谁就能得高分，面试官借提问来考察一个人的语言能力、思维能力及业务能力，不着边际地夸夸其谈只会使自己在大庭广众中出丑，将自己的不足之处暴露无遗。语不在多而在于精，观点鲜明，论证严密，一语中的，才能起到一鸣惊人的效果。

(3)尊重队友的观点，友善待人，不恶语相向。相信每一个小组成员都想抓住机会多发言，以便突显自己，但为了表现自己，对对方的观点无端攻击、横加指责、恶语相向，往往只会导致自己最早出局。哪个用人单位愿意聘用一个不重视团队合作，为抬高自己而贬低他人的人呢？

(4)掏出纸笔，记录要点，做到与众不同。别人在滔滔不绝，你却掏出纸笔，将其有关观点记下或加以分析，这样很容易使自己“鹤立鸡群”，让面试官眼前一亮，记住你的名字。

(5)逐一点评，最后总结，充当领导者。在讨论结束之前，如你能将各成员发言的要点一一点评，分析优劣，点评不足，并适时拿出令人信服的论据，使自己处于讨论的中心，无形中便使自己成了领导者的角色，自然也就为自己成功“入阁”增加了筹码。

(6)上交讨论提纲，条理清晰，再露一手。将最后的讨论纪要迅速整理成文，一目了然，上交面试官，既展示了自己流畅的文字功底，又给人办事得力、精明能干的好印象。这样就更易在面试中胜出。

(2)一次性面试和分阶段面试。按照求职者参与面试的次数，面试可分为一次性面试和分阶段面试。

①一次性面试。一次性面试是指用人单位对求职者的面试集中于一次进行的面试形式。在这种类型的面试中，面试官通常由用人单位人事部门负责人、业务部门负责人及人事测评专家组成。大学毕业生在参加一次性面试前，必须集中精力、认真准备、全力以赴，因为一次性面试的表现好坏通常将直接决定自己是否通过面试，甚至是否被录用。

②分阶段面试。分阶段面试是指用人单位将面试分为不同的阶段，通过不同阶段的面试来筛选求职者，并逐步了解求职者的个人素质和专业技能的一种面试形式。分阶段面试又可分为顺序面试和逐步面试两种类型。

顺序面试一般有初试、复试和综合评定三个流程。初试的目的是从众多求职者中筛选出较好的人选，主要通过对求职者的仪表风度、工作态度、上进心、进取精神等项目的测评，将明显不合格者予以淘汰。初试合格者进入复试，复试以测试求职者的专业知识和业务技能为主，并以此判定求职者是否胜任拟任工作岗位。复试结束后即进入综合评定阶段，由人事部门会同用人部门综合评定最终入围的求职者的成绩和个人素质，确定最终合格的人选。

逐步面试是由用人单位的人事部门或用人部门的领导和上级领导，以及一般的工作人员组成面试小组，按照小组成员岗位级别由低到高的顺序，依次对求职者进行面试。在逐步面试中，面试内容依岗位级别各有侧重，基层岗位级别的面试官一般以考查专业及业务知识和技能为主，中层岗位级别的面试官以考查个人素质和综合能力为主，高层岗位级别的面试官则对求职者进行全面考查并最终把关。大学生如果要参加这种类型的面试，应对各层级面试的要求做到心中有数，力争给每个层级的面试官都留下好印象。

(3)结构化面试、非结构化面试和半结构化面试。按照面试程序的固定程度，面试可分为结构化面试、非结构化面试和半结构化面试。

①结构化面试。根据特定职位的胜任要求，遵循固定的程序，采用专门的题库、评价标准和评价方法而开展的面试。在结构化面试中，所有的求职者都采取相同的测试流程，面试评价也有规范的、可操作的评价标准。结构化面试具有试题固定、程序严谨、评分统一等特点，适合规模较大、组织性与规范性较强的录用面试，如公务员面试和一些银行统一组织的面试。

②非结构化面试。非结构化面试也称随机面试，与结构化面试相反，所问问题无须遵循事先安排好的规则和框架，面试官可以任意地与求职者讨论各种话题，或根据求职者提出不同的问题来进行。但是由于没有统一的标准，求职者之间的比较并不直观，面试的信度和效度较低，常用于小规模

面试。

③半结构化面试。半结构化面试介于非结构化面试和结构化面试之间，半结构化面试有效地避免了两者的不足，因而得到越来越广泛的使用。具体而言，半结构化面试又有两种方式：一是面试官提前准备重要问题，但不按照固定次序提问，且可讨论在面试过程中出现的需进一步调查的问题；二是面试官依据事先规划好的一系列问题向求职者提问，根据不同的问题类型设计不同的问题表格。

(4)视频面试。通常情况下，面试是求职者和面试官的面对面交流，“面试”也由此得名，而视频面试打破了时间和空间的限制，让双方能够通过网络实现“面对面”。视频面试包括在线视频面试和异步视频面试两种类型。

①在线视频面试。在线视频面试是指通过即时通信软件进行在线同步面试，求职者和面试官双方在空间上是相离的，而在时间上是同步的。

②异步视频面试。异步视频面试是指利用异步视频面试系统进行面试的面试类型。面试官只需要用短信或者邮件将面试问题发给求职者，求职者可以利用智能手机等设备录制并上传面试视频，然后面试官通过观看、评价和比较视频，完成对求职者的筛选。求职者和面试官双方在时间和空间上都相离。

视频面试形式灵活，省去了交通上的麻烦，在未来会得到更广泛的应用。进行视频面试时，求职者一定要保证网络的顺畅，同时要保证自己的面试环境不受影响。

2. 面试的准备

做任何事情之前准备工作都是必需的，不打无准备之仗，面试也一样，只有充分准备才能应对自如。

精选案例

你了解我们公司吗?

某高校毕业生小李接到用人单位的面试通知后就积极地为面试做准备。从求职信、个人简历到着装等各方面他都做了认真的准备。

面试的时候，小李对面试官提出的包括学习成绩、个人特长、工作期望等方面的问题都应答自如，从面试官的表情来看，小李感觉到面试官对他的回答是满意的。就在面试接近尾声时，面试官问了小李一个问题：“小李同学，从你的回答来看，你事先对这次面试做了比较充分的准备，说明你对我们公司和这次面试很重视。那你知道我们公司是干什么的吗?”“干什么的?”小李一下子蒙了，他还真没注意了解公司是干什么的。他只好尴尬地说：“对不起，这一点还没来得及进行足够的关注……”面试官听了，笑了笑说：“好了，小李同学，今天的面试就到这里，你回去等我们的通知吧。”最后，小李没有被该公司录用。

小李的面试经历告诉我们，面试前我们不仅要总结自己各方面的情况，还要全面了解用人单位的基本情况。“知己知彼”才能“百战不殆”，顺利通过面试这一关。

(1)面试前要了解的问题。

①了解行业有关的必要知识。在面试前应研究该行业的相关情况，建议求职者至少对该行业的性质、动态、趋势及发展方向有所了解。

②了解要面试的用人单位的情况。对自己即将面试的用人单位有足够的了解可以让面试官知道求

职者求职的诚意。求职者需要认真考虑该用人单位是否适合自己，还要指出它的哪些与众不同的特点吸引了自己，以及为什么该用人单位对自己而言是更好的选择。例如，该公司的主要产品或服务、公司的主要竞争者、公司的独特之处、公司的效益和发展前景、公司的企业文化等。

③了解特定职位的必备知识。在面试前，求职者还应该通过多种渠道了解自己所应聘职位相应的职能和责任。例如，这个职位要求求职者拥有何等学历和工作经验？求职者的基本任务和职能是什么？求职者的工作是团队合作型还是个人奋斗型？这项工作有什么特别的技术要求或其他技能要求？

(2)面试前的准备。

①相关的资料准备。相关资料除前面提到的，还包括邀请求职者面试的信函、用人单位的资料、用人单位的地址、电话号码以及与面试有关的人员联系方式等。

②出行前的准备。不管求职者采用哪种出行方式，要确保有充分的时间余量。如果是电话通知面试，一定要问清楚怎么到达方便，特别是问清楚到了用人单位之后怎么找到面试场所。很多人接到面试电话，只会说“好，好的”，然后还得自己去查怎么走，往往事倍功半，甚至耽误了面试时间。事先问清楚，事半功倍的同时又说明求职者考虑周到。

③模拟演练准备。语言能客观地反映一个人的文化素质和内涵修养，求职者对面试中提出的问题要尽量做到心中有数、对答如流，恰到好处而不夸大其词。面试时，考官通常会问一些可能涉及岗位所需要的专业知识或者应聘者个人的性格、兴趣爱好，对工作的态度、工作能力及对一些社会问题的看法等方面的问题。不同的招聘面试会提出不同的问题，但有些问题比较常见，需要求职者提前认真准备。

精选案例

常见面试问题的分析及答题思路

1. 你有哪些优点？

分析：这样的问题是测试你是否能突出重点并把它清楚、流畅地表达出来。面试官想让你把你的优点和想要得到的职位联系起来。

回答对策：你的回答应当首先强调你已具有的技能。你可以在后面详细地介绍与工作有关的技能。回答时，一定要简明扼要。

回答样板：“我具有朝着目标努力工作的能力。一旦我下定决心做某事，我就要把它做好。例如，我的志愿是成为一个出色的公关经理，我喜欢接触不同的人。为了实现这个目标，我目前正在修读有关课程。”

总结：如“我的学习能力、适应能力很强”“人际关系很好”等都是可提出的优点，但要尽可能提供与工作相关的证据，这会使你与众不同。

2. 你什么缺点？

分析：这是个棘手的问题。面试官试图使你处于不利的境地，观察你在类似的工作困境中将做出什么反应。

回答对策：回答这样的问题应诚实。完满的回答应该是用简洁正面的介绍抵消反面的问题。

回答样板：“我需要学会更耐心一点。我的性子比较急，我总想把工作赶在第一时间完成。我不能容忍对工作懈怠。”

总结：回答的虽是自身的缺点，但却表现了正面的效果，对工作的积极抵消了负面影响。

3. 你期望的薪酬是多少？

分析：如果你对薪酬的要求太低，那显然贬低了自己的能力；如果你对薪酬的要求太高，那又可能让用人单位承用不起。一些用人单位通常都事先对招聘的职位定下开支预算，因而它们第一次提出的薪酬往往是它们所能给予的最高薪酬。它们问求职者只不过想确定一下这笔钱是否可以引起求职者对该工作的兴趣。

回答对策：在商谈薪酬之前，求职者已经调查了解了自己所从事工作的合理的市场价值。在与对方商谈时，不妨尽可能地插入“合理的”和“市场价值”等词汇。切记，商谈时降低原来的开价轻而易举，但一旦开出低价后想再提上去就很难了。

如果求职者尚未彻底表现自我价值，面试官就会提这个问题考求职者，求职者不妨参考以下答案。

回答样板：“薪酬不是我唯一关心的事。我想先谈谈我对贵公司所能做的贡献，如果您允许的话”“我对薪酬没有硬性要求。我相信贵公司有自己的、成熟的薪酬体系。我注重的是找对工作，所以只要条件公平合理，我不会计较太多。”

总结：如果该用人单位需要你，它们会乐于满足你的要求。一旦求职者对它们提出的标准说“不”，那么，面试基本上是通不过的。

4. 你对以后有什么打算？

分析：这个问题是在考查求职者的工作动机。对方是在探究是否可以信任求职者把工作长久地干下去，而且干得好。

回答对策：求职者应该坦率、正面地回答面试官关心的问题。

回答样板：“我想在××领域发展，我在大学所学的专业也与之对口。我之所以选择来贵公司应聘，是因为贵公司在××领域的发展非常有前景，而我的专业技能也与应聘的职位相匹配。如果我能进入贵公司工作，我将尽量提升自己在××方面的能力，争取2年能独立承担项目(业务)，3～5年内成为公司这一领域的精英，更好地为公司的发展做贡献。”

总结：对于面试官的提问，首先是了解其提问的目的性，然后结合自己的实际情况，有针对性地予以回复。

5. 你为什么要应聘这个职位？

分析：面试官想了解求职者是否是那种无论在什么公司工作都可以的人。若果真如此，面试官就不会对求职者感兴趣。用人单位想找能在工作中解决问题的人。它们认为这样的人工作起来更努力，更有效率。

回答对策：这个问题实际上有两个方面的含义，一是为什么选择这个职位，二是为什么选择这个用人单位。求职者事先了解自己的技能和兴趣适合哪些工作非常重要。要回答这个问题，就要谈到求职者选择工作目标的动机，所具备的技能，参加的各种专业培训，或拥有的与职务有关的证书。

回答样板：“我花费了很多时间考虑各种职业的可能性，我认为这方面的工作最适合我，原因是这项工作要求的许多技能都是我擅长的。举例说明，分析问题和解决问题是我的强项，在以前的工作中我通常能比别人更早地发现和解决问题。如果我有幸在这里工作，我将证实我自身的价值，并与公司共同发展。”

总结：这种回答巧妙地运用了“提供证据”的技巧，符合一个出色的应聘者的身份。

总之，应聘活动是一个双向选择的活动，很难说一定能成功。毕业生要把求职面试看作锻炼能力和锤炼意志的舞台，胜不骄，败不馁。

3. 面试的技巧

虽然各个用人单位的面试形式不一，但万变不离其宗，面试的许多环节都是有章可循的。大学生如果掌握了相关的面试技巧，就能够在面试中有更好的表现。

(1)语言表达的技巧。语言是人们表达信息最主要的媒介，在面试过程中，求职者和面试官的沟通也主要依托语言。面试时的语言表达，反映了大学生的综合素养和成熟程度，也是决定面试结果的关键。

①讲话清晰，表达流利。大学生在面试时要注意发音准确、吐字清晰，还要注意控制语速，如无特殊需要，避免使用口头禅、方言等不正式的语言。

②语言幽默。大学生在面试时除了要表达清晰外，还可以适当穿插一些幽默的语言，这样既能活跃谈话气氛，也能展示自己的人格魅力。尤其是遇到难以回答的问题时，机智幽默的语言会显示出自己的聪明智慧，有助于化险为夷，并给面试官留下良好的印象。

③注意面试官的反应。求职面试不同于演讲，大学生在面试时应随时注意面试官的反应。例如，面试官心不在焉，可能因为对自己的表达没有兴趣；面试官侧耳倾听，可能因为自己音量过小使对方难以听清；面试官皱眉、摇头，可能因为自己的言语有不当之处。大学生要根据面试官的这些反应，适时地调整自己的语言、语调、音量和陈述内容等。

(2)倾听的技巧。面试交流的过程中不仅有“说”，还有“听”，甚至“听”比“说”还要重要，因此大学生还要掌握倾听的技巧。正确而有效的倾听不仅仅是听清，更重要的是听懂。只有做到了听懂，大学生才能根据面试官的意思给出令面试官满意的答案。为了做到有效倾听，大学生在听面试官讲话时应该做到以下三点。

①耐心。一些大学生在面试中表现得过于积极，当面试官提到了一些自己非常熟悉且简单的话题时，没等面试官说完就打断面试官的话，断章取义地解读。这是一种非常不礼貌的行为，是对面试官的不尊重。还有一些大学生小心翼翼地通过了专业知识的问答环节，在面试接近尾声时，得到了面试官的正面评价，于是心里暗自窃喜，开始憧憬未来，一不小心就分了神，没注意听面试官正在说的内容，这也会影响面试官对大学生的印象和最终评分。

②配合。体现大学生认真倾听的最好方法就是积极与面试官配合，对面试官提出的观点表示赞同或是提出自己的意见，还可以就面试官提出的问题进行提问。从这样的举动中，面试官可以清楚地知道求职者是否在仔细地听自己说话。

③专心。专心是听懂面试官问题的最好方法，听面试官提问的时候，大学生要始终全神贯注，保持饱满的精神状态，专心致志地注视着对方。同时，大学生应善于从面试官所说的话中发现和提炼出问题的本质。

不仅要倾听面试官说的事实内容，还要留意其表现的情绪，并加以捕捉；注意面试官尽量避而不谈的某些方面，这些方面可能正是问题的关键所在；关注中心问题，思维不要混乱；不要过早地做出判断和得出结论；注意面试官的非言语信息，如肢体动作、表情等。

大学生在面试中听到难以理解或复杂的信息时不要害怕。面试录用的原则是优胜劣汰，对自己来说难以理解或复杂的信息对别人来讲可能同样困难。面对这种情况，大学生可将其当作让自己脱颖而出的考验，一定要保持镇静和自信，尽自己的努力去解决问题。

(3)问答的技巧。大学生与面试官的交流主要以问答的形式进行，通常是面试官提问大学生回答，有时大学生也可以主动向面试官提出一些问题，因此大学生既要学会答，也要学会问。下面就从答与问两个方面来介绍。

①回答问题的技巧。大学生与面试官交流时，主要是应答。面试官通常会向大学生提出各种问题。而大学生的回答将成为面试考核的主要内容和最终结果的参考因素。在应答时，大学生应该注意以下几点。

一是论点先行。大学生在回答问题时，要考虑自己所说内容的结构，用尽可能短的时间组织好说话的顺序。一般来说，回答一个问题时，大学生可以首先提出自己对问题的基本观点，然后逐一用资料来论证、解释。

二是扬长避短。在面试过程中，大学生需要在有限的时间内充分体现自己的优势，当然，扬长避短既不是瞒天过海，更不是弄虚作假，而是灵活性与掩饰性技巧的体现。

三是举例论证。在面试过程中，大学生可以适当举例，运用语言表达的技巧对面试官的问题做侧面的回答，“事实胜于雄辩”，适当举例会使自己的观点得到更加充分的论证。

②提出问题的技巧。大学生主动向面试官提问有一种“反客为主”的意味，稍有不慎就可能使对方感到不快，但是提问也是展示个人思想和素质的一种重要手段。因此提问时，大学生应注意方式方法。

一是提对方能回答的问题。大学生提出的问题要视对方的身份而定，要让对方能够回答。例如，如果想了解用人单位的员工人数、组织架构、主要业务等方面的问题，就不要向一般工作人员提问，而要向相关负责人提问。

二是注意提问的时间。大学生要把不同的问题安排在谈话进程的不同阶段，有的问题可在谈话一开始就提出，有的可以在谈话过程中提出，有的则应放在快结束时再提出。

三是需注意提问的方式、语气。有些问题，大学生可以直截了当地提出来，而有些问题则要委婉且含蓄地提出。此外，大学生在询问时一定要注意语气，要给面试官一种诚挚、谦逊的感觉，不可以使用质问的语气。

4. 面试后的注意事项

面试结束并不意味着求职过程结束了，也不意味着求职者就只用等待聘用通知的到来即可。许多求职者只留意应聘面试时的礼仪，而忽略了应聘后的善后工作。其实，面试之后，求职者还可以做以下事情。

(1)打个电话或写一封感谢信。为了加深面试官对求职者的印象，增加求职成功的可能，在面试之后，求职者可以给面试官、秘书或接待人员打个电话或写一封信(可以通过邮件、微信、短信等)表示感谢。致谢电话要简短，感谢信也不要太长，在信中，求职者应该进一步表达自己得到这份工作的愿望。感谢信是整个面试过程的最后一步，它会给大多数用人单位留下深刻的印象。据调查，10 个求职者往往有 9 个人不写感谢信，如果求职者没有忽略这个环节，就会显得格外突出。当面试官在几个求职者之间犹豫不决时，一封感谢信会使你凸显出来，让面试官觉得你就是他想要招的人。

精选案例

感谢信

尊敬的××先生：

感谢您昨天为我的面试花费了时间和精力。和您的谈话我觉得很愉快，并且了解到许多关于贵公司的情况，包括公司的历史、管理形式以及公司的宗旨。正像我已经谈到过的，我的专业知识、经验和成绩对贵公司是很有用的，尤其是我的吃苦精神和学习钻研能力。我还在公司、您和我之间发现了思维方法和管理方法上的许多共同点，我对贵公司的前景非常有信心，希望有机会和你们一起，为贵公司的发展共同努力。

再一次感谢您，并希望有机会与您再谈。

求职者：×××

××××年××月××日

(2)查询结果。一般来说，如果面试两周后或者面试官许诺的通知时间到了，求职者还没有收到对方的答复，就应该联系招聘单位或面试官，询问对方是否已经做出了决定。询问时，大学生可以重申自己的特点与所应聘岗位相符等有利于自己的各种条件或依据。

第三节　就业权益与法律保障

一、认识就业权益，学会自我保护

大学生在就业方面的权利与义务都是有法可依的，这要求大学生正确行使自己的权利并履行相应的义务，做到依法就业。要实现依法就业，大学生首先要了解自己在就业上拥有哪些权利与应承担哪些义务。

(一)大学生就业的基本权利

就业过程中，大学生享有的权利主要包括接受就业指导权、被推荐权、就业信息知情权、自主择业权、平等就业权、违约及补偿权。

1. 接受就业指导权

《中华人民共和国高等教育法》第五十九条规定："高等学校应当为毕业生、结业生提供就业指导和服务。"由此可见，接受来自国家、社会和学校的就业指导与服务，是大学生的一项重要权利。

各高校都应成立专门机构、开设专门课程、安排专门人员对大学生进行全方位的就业指导与服务，其中包括宣传国家关于大学生就业的方针、政策，对大学生进行求职技巧指导，引导大学生根据实际情况择业等。大学生通过接受就业指导，可以对自身进行准确定位，合理择业。

2. 被推荐权

向用人单位推荐大学生是高校就业指导工作的一个重要职责。实践证明，高校推荐与否在一定程度上影响用人单位是否录用大学生。大学生在被高校推荐的过程中，享有如实推荐、公正推荐、择优推荐的权利。

3. 就业信息知情权

就业信息知情权是指大学生拥有及时、全面地获取应该公开的各种就业信息的权利。它包括三个方面的含义。

(1)信息公开。就业信息应向所有大学生公开，任何团体、组织和个人都不得隐瞒、截留就业信息。

(2)信息及时。就业信息有很强的时效性，所以应及时、有效地向大学生公布，以免失去利用价值，影响大学生就业。

(3)信息全面。就业信息应当全面、完整，以使大学生对用人单位有全面的了解，从而做出符合自身需求的选择。

4. 自主择业权

根据国家有关规定，毕业生可以在国家就业方针、政策指导下“双向选择，自主择业”，即毕业生可以按照自己的兴趣、爱好和能力选择自己喜欢和擅长的职业，同时毕业生还有权决定自己何时就业、在何地就业等。家长、学校和用人单位可以为初出校门、缺乏工作经验的毕业生提供建议和引导，但不能强迫或限制他们选择职业。

5. 平等就业权

大学生在就业过程中享有平等的就业权。所谓平等，是指大学生有公平的机会去竞争工作岗位，反对就业中的各种歧视行为，如性别歧视、学历歧视、地域歧视、身体条件歧视和经验歧视等。

大学生应当平等地接受学校推荐，平等地参加用人单位的公开招聘，公平、公正地被用人单位录用。如果在就业过程中遇到不公平待遇，大学生可通过合法途径维护自己的权利。

6. 违约及补偿权

用人单位、学校、毕业生三方签订就业协议后，任何一方不得擅自毁约。如任何一方无故要求解约，都必须承担相应的违约责任。大学毕业生享有的违约及补偿权，具体分为解除协议权、申诉权和求偿权。

(1)解除协议权。签订协议后，如果毕业生的权益或人身自由、人身安全被用人单位严重侵害，大学毕业生可以主动提出解除协议。

(2)申诉权。遭遇劳动关系纠纷时，毕业生享有向劳动争议仲裁委员会申请仲裁的权利，若对仲裁裁决不满意，还可以向人民法院起诉。

(3)求偿权。用人单位违约时，毕业生有要求违约方承担违约责任、获得赔偿的权利。

(二)大学生就业的基本义务

享有权利的同时也需要承担相应的义务，大学生在就业上也是如此。大学生就业的基本义务主要包括回报国家、服务社会的义务；向用人单位如实介绍个人情况的义务；配合学校完成毕业交接的义务；严格遵守和履行就业协议的义务；按规定期限到用人单位报到的义务；依照职责完成工作任务的义务；保守商业机密的义务；等等。

1. 回报国家、服务社会的义务

《中华人民共和国宪法》第四十二条规定：“中华人民共和国公民有劳动的权利和义务。”对大学生而言，大学生有自主择业的权利，但也有服从国家需要的义务。大学生应从大局出发，认真执行国家的方针、政策，根据需要为国家服务。

按照“得之于社会、还之于社会、报之于社会”的原则，大学生应依托自己的职业行为，发挥自己的专业优势来回报国家、服务社会，履行自己的义务。

2. 向用人单位如实介绍个人情况的义务

大学生在求职择业的过程中应如实地向用人单位介绍自己的情况，这既是基本的职业道德，也是自己应尽的义务。

大学生在填写就业推荐表、自荐信，与用人单位洽谈、介绍自己时，必须实事求是，不得弄虚作假，不能回避自己的缺点，也不可隐瞒自己的过失，应该坦诚相见。只有如实地介绍自己的情况，才能让用人单位觉得可信、可靠，从而获得用人单位的信任。

如果大学生提供虚假信息，不仅会耽误用人单位录取优秀人才，也会让用人单位对大学生失去信任，甚至会有发生争议的风险。

3. 配合学校完成毕业交接的义务

大学生在离校前，学校要根据《普通高等学校学生管理规定》《高等学校学生行为准则》等规定的要求，结合大学生在校期间各方面的基本情况，实事求是地做出鉴定。大学生应该认真总结，并积极配合学校做好此项工作，切实履行好此项义务。

4. 严格遵守和履行就业协议的义务

大学生与用人单位通过双向选择签订就业协议后，就应严格遵守和履行就业协议，保证就业协议顺利履行。表里如一、言行一致是做人的基本准则，也是大学生应尽的义务。

就业协议一经签订就不能随便违约，一旦违约，不仅会影响学校正常的就业秩序，而且还会损害用人单位、学校以及其他同学等各方的利益。因此，大学生应该慎重签约，严格履约。

5. 按规定期限到用人单位报到的义务

大学生办理完离校手续后，应按规定期限到用人单位报到。未到用人单位报到的大学生，学校不再负责其就业问题。

6. 依照职责完成工作任务的义务

大学生有义务遵守劳动纪律，积极努力地将自己的知识和才能充分展示出来，切实履行工作职责，认真完成所承担的工作任务，为用人单位的发展做出自己应有的贡献。

7. 保守商业机密的义务

一些用人单位在录用大学生之前，为了全方位了解大学生的情况，会安排大学生到本单位实习。实习期间，大学生要严格遵守用人单位的规章制度，尤其是对于一些商业机密，更要严加保守，防止侵权行为的发生。

精选案例

就业“双保险”

李琳琳是某高校的应届毕业生。像其他很多高校一样，她所在的学校每年5月都会举办校园双选会。李琳琳虽然一心想当一名公务员，也参加了国家公务员考试，但国家公务员考试的录取率很低，且笔试结果要在第二年才公布。于是在室友的建议下，为了上个“双保险”，李琳琳参加了校园双选会，并成功与一家用人单位签订了就业协议。第二年5月，国家公务员录取结果公布，李琳琳如愿以偿考上了公务员，于是她决定与原先签订了就业协议的用人单位解除协议，但是公司要求李琳琳按照就业协议的约定，缴纳3 000元的违约金。李琳琳一下子就蒙了。

《中华人民共和国民法典》第五百七十七条规定：“当事人一方不履行合同义务或者履行合同义务不符合约定的，应当承担继续履行、采取补救措施或者赔偿损失等违约责任。”案例中的主人公李琳琳盲目与用人单位签订就业协议，单方面要求提前解除协议时就需要按约定承担责任。

为避免这种情况，大学毕业生可以在就业协议中与用人单位约定“乙方在毕业离校前升学、入伍、被录用为国家公务员或参加国家及地方志愿服务项目，经书面告知对方后，本协议解除”。这样在考上公务员后，即可正常解约。

（三）如何保障自身权益

1. 增强自我保护意识

首先，求职前做好心理准备，端正求职心态，防止急躁情绪，保证平稳心态，防止因轻信而上当受骗。其次，对拟面试的用人单位应进行全面深入的了解，这样既是为顺利面试做准备，也是安全起见、未雨绸缪。签约前，毕业生应通过多种途径多方了解用人单位的各方面情况。最后，慎签就业协议和劳动合同，不可盲目、草率。签约时，毕业生应仔细阅读协议和劳动合同的各项条款，明确双方的权利和义务，不留漏洞，以免日后产生纠纷。

2. 增强法律意识

毕业生要学习掌握与就业有关的法律法规，当自己的权益遭受侵害时，能够积极运用法律武器维护自己的合法权益。尤其是在签订就业协议、劳动合同等容易“出漏洞”“钻空子”“设陷阱”的环节，切记要仔细阅读，达成一致，按法律法规进行。

3. 树立契约意识

无论是毕业生与用人单位、学校三方达成约定的就业协议，还是入职后与用人单位双方确立的劳动合同，都是当事人之间的一种契约。毕业生在签约时理应具备契约意识：一方面，通过协议，尽可能维护自身的合法权益；另一方面，应当严格遵守协议。毕业生有“跳槽”的自由，但同样有遵守协议的义务，不可擅自毁约、违约，扰乱正常的就业秩序，双方应共同营造良好有序的就业环境。

4. 掌握常用维权求助的途径

（1）依靠学校。毕业生在求职过程中遇到问题，权益受到侵犯时，可以及时向所在学院、所在学校的就业相关部门寻求帮助，学校有责任和义务协助毕业生维护其合法权益。

（2）依靠司法机关。毕业生与用人单位发生劳动人事争议，对于一般违规行为或争议不大的问题，双方可以通过协商解决；当事一方或双方不愿协商或协商未果的，可以向所在地区的劳动争议调解委员会提出调解申请；不愿调解、调解不成或达成调解协议后拒不履行的，可以向所在地区劳动争议仲裁委员会提出仲裁申请；对仲裁裁决不服的，除《中华人民共和国劳动争议调解仲裁法》另有规定的内容外，可向人民法院提起诉讼。

知识延伸

就业小贴士——谨防求职招聘骗局

(1)培训圈钱。打着招聘的名号，以培训结束保证工作的承诺“忽悠”毕业生加入高息贷款培训。

(2)招聘圈钱。借岗位招聘名义收取考务组织费等。

(3)第三方平台缴费。要求通过“××刷单”“××面对面红包”等方式交费，不留证据，维权困难。

(4)只试用不录用。用人单位趁业务繁忙时，大量招聘应届毕业生，承诺一过试用期表现良好的就给予丰厚待遇、保证录用。试用期一过，马上找各种理由解聘，试用期变“白用期”，毕业生成“免费劳力”；或不签订用工合同，试用期结束后只给车费、餐补等极少的费用。

这些“花式”骗术，涉及冒用正规单位名义、设置虚假岗位招聘、通过培训变相圈钱……求职者可以学习一些保护自己的方法。

方法一：拒绝公司口头承诺

为避免试用期变“白用期”，毕业生一旦入职就应当与单位签订劳动合同，且将薪资、福利、双方的义务等以细则、条文形式标注清楚，试用期和考核标准也都应该以书面的形式呈现，不要轻信用人单位的口头承诺。

方法二：时刻保持警惕

任何编造名目收取费用的用人单位都应谨慎对待，承诺未找到工作就全额退还押金的培训公司也不可轻信；不可随意将你的借记卡、信用卡信息提供给求职单位，不可将本人证件原件交付求职单位；对于业务范围模糊不清、招聘门槛低得吓人、福利待遇令人惊喜的用人单位，要慎之又慎；对于可疑邮件发送的面试信息，要三思而行，因为正规单位一般会有官方招聘网站和邮箱。

方法三：仔细阅读合同条款

了解清楚与求职单位签订的任何合同，提前知悉有关法律法规；了解求职单位提供的权益服务和你应当履行的职责，确保相应条款均在法律法规框架内，这样的合同才是有效且对求职者无害的。要警惕阴阳合同，小心偷梁换柱。

方法四：慎选中介公司

有部分中介公司为了获取求职者的信任，会与一些骗子公司合伙进行诈骗。后者以服装费、体检费、培训费、保险费、押金、手续费等名义向求职者收取钱款。如有些中介公司在收取服务费后，会谎称求职者众多，原计划招聘的岗位已满额，并要求留下联系方式，承诺一有合适单位就会尽快联系求职者，结果就是泥牛入海——杳无音讯，面对问询，往往还以各种借口敷衍应聘者。

方法五：避免独自到可疑地址面试

尤其是女同学远赴外地求职、面试时，尽量结伴出行，设置紧急联系人，及时告知家人和朋友相关行踪，不要单独外出，要注意保护自己。对面试地点偏僻、面试人员少或仅为你一人设置的面试，要谨慎与招聘人员联系，尽快离开方为上策。

对非经官方招聘会自行联系到的，经查询权威信息缺失、需求信息不清楚、网上相关信息少、待遇异常优渥的用人单位，要再三考虑其真实性。

二、掌握法律知识

(一)就业协议

根据国家关于做好普通高校毕业生就业工作的政策要求，为明确毕业生、用人单位、学校三方在毕业生就业工作中的权利和义务，毕业生、用人单位、学校须签订就业协议。《全国普通高等学校毕业生就业协议书》(以下简称“就业协议”)，由教育部统一制定、学校发放、毕业生签字、用人单位和学校盖章。

就业协议是普通高等学校毕业生和用人单位在正式确立劳动人事关系前，经双向选择，在规定期限内就确立就业关系、明确双方权利和义务而达成的书面协议；是用人单位确认毕业生相关信息是否真实可靠以及接收毕业生的重要凭据；是高校进行毕业生就业管理、编制就业方案以及毕业生办理就业落户手续等有关事项的重要依据。

1. 就业协议的主要内容

(1)毕业生的基本情况。毕业生应按国家法规就业，向用人单位如实介绍自己的情况，如姓名、性别、民族、政治面貌、专业等。

(2)用人单位的情况。用人单位要如实介绍本单位的情况，如单位名称、隶属关系、性质、地址、联系人等。

(3)毕业生与用人单位约定的有关内容，包括工作地点、工作岗位、违约责任、协议自动失效条款、双方约定的其他事宜等。

(4)各方应严格履行协议。任何一方若违反协议，应承担违约责任。

(5)其他补充协议。

2. 就业协议的签订原则

(1)主体合法原则。签订就业协议的当事人必须具备合法的主体资格。毕业生必须取得毕业资格，如果大学生在派遣时未取得毕业资格，用人单位可以不予接收而无须承担法律责任。用人单位必须具有从事各项经营或管理活动的能力，用人单位应有录用毕业生计划和录用自主权，否则毕业生可解除协议而无须承担违约责任。

(2)平等协商原则。就业协议的双方在签订就业协议时的法律地位是平等的，一方不得将自己的意志强加给另一方。学校也不得采用行政手段要求毕业生到指定单位就业(不包括有特殊情况的毕业生)，用人单位亦不应在签订就业协议时要求毕业生交纳过高数额的风险金、保证金。双方当事人的权利和义务应是一致的。

3. 就业协议的签订程序

毕业生持学校下发的推荐表，参与双向选择活动。确定接收单位后，毕业生凭借推荐表回执或单位接收函换取就业协议。就业协议一律以原件为准，复印件无效。签订就业协议的程序如下。

(1)毕业生获得用人单位的书面接收函。

(2)毕业生到所在学校领取一式四份的就业协议。

(3)毕业生与用人单位签署就业协议，并在就业协议上签名盖章。用人单位应在就业协议上注明可以接收毕业生档案的名称和地址，并由可接收毕业生档案的用人单位上级主管部门或人才部门盖章。

(4)毕业生到所在学校签署就业协议。

(5)学校签署就业协议后，应保留两份；用人单位、毕业生本人各留一份。由毕业生本人把用人单位应持的一份就业协议转交用人单位。

4. 就业协议的解除

解除就业协议时应先到原签就业协议的用人单位办理书面同意的解约函(盖单位公章)，再向学校毕业生就业工作部门提出书面申请(阐明解约理由)，并附上用人单位及上级人事主管部门审核同意的解约函，交学校招生就业办公室。

就业协议的解除分为单方解除和三方解除。

(1)单方解除。单方解除包括单方擅自解除和单方依法或依协议解除。单方擅自解除协议属违约行为，解除方应对另两方承担违约责任。单方依法或依协议解除是指一方解除就业协议有法律或协议上的依据。用人单位有权单方解除就业协议的情况包括：毕业生考取研究生；毕业生未取得毕业资格。此类单方解除就业协议情况，解除方无须对另两方承担违约责任。

(2)三方解除。三方是指毕业生、用人单位、学校三方。经协商一致，取消原签订的就业协议，使其不发生法律效力。此类解除原因是三方当事人真实意思表示一致的体现，三方均不承担法律责任。三方解除应在就业计划报主管部门之前进行。

5. 就业协议的法律性质

(1)就业协议具有合同属性。首先，毕业生所签订的就业协议的主体是毕业生(自然人)和用人单位(法人或其他组织)，双方在签订就业协议时的法律地位是平等的；其次，就业协议是双方意思表示一致后达成的，任何一方都不得将自己的意志强加给另一方；最后，就业协议所涉及的权利和义务均属于我国民事法律范围。所以说就业协议具有合同属性。

(2)签订就业协议的法律责任。每个毕业生同一时间只能与一家用人单位签订就业协议。就业协议明确规定了学校、用人单位及毕业生三方的权利、义务，一经签订即视为生效合同，不能随意更改。就业协议也是学校派遣毕业生的依据，毕业生如果没有签署就业协议，而只是与用人单位签了劳动合同，那么毕业生的档案、户口等人事关系都无法直接从学校转到用人单位，所以毕业生应按照学校的就业工作程序签署就业协议。

(3)就业协议不能代替劳动合同。从法律角度看，虽然就业协议与劳动合同一经签订都具有法律效力，无论是毕业生还是用人单位都应当履行约定，但就业协议仅仅是毕业生与用人单位双方进一步确立劳动关系的前提。从内容上看，就业协议中所规定的条款大多是框架性内容，毕业生与用人单位有关劳动权利和劳动义务的具体内容还有待于双方在劳动合同中详细约定。因此，如果毕业生在报到后与用人单位始终未能签订劳动合同，双方一旦发生纠纷，由于举证不能等方面的原因，即使毕业生主张权利，法律最终也很难保护其合法权益不受侵害。

6. 就业协议的违约及后果

毕业生与用人单位一旦签署就业协议，即具有法律效力，任何一方不得擅自解除，若违约，则须承担违约责任、交付违约金等。毕业生违约，除本人承担违约责任、支付违约金外，往往还会造成其他不良的后果，主要表现在以下几个方面。

(1)就用人单位而言。用人单位为录用一位毕业生往往要做大量的工作。同时，毕业生就业工作时间相对比较集中，一旦毕业生因某种原因违约，势必使用人单位的这一录用岗位空缺，从而给用人单位的工作造成影响。

(2)就学校而言。用人单位往往将毕业生的违约行为看作学校行为，从而影响学校和用人单位的长期合作关系。用人单位由于毕业生存在违约现象，而对学校的推荐工作表示怀疑，从而会影响学校的声誉。同时，毕业生的盲目违约也影响学校就业计划方案的制订和上报，影响学校的正常派遣工作。

(3)就毕业生而言。用人单位到学校招聘，一旦与某毕业生签订就业协议，就不可能再录用其他毕业生。若日后该毕业生违约，其他当初希望到该用人单位工作的毕业生由于录用时间等原因，也无法补缺，造成就业信息的浪费，也耽误了其他毕业生就业的机会。因此，毕业生在就业过程中应慎重选择，认真履约。

(二)劳动合同

就业之前还有一个关键环节，就是与用人单位签订劳动合同，它是劳动者合法权益得到有力保障的重要举措之一。毕业生到用人单位报到后最长不超过一个月，双方应签订劳动合同。

1. 劳动合同概述

《中华人民共和国劳动法》(以下简称《劳动法》)第十六条规定："劳动合同是劳动者与用人单位确立劳动关系、明确双方权利和义务的协议。建立劳动关系应当订立劳动合同。"

劳动合同又叫劳动契约，它是指企业、个体经济组织、事业组织、国家机关、社会团体同劳动者之间建立劳动关系，明确双方权利和义务的协议。劳动合同是确定劳动关系的法律凭证，劳动合同一经签订，即形成了规范双方当事人劳动权利和义务的依据。

劳动合同按照标准可划分为不同的种类：以合同的目的为标准，划分为聘用合同、录用合同、借调合同、停薪留职合同；按照有效期限的不同，划分为有固定期限的合同、无固定期限的合同和以完成一定的工作任务为期限的劳动合同；按照劳动者人数的不同，划分为个人劳动合同和集体劳动合同。

知识延伸

重要规章制度须经职工讨论

在实践中，有些用人单位的规章制度本身就是"霸王条款"，这种单方的规定很难保证员工的利益，因此《中华人民共和国劳动合同法》(以下简称《劳动合同法》)规定，直接涉及劳动者切身利益的规章制度或者重大事项，不再是用人单位一方说了算，这样就能更好地维护劳动者的合法权益。

《劳动合同法》第四条规定：“用人单位在制定、修改或者决定有关劳动报酬、工作时间、休息休假、劳动安全卫生、保险福利、职工培训、劳动纪律以及劳动定额管理等直接涉及劳动者切身利益的规章制度或者重大事项时，应当经职工代表大会或者全体职工讨论，提出方案和意见，与工会或者职工代表平等协商确定。”

2. 签订劳动合同的注意事项

有些用人单位会利用毕业生涉世未深、求职心切、法律观念不强的弱点，在劳动合同中设置“陷阱”，玩文字游戏，通过损害毕业生的合法权益来达到自己的目的。在签订劳动合同时，毕业生要对此保持高度的警惕并注意以下内容。

(1)劳动合同必须以书面形式签订。

(2)劳动合同要具备法定条款才有效。劳动合同应当具备以下条款：一是用人单位的名称、住所和法定代表人或者主要负责人；二是劳动者的姓名、住址和居民身份证号码或者其他有效身份证件号码；三是劳动合同期限；四是工作内容和工作地点；五是工作时间和休息休假；六是劳动报酬；七是社会保险；八是劳动保护、劳动条件和职业危害防护；九是法律、法规规定应当纳入劳动合同的其他事项。

(3)警惕“陷阱”合同。“陷阱”合同包括格式合同、生死合同、“一边倒”合同、双面合同等。格式合同就是用人单位单方面预先拟定内容并复印的聘用合同，在某些具体条款上可能会故意含糊其词，格式合同是可以更改的，如果毕业生对其中的条款有异议，一定要达成一致后再签字。生死合同多见于危险行业，用人单位要求应聘方接受合同中的“生死协议”，如“若发生意外，劳动者后果自负”“工伤概不负责”等条款。“一边倒”合同只规定了应聘方的义务以及应聘方的违约责任，而关于应聘方的权利却只字不提。双面合同即一些用人单位会准备两份合同，一份是合法、规范的假合同，仅由用人单位保管，应付劳动保障部门的检查，实际上并不执行；另一份真合同不规范、不合法，双方持有，实际执行。

(4)抵押金。《关于贯彻执行〈中华人民共和国劳动法〉若干问题的意见》中明确指出：“用人单位在与劳动者订立劳动合同时，不得以任何形式向劳动者收取定金、保证金(物)或抵押金(物)。对违反以上规定的……由公安部门和劳动行政部门责令用人单位立即退还给劳动者本人。”如果毕业生已交纳了此笔费用，有权要求用人单位予以返还，也可以申请劳动争议仲裁，或向劳动监察部门投诉、举报。

3. 劳动合同的解除

劳动合同解除的情形有以下三种。

(1)双方协商解除。《劳动法》第二十四条规定：“经劳动合同当事人协商一致，劳动合同可以解除。”如果双方当事人经协商后均同意自愿解除劳动合同，则任何一方都不必为劳动合同的解除而承担违约责任。

(2)劳动者单方解除。《劳动法》第三十二条规定：“有下列情形之一的，劳动者可以随时通知用人单位解除劳动合同：(一)在试用期内的；(二)用人单位以暴力、威胁或者非法限制人身自由的手段强迫劳动的；(三)用人单位未按照劳动合同约定支付劳动报酬或者提供劳动条件的。”在这些情形下，劳动者可以随时解除合同且不负任何违约责任。除此之外，劳动者单方解除劳动合同“应当提前三十日以书面形式通知用人单位”，无须征得用人单位的同意。但如果由此给用人单位造成经济损失的，应依据有关法律法规的规定和劳动合同的约定，由劳动者承担赔偿责任。

(3)用人单位单方解除。《劳动法》第二十五条规定：“劳动者有下列情形之一的，用人单位可以解除劳动合同：(一)在试用期间被证明不符合录用条件的；(二)严重违反劳动纪律或者用人单位规章制度的；(三)严重失职，营私舞弊，对用人单位利益造成重大损害的；(四)被依法追究刑事责任的。”在这些情形下，用人单位可以随时解除劳动合同而不承担违约责任，也不用支付经济赔偿金。

其中，第一种情形在毕业生身上发生的最多，用人单位常以不符合录用条件为由在试用期间将毕业生辞退，这时毕业生应当要求对方拿出可以“证明”自己不符合录用条件的依据，甚至可以申请仲裁和诉讼来判定自己是否确实不符合单位的录用条件。

还有一些情形下，用人单位可以解除劳动合同。例如，“劳动者不能胜任工作，经过培训或调整岗位，仍不能胜任工作的”等，这些在《劳动法》第二十六条有详细规定。

此外，毕业生还应该了解在哪些情形下，用人单位不得与劳动者解除劳动合同。例如，“患病或者负伤，在规定的医疗期内的”“女职工在孕期、产期、哺乳期内的”等，这些在《劳动法》第二十九条中有明确的规定。

精选案例

小陈于2021年7月毕业，专业为计算机。毕业前，他成功应聘了一家知名的网络公司。签约时，公司要求小陈签一份由他们提供的格式合同。该合同中有“试用期满，不符合要求，公司有权解聘”的条款，因为公司的薪水和福利都使小陈感到满意，而工作又不容易找，他也就没敢细问。工作后，小陈一直兢兢业业，但3个月的试用期满后，公司以小陈工作不符合要求为由将他辞退。

此案例中，小陈可以要求公司对自己不符合工作要求的具体表现进行举证。如果公司拿不出证据，就不能解聘小陈。

4. 劳动争议的解决

劳动争议是社会生活中最普遍的一类纠纷。关于发生劳动争议如何处理，《劳动法》第七十七条规定：“用人单位与劳动者发生劳动争议，当事人可以依法申请调解、仲裁、提起诉讼，也可以协商解决。调解原则适用于仲裁和诉讼程序。”根据上述规定，劳动者与用人单位可以选择下列程序解决劳动争议。

(1)协商程序。协商是指劳动者与用人单位就争议的问题直接进行协商，寻找解决纠纷的具体方案。双方发生纠纷后先协商，通过自愿达成协议来消除矛盾。在实践中，劳动者与用人单位经过协商达成一致而解决纠纷的情况非常多，效果很好。但是，协商程序不是处理劳动争议的必经程序。双方可以协商，也可以不协商，完全出于自愿，任何人都不能强迫。

(2)调解程序。调解程序是指劳动纠纷的一方当事人就已经发生的劳动纠纷向劳动争议调解委员会申请调解的程序。《劳动法》第八十条规定：“在用人单位内，可以设立劳动争议调解委员会。劳动争议调解委员会由职工代表、用人单位代表和工会代表组成。”《劳动争议调解仲裁法》第十一条规定：“劳动争议调解组织的调解员应当由公道正派、联系群众、热心调解工作，并具有一定法律知识、政策水平和文化水平的成年公民担任。”除因签订、履行集体劳动合同发生的争议外均可由本企业劳动争议调解委员会调解。但是，与协商程序一样，调解程序也由当事人自愿选择，且调解协议也不具有强制执行力，如果一方反悔，同样可以向仲裁机构申请仲裁。

(3)仲裁程序。仲裁程序是指劳动纠纷的一方当事人将纠纷提交劳动争议仲裁委员会进行处理的程序。该程序既具有劳动争议调解灵活、快捷的特点，又具有强制执行的效力，是解决劳动纠纷的重要手段。劳动争议仲裁委员会是国家授权、依法独立处理劳动争议案件的专门机构。申请劳动仲裁既是解决劳动争议的选择程序之一，也是提起诉讼的前置程序，即如果想提起诉讼打劳动官司，必须要经过仲裁程序后才能向人民法院起诉。

(4)诉讼程序。诉讼程序即人们平常所说的打官司。诉讼程序是指由不服劳动争议仲裁委员会裁决的一方当事人向人民法院提起诉讼后启动的程序。《劳动法》第八十三条规定："劳动争议当事人对仲裁裁决不服的，可以自收到仲裁裁决书之日起十五日内向人民法院提起诉讼。一方当事人在法定期限内不起诉又不履行仲裁裁决的，另一方当事人可以申请人民法院强制执行。"诉讼程序具有较强的法律性、程序性，做出的判决也具有强制执行力。

5. 劳动维权建议

初涉职场的大学生面对纷繁复杂的社会，在注重职业适应的同时，也不要忽略对自己合法权益的保护，以免给自己职业生涯的发展造成不必要的阻碍和损失。

(1)学习劳动法规。毕业生在求职时必须了解的法律包括《劳动法》及相关法律解释、《劳动合同法》及相关法律解释、《工伤保险条例》、《中华人民共和国个人所得税法》以及签约工作区域的地方性法规(一般以省或直辖市为单位)。它们是调整劳动关系、签订劳动合同、解决劳动争议的最基本也是最常用的法律法规，毕业生在实际就业之前应对这些法律常识有所了解。

(2)重视劳动合同。如何签订劳动合同，关系到毕业生在实际就业过程中的合法权益能否得到充分的保障。

①及时签订。到单位报到后，毕业生应尽快与用人单位签订劳动合同，双方的劳动关系能以法律的形式确认，使劳动者的合法权益能得到及时的保护。

②逐条细看。对劳动合同的内容，毕业生要仔细分析、权衡利弊，切忌盲目签字。对模糊的词句要提出质疑，对不平等的条款要敢于指出，对不公平的合同要坚决拒签。

③保存证据。签订劳动合同后，毕业生也要持有一份合同，作为享受权利、履行义务以及处理劳动争议的依据。

(3)善用维权手段。掌握合法的维权手段是解决合法权益受损最有效的途径。一旦在实际就业中合法权益受到侵犯，毕业生应该积极运用法律武器，通过申请调解、仲裁、诉讼等合法途径，维护自己的正当权益。而对于用人单位一般的违规行为或争议不大的问题，劳动者可以先与用人单位协商，也可以向该单位所在区县的劳动保障部门举报，让劳动保障部门对其进行监督检查和处罚。如果毕业生在实际就业中遇到劳动保障方面的问题，要及时拨打全国统一的劳动保障公益服务专用电话12333，咨询劳动保障的政策，获取相关的信息，更好地维护自己的合法权益。

(4)自学维权知识。掌握必要的维权知识对于大学生就业来说是不可或缺的。大学生可以通过法律书籍自学相关法律知识；也可以在专门的法律网站，查看关于劳动合同、劳动关系、劳动保障、劳动争议等的相关法律知识，从而提升自己的维权知识，更好地维护自己的合法权益。

本章小结

本章主要介绍了大学生在求职应聘时的注意事项，以提高大学生的就业能力。在准备求职时要做好心理准备，收集信息，做到有的放矢，再准备相应的求职材料；应聘时要注意礼仪规范，掌握一定的面试技巧可以提高求职的成功率；还要明确大学生求职享有的权利和应尽的义务，学会拿起法律武器保护自己的合法权益。

教学检测

1. 大学生求职过程中应做哪些心理准备？
2. 大学生可以通过哪些途径获取就业信息？
3. 大学生求职前需要准备的材料有哪些？请你做简要介绍。
4. 请你简述面试的基本技巧。
5. 大学生有哪些就业权利和就业义务？大学生应该如何维护自己的就业权利？

思政园地

太原理工大学针对脱贫家庭毕业生开展专项帮扶
——一对一摸清需求　实打实培训技能

习近平总书记在四川考察时指出，当前正是高校毕业生就业的关键阶段，要进一步挖掘岗位资源，做实做细就业指导服务，学校、企业和有关部门要抓好学生就业签约落实工作，尤其要把脱贫家庭、低保家庭、零就业家庭以及有残疾的、较长时间未就业的高校毕业生作为重点帮扶对象。

“对未来，我已经做好了准备。”不久前，太原理工大学学生王佳琪顺利地找到了心仪的工作。她来自太行山区一个脱贫家庭，在学校期间，参加了学校组织的就业培训课程和“暑期就业夏令营”，去新疆一家企业进行了短期实训。“去西部的实训经历，让我更加坚定了自己的理想。夏令营活动，让我近距离感受到用人企业的实际情况，就业目标进一步清晰。”6 月初，王佳琪通过了“西部计划”的面试，即将奔赴新疆接受基层岗位的锻炼。

来自脱贫家庭等低收入家庭的毕业生，是太原理工大学重点关注的就业群体。“除了日常在学校学习过程中的助学关怀，在就业上我们也采取了一系列措施。”梁婧是学校学生就业指导中心就业指导科科长。她组织、参与的“宏志助航”计划是一项面向低收入家庭高校毕业生的就业帮扶项目，为很多生活困难学生带来了人生的改变。

“培训之前，我们面向 1 489 名家庭经济困难毕业生进行了线上问卷调查，面向 120 名家庭经济困难毕业生开展线下‘一对一’访谈，从他们的角度出发进行培训课程设置。”梁婧介绍，在充分了解低收入家庭学生就业需求的基础上，太原理工大学面向校内外招募讲师 62 人，提前演练预案，反复推敲课程，用 10 堂课的内容设置，完成对低收入家庭学生这个群体的就业培训。

重体验、互动式，是“宏志助航”计划就业培训课程的特点。“以前的‘大课’偏理论实践。借助‘宏志助航’计划，我们进行了就业培训课程的改革。我们提出，理论的传授部分只占到全部课程的 30%，更多通过模拟、实践和探索环节来提炼‘真东西’。”梁婧还是“面试技巧”课程的讲师，“比如求职信息收集，我们会现场模拟结构化面试、半结构化面试、无领导小组面试，让学生在学校里体验职场面试环节。通过这样的方式，让学生的技能、态度、情感得到综合提升”。

王佳琪也参加了这个培训课程。“我对自己很了解，自信心不足、对未来求职方向不明确是短板。参加了‘宏志助航’计划的前 3 节课程后，我完成了‘自我探索’，发现了自己的兴趣和价值观所在，也就确定了未来求职目标——去基层做一些体现自我价值的事情。”

2022 年，太原理工大学有 10 082 名毕业生。学校学生就业指导中心相关领导介绍："2022 年，受疫情影响，太原市的更多招聘活动转到线上。目前为止，我们的就业率与 2021 年持平，高于平均水平。"这离不开多方面的努力。围绕"育人"与"就业"，太原理工大学形成了自己的办法。学校在低年级推行职业规划，高年级开展就业指导，帮助学生进行职业探索和职业能力培养。学校从入学到毕业全流程把就业融入课程设置，从学生价值塑造、身心健康、职业发展、就业素质等多方面进行就业能力提升。2021 年 6 月至 2022 年 6 月，共有 65 000 余人次参与课程学习，开设职业生涯规划就业指导课程 524 次。除此之外，学校还通过开展求职训练营、简历大赛、夏令营、暑假就业实践等活动，开展"实践育人"与"协同育人"。

（资料来源：《人民日报》，2022 年 6 月 13 日，有改动）

讨论：

1. 材料中的太原理工大学有哪些就业帮扶政策？

2. 你们学校有哪些帮助毕业生求职就业的项目和举措？毕业生如何利用这些资源提高自己的就业能力？

第六章 创业指导

育人目标

◎ 通过了解时代背景和创新创业的内涵，激发创新意识。

◎ 通过学习创业者的特征，培养良好的素质，展现积极向上的精神面貌。

学习目标

◎ 正确认识创业，了解大学生创业的内涵和时代政策。

◎ 了解大学生自主创业的必要准备。

◎ 了解创业计划书的主要内容。

情境导入

目标、梦想、愿望

在南京市秦淮区龙王庙的小巷子里，有一家名叫“43HOUSE 手工茶”的“无声奶茶店”，店主孙康是一位 37 岁的听力障碍者。孙康一岁时因为注射庆大霉素导致耳聋，属于一级听力残疾。

2005 年，孙康从南京市聋人学校毕业。2008 年 7 月，孙康从中央广播电视大学(现国家开放大学)毕业，在一家动漫公司负责修复、处理各类动漫。后来动漫公司搬到了上海，孙康选择离职留在南京。

2019 年底，孙康决定创业开奶茶店，并赴广州学习奶茶的制作工艺。2020 年 1 月，孙康拿到培训班的结业证书，回南京和妻子一起筹备属于他们的奶茶店。

“我们听不见你的声音，但我们很愿意为你服务。”点单台上的提示，提醒着顾客这家店的与众不同。微笑是这家“无声奶茶店”的招牌。

孙康每天9点到店打扫奶茶制作间，10点正式营业。他最拿手的饮品是杨枝甘露，在社交媒体上，网友点评道：饮品口感不错、价格实惠，是“宝藏店铺”。

小店生意日渐红火的同时，孙康也在努力帮助和他一样的听力障碍人士。他说，“43HOUSE 手工茶店”被收录进“蓝风铃无障碍小店计划”，这是一个为听力障碍人士、视力障碍人士开设小店提供支持的平台。

孙康的朋友圈签名是：“目标、梦想、愿望，一定拿下来。”在被问到未来有什么规划的时候，孙康说，希望有更多的人能品尝到他精心制作的奶茶。

（资料来源：《扬子晚报》，2022年7月16日，有改动）

第一节 正确认识创业

毋庸置疑，创业是就业的一种形式。在当前大力发展市场经济的大环境下，国家提倡“大众创业、万众创新”，创业更成为就业的一种重要途径。之后国家更是推出了一系列鼓励大学生创业的政策，使大学生创业成为一个热门话题。

然而，并非所有的人都适合创业，大学生群体也是如此。近年来，我国创业人口占总体就业人口的比例越来越高。高校有效地开展创业教育，能够让创业意向强的大学生得到相应的培训和支持，从而提高创业能力；同时，也可以让创业意向弱的大学生不受外在环境的影响而盲目创业。大学生必须意识到，一个人要确定自己是否应该参与创业，首先需要了解创业相关的信息，评估自己是否具备创业者的一些基本素质。

一、时代背景和政策

社会经济的发展、文明的进步总是伴随着变革，这种变革包含科学技术的突破、产业结构的调整，也包含制度、体制的转型。随着时代的进步，这种变革每时每刻都在进行着，这便为创业者提供了机遇，社会大变革的时代往往是创业者辈出的时代。21世纪是社会大变革的时代，融知识、技术、管理、资本等于一体的新型经济体的出现让创业的概念越来越普及，“创业”“大学生创业”等词汇也越来越多地被大学生提到，大学生创业成为社会发展的必然选择。

(一)大学生创业的时代背景和国家政策支持

伴随着市场化进程的不断加快，我国经济也有了突飞猛进的发展，现阶段我国正处于经济结构转型与升级的关键时期，创业型的经济增长模式已经成为经济体制改革中的重要一环，在我国经济发展中占有举足轻重的地位。随着市场经济对创业需求的逐渐增加，越来越多的大学生投入创业大军之中，国家也在逐年加大对大学生自主创业的激励与扶持，出台了一系列政策。2010年，《教育部关于大力推进高等学校创新创业教育和大学生自主创业工作的意见》发布；2013年，《国务院办公厅关于做好2013年全国普通高等学校毕业生就业工作的通知》发布；2014年，《人力资源社会保障部等九部门关于实施大学生创业引领计划的通知》发布；2015年，《国务院关于大力推进大众创业万众创新若干政策措施的意见》发布；2021年，《国务院办公厅关于进一步支持大学生创新创业的指导意见》发布，这一系列文件的发布旨在支持大学生创新创业，实现大学生更加充分更高质量就业。

（二）大学生创业扶持政策

我国政府一贯重视大学生创业扶持工作。从2014年起，几乎每一年中央都会发布关于大学生创业的文件。现阶段，我国各级政府发布的大学生创业扶持政策主要有以下几个方面。

1. 创业担保贷款

针对有创业需求、具备一定创业条件但缺乏创业资金的自主创业大学生，政府为其提供创业担保贷款。政府同时鼓励金融机构参照贷款基础利率，结合风险分担情况，合理确定贷款利率水平。对个人发放的创业担保贷款，由财政在一定范围内给予贴息。

2. 创业基金支持

整合发展高校毕业生就业创业基金，完善管理体制和市场化运营机制，实现基金滚动使用，为高校毕业生就业创业提供支持。

3. 税收减免

高校毕业生等重点群体创办个体工商户、个人独资企业的，可依法享受税收减免政策。

落实科技企业孵化器、大学科技园的税收优惠政策，对符合条件的众创空间等新型孵化机构适用科技企业孵化器税收优惠政策。有条件的地方可对众创空间的房租、宽带网络、公共软件等给予适当补贴。

4. 优先转移科技成果

鼓励利用财政性资金设立的科研机构、普通高校、职业院校，通过合作、转让、许可和投资等方式，向高校毕业生创设的小微企业优先转移科技成果。

5. 支持举办创新创业活动

支持举办创业训练营、创业创新大赛、创新成果和创业项目展示推介等活动，搭建大学生创业者交流平台，培育创业文化，营造鼓励创业、宽容失败的良好社会氛围，让大众创业、万众创新蔚然成风。对创办社会组织、从事网络创业，且符合条件的大学生创业者，给予相应的创业扶持政策。

6. 大力加强创业教育

把创新创业课程纳入国民教育体系。从健全创新创业教育课程体系、创新人才培养机制、改进创业指导服务等方面促进大学生创新创业。

7. 免收有关行政事业性收费

除国家限制的行业外，高校毕业生创办的个体工商户、个人独资企业，自其在工商管理部门首次注册登记之日起3年内免收管理类、登记类和证照类等相关行政事业性收费。

8. 提供创业服务

有创业意愿的大学生，可免费获得公共就业和人才服务机构提供的创业指导服务，包括政策咨询、信息服务、项目开发、风险评估、开业指导、融资服务、跟踪扶持等。

我国政府实施的大学生创业扶持政策涵盖了创业的方方面面，不仅有实际的资金上的支持和税费减免、创业教育等方面的各种优惠，还动员了高校、众创空间、科研机构等相关组织为大学生创业提供支持，真正做到了全方位、多角度、有深度的创业帮扶，为大学生创业提供了巨大助力。

精选案例

“大学生村官”贷款创业

单忠昆大学毕业后，来到河南省鹤壁市浚县善堂镇寨里村担任“大学生村官”。在市委组织部的帮助下，单忠昆率先建成了 7 个温室大棚，又申请了“大学生村官”创业基金 50 万元，带动全村种植蔬菜，实现了集约化生产、规模化经营。

二、创新创业概述

知识经济的时代是创新的时代，想要摆脱传统的经济发展路径必须做到改革创新。我国早在党的十七大时便提出了“自主创新”的概念，将建设创新型国家作为一项国家战略进行推动。2015 年又提出了“大众创业、万众创新”，从此创新成为一种社会潮流，成为实现国家富强、民族复兴的有效途径。各大高校积极开展创新创业教育，培养大学生的创新精神和实践能力，提升大学生的创新创业能力，从而促进大学生更加充分更高质量就业。

（一）创新

1. 创新的概念

“创新”一词，自古便有之。《广雅》有云，“创，始也”，创新便是做到开天辟地、前无古人，造出一个前所未有的事物，其中心点在于“始造”，而非“后造”；《魏书》中有“革弊创新”；《周书》中有“创新改旧”，意思是说要对坏的、旧的进行更新换代，用好的、新的来代替，这种用好的代替坏的、用新的代替旧的过程就是创新。《现代汉语词典（第 7 版）》中“创新”一词意为“抛开旧的，创造新的”或“指创造性；新意”，其含义与上述《广雅》《魏书》《周书》中对“创新”一词的解释基本相同。总的来说，创新有三层含义：一是更新，即用新的东西代替原有的东西；二是创造，即创造出原来没有的事物；三是改良，即对原有事物进行改善，取其精华、去其糟粕，创造出一个更符合时代发展的产物。

万众创新——何为创新？

从广义上来说，创新是指使用有别于常规或陈旧见解的思维，本着理想化的需要或为满足社会需求的理念，以别出心裁的方式运用现有的知识和物质，改进或创造新的事物、方法、元素、路径、环境等，并能获得一定效果的行为。

思政元素

袁隆平：以科技创新保障国家粮食安全

“习近平总书记给我们 25 位科技工作者代表回信，这体现出总书记对科技创新的重视，使我很受鼓舞。”中国工程院院士袁隆平在接受记者采访时说，“杂交水稻的发展史，本来就是一个技术不断创新发展的历程。围绕国家粮食安全，我们必须长期坚持开展杂交水稻技术研发”。

1. 农业报国，不让老百姓挨饿

习近平总书记的回信中，袁隆平的名字排在第一位。“民以食为天。我是学农的，依靠农业技术提高粮食产量是我的职责所在。尤其经历过饥荒，我亲眼看到有人因为饥饿倒在路边、田埂边和桥底下，真是锥心般的刺痛。”袁隆平说。

1953 年，从西南农学院遗传育种专业毕业后，袁隆平被分配到安江农校工作。

1956 年，袁隆平带着学生开始了农学实验。

1966 年，袁隆平发表论文《水稻的雄性不孕性》，拉开了中国杂交水稻研究的序幕。

1973 年，在第二次全国杂交水稻科研协作会上，袁隆平正式宣布籼型杂交水稻三系配套成功，水稻杂交优势利用研究取得了重大突破。

从 1976 年到 2018 年，杂交水稻在全国累计推广面积约 85 亿亩，增产稻谷 8.5 亿吨，为中国人牢牢掌握自己的饭碗做出了突出贡献。

2. 科技创新，从未停歇的脚步

作为实打实的“90 后”，袁隆平身体不如以往，但他对以科技创新来保障国家粮食安全的迫切愿望一如既往。他说：“现在，我最关心耐盐碱水稻示范工程、杂交水稻超高产攻关工程等三大工程，期望通过它们，更进一步推动我国乃至世界杂交水稻事业的发展。”

……

除了解决“吃饱饭”，袁隆平还将更多精力放在了“吃得好”和“更健康”上。由他领衔、已实施 10 多年的超级杂交稻“种三产四”丰产工程从过去强调产量，向兼顾绿色优质目标转变。2017 年参与“种三产四”丰产工程的 30 多个品种中，优质稻占比超过 30%，其中不少品种的米质已经达到国家二级标准。

……

“创新对于任何一个国家和民族来说都很重要，对于我们这个国家来说尤其如此。”袁隆平说。

（资料来源：《光明日报》，2020 年 6 月 25 日，有改动）

2. 创新的类型

目前的研究大致将创新分为两大类：一是技术创新学派，强调技术变革、技术创新与技术扩散，站在创新手段的角度进行研究；二是制度创新学派，强调制度变迁对推动科技进步和经济社会发展的重要作用。下面着重介绍几种创新类型。

（1）理论创新。理论创新主要指人们在社会实践活动中，对急需解决的新情况、新问题做新的理性分析和理性解答，对认识对象或实践对象的本质、规律和发展变化的趋势做新的揭示和预见，对人类历史经验和现实经验做新的理性升华。理论创新是一切创新的基础，作为创新活动的核心内容而存在。

（2）技术创新。技术创新是一项复杂的工作，既包含原创性的科学技术，也包含对已有技术的改进。技术创新的过程，不单纯指在理论方面的突破，更指创造和应用新知识、新技术、新工艺，采用新的生产方式和经营管理模式，开发新产品，提高产品质量，提供新服务的过程。知识社会环境下的技术创新具体又包括知识创新、技术创新和现代科技引领的管理创新。其中，知识创新的核心内容是科学研究，技术创新的核心内容是科学技术的发明和创造及价值实现，管理创新的核心内容是科技引领的管理变革。

（3）制度创新。创新并不是独立存在的，它处在一定的外部环境中，外部环境的变化必然会对创新的方向、创新的内容产生影响，而且现代社会的创新受外部环境影响的程度也在逐步加深。制度创新就是通过改变现有制度要素、文化要素、社会要素等，形成一种更加符合社会进步的制度体系，让创新在制度变革的过程及之后的红利中找到突破点，进而形成有益的创新成果。

思政元素

产学研用相结合：河南大学生创新创业微观察

河南职业技术学院蔓乐昂创业团队是元宇宙国潮动漫IP服务商，致力于打造古风类寓教于乐社交平台。年仅21岁的团队负责人任志远是2022届毕业生，蔓乐昂创业团队将传统文化和传统人物形象作为重要设计元素，融入虚拟空间场景搭建中。据了解，这支7人创业团队的平均年龄不到20岁，其中3人是在校生，4人是应届毕业生。蔓乐昂创业团队指导教师王泽强说："这个面向新领域的创业项目不仅在全国性大学生创业比赛中取得了好成绩，也迅速适应了市场，参与了2022年冬奥会的虚拟空间场景策划，间接带动了400余人就业。"

同样开拓了较大市场的还有刘梦露的创业团队。刘梦露是河南职业技术学院电商物流学院现代物流管理专业2021届毕业生。其团队将研发重点定位于满足县、乡、村等末端网点需求的智能化物流装备，产品的应用场景包括中小型分拨中心和末端快递站点中的入库、传送、分拣、出库、信息处理等各个环节。重点解决不同快递公司分拣系统不兼容、数据不共享、无法实现混合式分拣的问题，实现降本增效。

据介绍，2021年以来，河南职业技术学院的学生注册公司120余个，学校各阶孵化平台孵化创新创业项目98个，孵化产值近2亿元，平均每个创业团队能带动5人左右就业，有些项目带动数百人就业。

据了解，河南省教育厅连续多年开展大学生创新创业项目扶持培优计划，遴选出一批优秀大学生创业项目进行培育孵化，累计投入了3 600万元，扶持了621个大学生创新创业项目。河南还在全省认定了50个省级大学生创新创业实践示范基地，为全省大学生创新创业实践提供综合性服务平台。

此外，河南近年为鼓励大学生创业，在税收优惠、创业担保、资金支持、工商登记、场地支持等多方面出台具体举措，同时，允许实施弹性学制，可适当延长学生修业年限，支持在校大学生结合所学专业创新创业。河南还要求各高校设置合理的创新创业学分，建立创新创业学分积累与转换制度，将学生参加创新创业培训、在线开放课程学习、开展创新实验、参与学科竞赛与课题研究、发表论文、获得专利和自主创业等情况折算为学分，以多种方式鼓励并支持大学生创业。

（资料来源：新华社，2022年8月1日，有改动）

（二）创业

1. 创业的概念

"君子创业垂统，为可继也"（《孟子·梁惠王下》）是我国古人对创业这一概念的早期表达。在当时，创业的词义为"创建功业"或"创立基业"。随着时间的推移，创业现在专指在商业领域创办事业。现代管理学认为，创业是创业者对

大众创业——何为创业？

自己拥有的资源或对通过努力能够拥有的资源进行优化整合，从而创造出更大经济或社会价值的过程。

2. 创业的类型

商业史上有各式各样的创业活动，这些创业活动可以按照不同的标准分为不同的类型。例如，根据创业动机的不同，创业可分为生存型创业和机会型创业。前者指创业者因对当前现状不满而不得不进行的创业活动，后者指创业者在盈利机会的吸引下自主开展的创业活动。经济学家克里斯汀将创业的价值分为两个部分，即对市场创造新价值的多少以及对创业者个人改变的多少，并据此将创业分为复制型创业、模仿型创业、安居型创业和冒险型创业 4 个类型(图 6-1)。

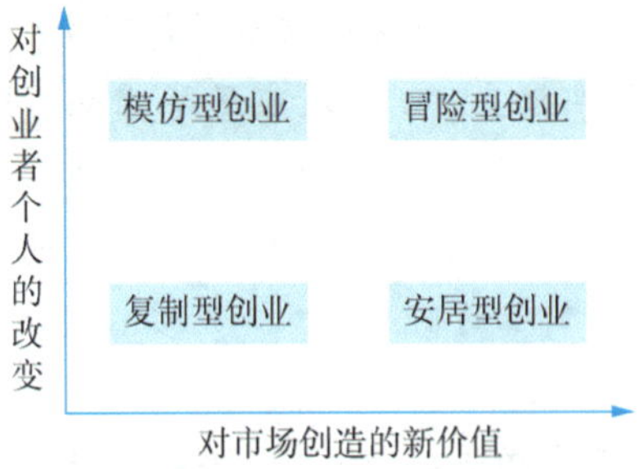

图 6-1　克里斯汀对创业的分类

(1)复制型创业。复制型创业是指复制原有企业的经营模式，创新的成分很少。例如，某人原本在培训机构做教师，离职后自行开办了一个培训班。这类创业由于创业者前期积累了一定的相关经营经验和社会关系，在初期更容易走上正轨，因此受到很多创业者的青睐。新创公司大多属于复制型创业。但是，复制型创业往往缺乏核心竞争力，中期不转型就很难做大做强。

(2)模仿型创业。模仿型创业是指创业者模仿一种成功的创业模式，自主开展创业活动。例如，某人看到直播“带货”行情较好，便辞职做主播“带货”。这种创业形式创新的成分很少，但与复制型创业不同的是，其创业过程对创业者而言具有一定的冒险性。模仿型创业具有较大的不确定性，学习过程长，犯错的概率大，试错的代价也较高。只有具备创新精神的创业者，在经过系统的创业管理培训，把握正确的市场进入时机后，才能有较大的机会创业成功。

(3)安居型创业。安居型创业是指创业者在自己熟悉的行业内创业。例如，某开发团队脱离原企业独立开发新项目。这种创业形式对于创业者个人而言改变不大，但是依然可以为市场创造新的价值，为消费者带来实惠。这种类型的创业强调的是创业精神的实现，而非重新设计和调整原有组织结构。

(4)冒险型创业。冒险型创业是指创业者从事一项全新的产品或服务的经营，它能够极大地改变创业者的个人境遇，也能够创造独特的新价值。冒险型创业的不确定因素很多，因此面临着较高的创业风险，但是一旦创业成功，其收益也同样较高，因此吸引了很多充满创新精神与冒险精神的创业者。这种类型的创业如果想要获得成功，创业者就必须在个人能力、创业时机、创业精神发挥、创业策略研究拟定、经营模式设计、创业过程管理等各个方面都有很好的表现。

思政元素

再现伏羲山秀美奇景

作为河南伏羲山旅游开发有限公司总经理，李梦培敢于创新，不怕困难，始终用超前思维谋划伏羲山旅游的发展。

以前的伏羲山是一座名不见经传的荒山，有不少投资者来考察，最后都不了了之。它的开发难度之大由此可见一斑。但是，李梦培不这么认为："资源就是要去深入挖掘。伏羲山是荒山，那就植树造林让它变成青山。"

为了打造伏羲山的秀美奇景，李梦培一直坚持绿色发展理念，8年来，他和同事们实施荒山造林2万多亩(约14平方千米)，种植林木300多万株，建设生态清洁型小流域13.98平方千米。

李梦培带动山区上万名群众，从事景区管理、经营民宿酒店、开办家庭农场等，旅游产业的发展使当地集体经济收入实现从0元到10万元的跨越。昔日的省级重点扶贫山区彻底摘下了贫穷的帽子，成了万众瞩目的旅游胜地。

(资料来源：《河南手机报》，2022年7月18日，有改动)

(三)创业者

1. 创业者的概念

创业者是承担风险和不确定性，创建一个新企业，通过确定机会，组织必要资源，利用机会来实现盈利的人。现代管理学之父彼得·德鲁克认为，创业者是那些能寻找变化，并积极反应，把它当作机会的人。

创业者可以分为传统创业者和技术创业者。传统创业者是指那些在传统行业(如餐饮、房地产、服装等)筹集资金投资、建立工厂、生产产品，为顾客提供产品或服务的创业者。而技术创业者则以技术为重，创办的企业一般比较小，产品的技术含量高，附加值比较高，利润空间比较大。

2. 创业者的素质

在创业者的素质中，创新能力与创业意向是最基本的。

(1)创新能力。创新即开创与拓新，就是要在突破已有框架的基础上，以全新的方式去思考。与我们熟知的"创造"相比，创新更关注经济、社会性影响，强调将创造结果的价值在社会上更大范围地实现。创新能力是一种可以训练、提高并最终习惯化的技能。

(2)创业意向。创业意向是潜在创业者是否从事创业活动的一种主观态度，是对人们具有创业者特征的程度以及对创业的态度、能力的一般描述，是创业行为最好的预测指标。创业意向是大学生创业行动的起点，是大学生实践创业的初始动力和精神力量。在大学生创业活动中，国家政策、学校的创业教育及扶持政策是外因，创业意向是最重要的内因。研究表明，个体对创业的认可度越高，其创业态度越积极，创业意向越高。在校期间，对学校创业环境了解和熟悉(包括对已创业同学的经验、创业指导中心、创业教育、创业基地、创业大赛、创业基金及补助的了解和熟悉)程度越高的大学生，其创业意向也越高。

3. 创业者的个性

不同的人有不同的个性特质，也就具有不同的创业意向。有的人向往功成名就，有的人偏安现状；有的人喜欢冒险，不喜欢平庸，有的人喜欢稳定，希望规避风险。一般而言，多数人最终会选择进入某用人单位就业，只有少数人会选择创业。个性特质的差异也直接或间接地影响大学生对创业的态度。那些本没有创业意向的大学生，如果受环境影响盲目跟风，在创业失败之后往往会对社会失去信心，出现难以振作的严重后果，因此一定要谨慎对待。大学生可以做一些测验，评估自己所具有的创业者的个性特征及潜力水平。

知识延伸

创业者个性特征测验

请从下列32组句子中选择最能够反映你个人观点的选项。

1. A. 工作一定要按时完成。
   B. 我喜欢与优秀的朋友在一起，这样我能够获得他们对我工作的见解与建议。
2. A. 当我的责任增加时，我会感到更加快乐。
   B. 我喜欢把任何事情都事先安排好。
3. A. 我绝不做任何可能使自己遭受损失的事情。
   B. 了解如何赚钱是创业的第一步。
4. A. 不管是多好的事情，如果失败了可能使我受到嘲笑，我就不会冒险去做。
   B. 除了工作，我还记挂着家人的安康。
5. A. 我会为自己开创的任何事业而努力。
   B. 我只会做那些使我开心并有安全感的事情。
6. A. 如果我失败了，别人会嘲笑我。
   B. 尽管对自己很有信心，我还是需要别人的建议。
7. A. 遇到困难时，我要找到解决的办法。
   B. 如果在新开创的事业中失败，我会继续做目前的工作。
8. A. 如果我觉得一个想法是好主意，我就会去实践这个想法。
   B. 我能够比现在做得更好。
9. A. 工作时，我会注意维系良好的人际关系。
   B. 不管发生什么事，都是我从中学习的机会。
10. A. 即使我的努力失败了，我也能从中学到东西。
    B. 我喜欢舒适的生活。
11. A. 我会为比赛或彩票下注，总有一天幸运会落在我头上。
    B. 如果我在工作中失利，我会放弃找出原因。
12. A. 我会尊重我的员工，并对他们一视同仁。
    B. 如果有更好的工作，我会放弃现在的工作。
13. A. 在实施一个新想法之前，我会慎重考虑。
    B. 如果我的家人/近亲去世，我会参加葬礼，即使有可能导致公司订单延误好几天。
14. A. 只有当我拥有资本时，我才能够发展一份事业。
    B. 我希望自己能够做出重要决定。
15. A. 当别人的好意和信任遭到背叛时，我不会坐视不理。
    B. 如果事情没有按照我的想法发展，我会寻求其他的替代机会。

16. A. 我允许自己犯错误。
B. 我非常喜欢与朋友聊天。
17. A. 我希望自己的钱能够安全地存在银行里。
B. 我很认可自己的工作，同时也了解其优点或缺点。
18. A. 我希望能够拥有很多钱，从而过上舒适的生活。
B. 做决定时我希望能够得到别人的帮助。
19. A. 人们应该首先照顾好自己的亲人和朋友。
B. 我喜欢解决难题。
20. A. 即使可能损害自己的利益，我也不会做让别人不开心的事情。
B. 钱是事业发展的必需品。
21. A. 我希望自己的事业能够很快发展起来，这样我就不会遇到经济紧张的困境。
B. 不能因为不成功就去责备自己。
22. A. 我能够独立地按照自己的想法去做事。
B. 只有为自己的未来积累了一大笔钱后，我才会幸福。
23. A. 如果我失败了，我认为通常主要是别人的错误造成的。
B. 我只会做那些让我感觉舒服且令我满意的事情。
24. A. 在开始做一项工作之前，我会认真考虑它是否会对我的声誉造成不利影响。
B. 我希望自己能跟别人一样，也买得起昂贵的东西。
25. A. 我希望能够有舒适的房子住。
B. 我会从失败中吸取教训。
26. A. 在做任何事情之前，我都考虑其长期影响。
B. 我希望每件事情都能按照我的想法进行。
27. A. 金钱能够带来舒适，所以我的主要目标在于赚钱。
B. 我喜欢在能够经常见到朋友的地方工作。
28. A. 我了解自己正在做的事情，不怕受到别人的批评。
B. 如果失败了，我会觉得自己非常差劲。
29. A. 遇到困难是常有的事情，我应该尝试去做一些好的新工作。
B. 在开始做新工作之前，我会采纳有经验的朋友的建议。
30. A. 我的所有经历都会激励我前进。
B. 我希望能有很多钱。
31. A. 我喜欢每天从容不迫，万事顺利，没有任何烦恼。
B. 不管遇到多大的障碍，我将努力达到目标。
32. A. 我不喜欢别人干涉我做事。
B. 为了赚钱，我可以做任何事情。

测验的 32 组句子中，A、B 选项的分值如下表所示。

创业者个性特征测验分数表

题号	选项分值		题号	选项分值		题号	选项分值		题号	选项分值		题号	选项分值		题号	选项分值	
	A	B		A	B		A	B		A	B		A	B		A	B
1	1	2	7	2	0	13	2	0	19	0	2	25	1	2	31	1	2
2	2	1	8	1	2	14	1	1	20	1	1	26	1	1	32	1	0
3	0	1	9	1	2	15	1	1	21	1	0	27	1	1			
4	0	1	10	2	1	16	2	1	22	1	1	28	2	0			
5	2	1	11	0	2	17	0	2	23	0	2	29	0	1			
6	0	2	12	1	1	18	1	0	24	1	1	30	2	1			

将所选题项记录在答题纸上，再根据上表各选项分值，相加后得到最终分数。评分标准：

0～25 分，基本上不具有创业性；

26～36 分，中立；

37～47 分，具有一定的创业性；

48 分及以上，非常具有创业性。

（资料来源：苏文平．职业生涯规划与就业创业指导[M]．北京：中国人民大学出版社，2016.）

4. 创业者的特征

根据共青团中央、中华全国青年联合会及国际劳工组织联合编撰的《大学生 KAB 创业基础》中所总结的，创业者有以下 16 项主要特征。

(1)努力工作。创业者要具备必要时能够长时间工作、阶段性集中工作及适应睡眠不足的状况等的能力。

(2)自信。创业者要具有“如果你非常想得到某样东西并为之奋斗，通常你就能得到它”的信念。

(3)构建愿景。成功的创业者通常将拥有一份靠自己能力获得的有保障的工作和收入作为自己的目标。

(4)以利润为导向。对赚钱的兴趣是衡量一个人是否适合成为创业者的最明确的指标之一。

(5)以目标为导向。设立目标并能够努力去实现目标的能力是创业者的基本条件。

(6)持之以恒。所有企业都会不断地出现问题，能够持之以恒地解决问题是创业者成功的关键因素。

(7)应对失败。所有的商业活动都既有成功也有失败，成功的创业者在应对失败时，首先会认清失败，从中吸取经验教训，再寻找新的机会。

(8)对反馈做出回应。创业者应该了解自己做得怎么样，清楚自己的表现。

(9)主动。成功的创业者通常会主动承担个人责任，无论成功与成败。

(10)倾听。能够听从别人的建议也是创业者的重要特征，成功的创业者在依靠自己的同时会在必要时向财务人员、商业顾问、投资专家等外部资源寻求帮助。

(11)设定目标。设定行为目标(如明确的收入、质量、销售额或资金周转率等)并为达到目标而努力。

(12)应对不确定性。创业比一般就业存在更大的不确定性，从容应对不确定性的能力也是创业者所必备的。

(13)投入。创办和运营企业需要创业者在时间、金钱及生活方式上的完全投入，即创业需要在创业者的生活中占据优先位置。

(14)发挥优势。成功的创业者会将其所做的事情依托于自身的诸如动手能力、人际沟通能力、销售技能、对某种产品或服务的深刻理解、对某行业的深入了解等优势。

(15)诚实可靠。一个人在履行自己的承诺时所表现出来的诚信、公正等品质是创业成功者的又一重要特征。

(16)风险承担。选择创业要面对很多风险，创业者要有评估风险、承担风险的能力。

不过，即使具有创业者潜力，具备创业者特征，大学生要想成为成功的创业者，还需要掌握相应的知识与技能。成功的创业者所必需的主要能力包括一系列知识、一套技能、一类特质，三者缺一不可。需要强调的是，知识和技能相对容易获得与增加，与之相比，特质则不容易改变和获得，需要更多时间去发展。

总而言之，创业是就业的一种形式，大学生进行创业应以科学的职业生涯规划为前提。对于潜在的创业者来说，在进行职业生涯规划时接受创业教育和培训，有助于认识自己、完善自己，使自己更富有创新精神，更具有创业能力，从而实现成功创业。真正想创业的大学生，首先需要了解自己是否具备创业者的素质与能力，如果不具备某些素质或能力，在大学期间就要加以培养。具备一定的创业者素质的大学生，需进行知识储备，为将来的创业创造条件。因外界影响产生创业冲动的大学生，则应明确个人定位，重新规划职业生涯。

第二节 创业准备

创业的成功是一系列要素科学组合的结果。从这些要素着手准备，能大大提高创业成功的概率。本书采用“四要素”说，即创业包含创业团队、创业机会、创业资源和商业模式四个要素。

一、组建创业团队

(一)创业团队的概念

创业团队是指由一群才能互补、责任共担的创业者组成的团队，他们愿意为实现共同的创业目标而奋斗。

认识团队——雁的启示和海豚的观点

知识延伸

创业团队的优势

相对于个人单独创业，组建创业团队进行创业具有无可比拟的优势，这些优势主要包括优势互补、风险共担、辅助决策以及增强竞争力。

(1)优势互补。“人力终有穷”，再强的人也有极限，一个人的经历和能力使其无法兼顾所有事情，更不用说将所有事都做好。只有找到可以取长补短、彼此协助的人，才能够更容易地达成目标。通过优势互补建立起来的创业团队，能够充分发挥每个人的优势，将个体能力运用到极致。

(2)风险共担。创业团队是一个整体，具有一荣俱荣、一损俱损的特点。团队成员共同对企业运营过程中可能出现的问题负责，当资金不足时，团队成员可以平均分担；当技术出现问题时，团队成员可以共同解决。每个人既分工合作又互相关怀、帮助，使企业维持正常运转。这种共同努力、奋斗的精神，减轻了个人创业的压力，分散了创业的风险。

(3)辅助决策。“一人计短，二人计长”，创业者自身的认识和判断总是有局限的，需要具有判断能力和识别能力的合作伙伴提出建议，而这些建议对决策具有参考价值，能帮助创业者做出正确的决定。

(4)增强竞争力。个人的能力往往比不上团队的力量。企业发展到最后，比拼的不再是个人能力，而是人才储备、合作伙伴和资源。创业团队拥有的人才越多，就越能够构建一种团结向上、乐观进取的氛围，使企业在激烈的竞争中始终处于有利的位置。

(二)创业团队的组成要素

创业团队一般需要具备五个重要的组成要素，即目标(purpose)、人(people)、定位(place)、权力(power)、计划(plan)简称“5P”。

1. 目标

目标是将创业团队成员凝聚起来的重要因素。从本质上来说，创业团队的根本目标都是创造新价值。

2. 人

人是构成创业团队最核心的要素。在一个创业团队中，人力资源是所有创业资源中最活跃、最重要的资源。任何创业计划的实施最终还是要靠具体的人来落实。

3. 定位

定位包含了创业团队的定位和创业者个体的定位，如创业团队在企业中处于什么位置，由谁选择和决定团队的成员，作为成员在创业团队中扮演什么角色等。

4. 权限

权限是指创业团队所负有的职责和应享有的权力大小，在创业团队中，影响团队成员工作积极性的主要因素是权、责、利的合理配置问题。创业团队的权限范围应与其目标、定位、人员和所赋予的资源相一致。

5. 计划

目标最终的实现，需要一系列具体的行动方案，因此要制订出成员在不同阶段分别要做哪些工作以及怎样做的指导计划。

一般来说，创业团队构成的五个要素之间相互影响、相互作用，缺一不可。有共同的价值观、统一的目标是组成创业团队的前提。创业团队必须为统一的目标而奋斗，并有一致的价值观，这样组成的创业团队才有战斗力。有了共同的价值观和统一的目标后，创业团队成员还必须共同负起责任来达到目标。当创业团队成员的知识、才能可以互补时，这个团队就可发挥出“1+1>2”的效果。创业团队成员是否愿为共同的目标做出贡献是创业团队能否取得成功的关键。

(三)创业团队的组建原则

1. 共同的创业目标

目标是一个团队组成的前提，也是一个团队得以持续发展的动力，它决定着企业的价值和理念。这是因为团队里的每一个成员的需要不同、目标不同，以及看待和处理问题的角度不同，对企业的期望也有所不同。要使团队成员之间协作顺畅和谐、团队运行高效，就必须为团队树立一个科学且明确的共同目标来凝聚团队成员的力量，让团队成员清晰地了解“我们要完成什么”“我们要怎样完成”，能通过简单的解释甚至不需要解释就能让团队成员很清晰地了解目标的内容和深层含义，并且不产生理解上的歧义。

2. 规模适中

据调查，一个高效的团队通常将团队成员控制在7～10人。创业初期，受资金与资源的限制，大学生创业者无力维持一支庞大的专业团队，所以创业团队应该采用“麻雀虽小，五脏俱全”的模式。在人员构成上，应在保证企业高效运作的前提下尽量精简。如果工作量过大、成员过多，也可采取将一个大型团队分解成几个小团队进行工作的形式，以实现团队的高效运转。

3. 成员优势互补

大学生创业者组建的创业团队只有团队成员在知识、技能、经验等方面实现互补时，才有可能通过相互协作发挥出协同效应。因此，团队成员之间要做到诚实守信、志同道合、取长补短、分工协作、权责明确。

团队成员一般包括：进行整体决策、未来发展规划的具有领导能力的团队领导者；进行产品研发的具备专业知识的专业技术人员；进行市场扩展与产品销售的市场营销人员；对团队进行专业化管理的财务、人力资源、行政人员。

4. 动态开放

由于创业活动的前景不明朗，创业团队往往也不稳定，经常会有人员的变动。在组建创业团队时，大学生创业者应注意保持团队的动态性和开放性，使真正适合的人员留在创业团队中。

(四)组建创业团队的程序

由于现实条件的差异，组建创业团队并没有既定的程序。一些大学生创业者可能是先有项目，再按需找人；另一些大学生创业者可能会先利用社交关系组建队伍，再准备创业。但无论如何，组建创业团队都需要经历以下程序。

1. 勾勒创业愿景

一些大学生创业者可能是带着明确的愿景去寻找成员，另一些大学生创业者则是与成员一起勾勒创业愿景。创业都需要确立愿景，愿景是创业团队天然的黏合剂，各位成员怀着同一个愿景，创业团队才能达成创业目标。

2. 评估成员组成

创业团队需要什么样的成员？需要哪些成员？大学生创业者需要对此有一个预期的大致规划。创业团队对创业活动的规划越清晰，则其对团队成员的要求越具体。

3. 充实团队成员

充实团队成员是组建创业团队的核心，大学生创业者既要考查预选成员的能力、技能、知识，也要考虑其价值观、个性，以使团队成员能协调配合。同时，大学生创业者还要注意控制团队规模，规模过小无法发挥团队的功能和优势，规模过大则容易造成团队的沟通受阻甚至出现团队分化，从而影响团队的工作效率。

4. 构建创业团队制度体系

创业团队制度体系的作用是对成员进行约束和指引，可以分为约束制度和激励制度两类。约束制度主要包括纪律条例、组织条例、财务条例、保密条例等，其作用是约束团队成员的行为，保证团队的秩序。激励制度主要包括利益分配方案、奖惩制度、考核标准、激励措施等，其作用是充分调动团队成员的积极性，最大程度地发挥团队成员的能力。

5. 团队整合

要想使创业团队真正凝聚在一起，发挥强大的作用，大学生创业者还需要在实际运作中不断调整。随着团队的运作，创业团队在人员安排、制度设计、职权划分等方面的不合理之处会逐渐暴露出来，这时就需要对创业团队进行整合。

二、把握创业机会

(一)发现创业机会

对于成功的创业活动来说，一个好的创业项目或创业想法是基础及首要条件，是创业者实现愿望及创造商业机会的第一步。那么如何发现创业机会？以下列出一些发现创业机会的方法。

1. 兴趣、爱好

很多成功落地的创业想法是在创业者追求兴趣、爱好的过程中产生的。如喜欢玩电脑游戏、烹饪、运动、表演等，均有可能将其发展成一种创业项目。

2. 个人的技能和经验

个人的技能和经验是创业者最重要的资源之一，这不仅体现在产生想法方面，而且还体现在如何利用这些想法方面。

3. 特许经营

特许经营是指特许者将自己所拥有的商标、商号、产品、专利和专有技术、经营模式等以特许经营合同的形式允许被特许者使用，被特许者在特许者统一的业务模式下，按照合同规定从事经营活动并向特许者支付相应的费用。我国从 20 世纪 90 年代起开始流行这种商业模式，尤其是在餐饮、服装等行业。

4. 大众传媒

包括招聘网站、社交媒体等在内的大众传媒是大量信息、想法和机会的来源，这些大众传媒会发布关于流行趋势、消费者需求变化的报告，也会发布很多关于企业转让的商业广告。这其中就蕴含着一些创业机会。

此外，市场调查、人们(消费者)的意见等都是获取创业想法的重要来源。大学生创业者尽管个人技能与经验不足，但可以尝试多种方式来寻找创业机会。

思政元素

陕西高校毕业生基层就业绽放青春

2020 年，从陕西科技大学镐京学院物流管理专业毕业两年后，赵晓青辞去在上海月薪过万的工作，返回家乡千阳县创业。拥有 13 万亩苹果园的千阳是全国知名的矮砧苹果生产基地，赵晓青决定做直播售果，“我的初衷很简单：想让父母种的苹果卖得容易些”。

靠着一部手机，她走上一个人的创业路。销量一度上不来，她曾经愁眉不展。“困难时，我得到了 5 000 元的大学生创业补贴，还参加了县里组织的电商培训和实地考察。”赵晓青说。从抹芽、绑枝到套袋、采摘，从撰写脚本到拍摄剪辑，她亲力亲为。

赵晓青的直播吸引到越来越多的订单。如今，28 岁的她带出了近 20 人的直播团队，其中还包括不少农村“宝妈”。直播带货也从只卖本村的苹果，扩展到销售当地的甜瓜、核桃、油桃等特色农产品。2021 年，这支团队仅销售苹果就达 200 余吨。

在千阳，每年有 60 余名高校毕业生返乡从事与苹果和奶山羊产业相关的工作。千阳县委书记说，县域特色产业给大学生创造出广阔的就业舞台。年轻力量的注入，也为乡村振兴提供了可持续的人才支撑。

（资料来源：新华网，2022 年 7 月 14 日，有改动）

（二）创业机会的筛选与评估

寻找、发现和利用创业机会是成功创业者的特征之一，也是成功创办和管理企业的基础。创业者不仅要产生创业想法和识别创业机会，还要会筛选与评估它们，从而把握和利用最有价值的创业机会。筛选与评估创业机会包括以下几个方面。

1. 行业与市场

市场是由购买力、购买意愿及能够购买产品或服务的（潜在）消费者构成的。因此，要满足消费者的需求，必须考虑产品或服务的价格以及提供产品或服务的地点、时间；另外，还要考虑市场的大小及行业的增长速度。

2. 机会窗口

机会窗口是指某一市场或产品发展空间所存续的时间段，使创业者能在这一时段中创立自己的企业，并获得相应的盈利与投资回报。机会窗口是有时间期限的，这就需要评估机会窗口打开的时间长度及能否在机会窗口关闭之前把握机会。

3. 团队管理

在对创业项目的投资评估中，管理团队是非常重要的一个考量因素，因为团队在相同或相关行业和市场中的技能和经验通常决定了企业的成败。

4. 竞争力

竞争力是指项目在市场中相对于同类产品或服务的优势，可能是质量更高，也可能是价格更低。竞争力是企业在市场中获得竞争优势的最基本条件。

5. 资金、技术和其他必需的资源

掌握可用的资金、技术和其他必需的资源将有助于创业者获得某个创业机会。

6. 外部环境

外部环境不仅包括自然环境，而且还包括政治、经济、地理、法律等社会环境。外部环境对于创业机会的形成起重要的作用，同时也是创业者创业成功与否的重要因素。

7. 可行性研究及商业计划书

讨论与调查上述各因素的过程就是人们常提到的可行性研究，研究的结果一般以商业计划书的形式呈现。商业计划书的撰写同本章第三节创业计划书的撰写。

(三)风险防范

风险充斥于人类生活的方方面面。创业风险是指创业中存在的风险，即由于创业环境的不确定性，创业机会与创业企业的复杂性，创业者、创业团队与创业投资者的能力与实力的有限性而导致创业活动偏离预期目标的可能性及其后果。

1. 创业风险的分类

(1)技术风险。如研制的产品能否从雏形变成合格品，形成批量生产；产品寿命是否会缩短，提早退出市场；相应的配套技术是否成熟；等等。

(2)管理风险。决策风险、组织风险和生产风险等都属于管理风险。

(3)市场风险。新产品能否顺利推出，能否被客户接受，市场接受力怎样，潜在的竞争对手的进入带来的威胁如何等都属于市场风险。

(4)外部环境风险。国家的产业政策、经济发展趋势的变化，都会给企业经营带来风险，一些突发事件或自然灾害也会给企业带来很大的风险。创业企业应当多研究国家的产业政策，尽量避开那些政策限制性行业。经济条件允许的时候应尽量为创业企业财产购买保险或加入一些互助性组织，以增强创业企业抵抗风险的能力。

2. 创业风险的防范

(1)培养创业风险防范意识。

创业风险识别是一个过程，大学生创业者需要具备识别风险的能力，并在创业过程中结合实际不断地提升这种能力。创业风险贯穿整个创业活动过程，并且这些风险往往是变化的、连续的、相互关联的。因此，创业风险的识别不是一时的，大学生创业者需要做好长期性、系统性的预防工作。

(2)提升创业风险防范能力。

①提升对人力资源管理风险的防范能力。

加强企业内部管理，建立管理制度是企业发展的根本，是对企业员工的鞭策和激励。同时，管理制度确立之后，还要严格遵循、奖罚分明，这样才能有效地规避管理不当带来的风险。

②提升对技术风险的防范能力。

大学生创业者可以从四个方面加强对技术风险的防范：第一，加强对技术创新方案的可行性论证，建立灵敏的信息预警系统；第二，组建技术联合开发体或建立创新联盟等；第三，提高创业企业技术系统的活力；第四，重视对专利申请、技术标准申请等保护性措施的利用。

③提升对财务风险的防范能力。

大学生创业者一方面要加强管理，另一方面要学习财务知识。在创业初期，大学生创业者就必须

做好资金规划，合理编制资金预算，加强成本管理，提高资金的利用率；同时，需要拓展融资渠道，积极关注各项创业政策，寻找适合的、灵活便捷的融资方式，为企业发展提供良好的资金支撑。此外，还要不断学习财务知识，掌握财务技能，只有对企业的财务状况了然于心，才能科学、可持续地开展创业活动。

知识延伸

日照市编制发布城市创业“机会清单”

“双创”平台想招商找不到项目，企业想对外寻求合作找不到合作伙伴，如何实现信息畅通、资源共享？各级各部门出台了一系列激活创新创业活力的政策措施，但政策的“碎片化”导致很多创业者政策找不到、找不全，这一问题如何破解？为精准筛选创业机会，2021 年 9 月 29 日，日照市编制发布城市创业“机会清单”，据悉，此次发布的日照市创业“机会清单”，包含三张清单，共 202 条供需信息。

第一张是项目合作清单。围绕日照市正在推进的省市级重点项目和新旧动能转换重点项目，聚焦实体经济、创新创业、消费提档等场景领域，梳理了 44 个合作需求项目，涉及创业就业需求信息 115 条。其中，项目融资需求信息 33 条，投资规模达 104.1 亿元，释放融资需求 21.55 亿元；新技术研发及产品类需求信息 10 条；规划及解决方案需求信息 3 条；人才等要素需求信息 34 条；市场开发需求信息 14 条；其他合作需求信息 21 条。

第二张是平台供给清单。从全市范围内筛选出科创中心、孵化中心、众创空间、专业园区等创业场所 37 处，其中能够实现拎包进驻的创业场所 21 处，提供阶段性免费工位的创业场所 5 处。每处创业场所都根据企业经营状况，制定了各有特色的补贴和扶持政策，方便创业者进行选择。除此之外，各创业平台还将为进驻企业提供企业注册指导、创业培训、法务咨询、财税代理等一揽子“保姆式”服务，让创业更加轻松便利。此次筛选的创业平台，涉及数字经济、网红经济、电子商务、文旅康养等新兴经济，也涵盖新一代信息技术、智能制造、医疗器械等高端制造项目，创业者可结合自身产业发展方向进驻不同的创业平台。

第三张是创业政策清单。从各级出台的“双创”支持政策中，梳理出真金白银的“干货”政策 50 条，并对每项政策明确了政策出处和主管单位，方便广大创业者咨询，确保创业政策应享尽享、一项不漏。

在首期创业“机会清单”编制中，日照市把创业政策、创业场所和合作机会一体化发布，以清单方式为创业者提供一站式服务，体现了从“给政策”到“给机会”的转变和创新。对广大创业者，不仅在政策上给予支持，而且对“双创”平台、产业项目进行梳理发布，尤其首次对全市创业载体进行了系统梳理发布，便于创业者节省时间、成本，直接比较鉴别、按图索骥，从中寻到更多的创新创业机会。

（资料来源：北青网，2021 年 10 月 12 日，有改动）

三、整合创业资源

创业资源是创业的物质基础，创业过程中的所有活动都需要依托创业资源来展开。大学生创业者往往没有足够的创业资源，因此，获取、整合、有效地运用创业资源，就成为大学生创业的重中之重。

(一)创业资源的获取

创业资源的种类很多，涉及面很广，其中既有有形资源，也有无形资源；既有直接作用于生产经营的资源，也有间接服务于企业运作的资源。但是所有的创业资源，几乎都是通过以下四种渠道获取的。

1. 购买

购买是最直接的获取创业资源的一种方式，是指使用资金从外部获取厂房、设备、原材料、技术工艺、办公耗材等资源，以及雇用员工的行为，其本质是将资金资源转化为其他资源。但是创业初期的储备资金可能并不充足，创业企业无法完全依靠购买解决问题。

2. 合作

对于一些没有能力获取的创业资源，如昂贵的设备、专业技术等，创业企业可以通过与其他组织合作的方式来进行资源交换或资源共享。例如，创业企业可以与高校、研究室、科研机构等单位合作进行技术开发与转化。

3. 外部吸引

外部吸引是指通过创业企业未来发展的前景来吸引外部的个人或组织为创业企业投入资源，如获取投资就是吸引外部的资金资源。

4. 内部积累

有一些创业资源可以通过内部积累的方式获取。例如，进行技术开发是获取技术资源的方式之一；通过培训与学习提升团队成员的管理能力可以获取管理资源；推销行为可以获得市场资源等。内部积累也是创业企业获取创业资源的重要渠道。

知识延伸

大学生要学会利用大平台配置创业资源

2015年8月2日，在全国大学生创业实训营绵阳站的现场，见证了小米科技成长全过程的中关村科技园区管理委员会相关负责人和实训营的成员分享了大学生创业应该注意的几个问题。

如今，中国的创业已经不是孤军奋战，在“大众创业、万众创新”的号召下，全国各地的创业社区、众创空间不断兴起，对创业公司和创业者的服务也在不断升级。并且，像小米、36氪等创业企业也开始做自己的创业孵化器。中关村科技园区管理委员会相关负责人和实训营的成员提醒大学生创业者，“从事创业活动可以依托众创空间，但要尽量选择在创业孵化环境比较优化的地点创业，要学会利用大平台配置创业资源”。

轻资产创业如今已经成为创业初期的主流模式，“由于互联网的存在，以及制造业在后端大量委托加工的方式出现，无论是做硬件的公司还是做软件的公司，尤其是在初创期，都要尽量通过这种方式来创业以降低风险”。

此外，合伙人的选择同样重要。当下，天使投资、合伙融资、众筹成为创业的主流模式。“创业不仅需要投资，还需要伙伴、合伙人，并且必须要志同道合，能够跟你一起历尽千辛万苦走完创业历程。”

中关村科技园区管理委员会相关负责人谈到，能够获得天使投资是一件幸运的事，但是绝大部分创业企业没这么幸运。据中关村内部统计，创业企业能够在线下获得天使投资的比例大概是千分之五。

“如果你能够在线下完成融资，那是你的大幸，不过还是可以通过众筹平台广泛获取社会投资。现在众筹的平台比较多，大学生创业者一定要选择好的众筹平台募集创业资金，比如36氪、京东、阿里巴巴。当然，既要学会寻求资金扶持，更要能够自力更生。”他说。

当然，寻找投资需要创业者有“推销自己和公司的本领”，能用简短的话把创业项目、公司核心业务、收入模式、未来规划等讲清楚。

最后，他坦言，他大力支持在校大学生积极参与创新创业实践跟创业活动，也赞成具备条件的大学生在校期间以多种方式创业，但并不鼓励在校大学生面对创业一哄而上。

（资料来源：《中国青年报》，2015年8月25日，有改动）

(二)创业资源的运用原则

创业资源本身存在不同的价值，仅靠单个创业资源难以创造新的价值。运用创业资源也就是开发和调整各种创业资源，并将不同的创业资源合理地组合搭配，使其相互作用，产生新的价值的行为和过程。在运用创业资源的过程中，大学生创业者应该遵循以下四个原则。

1. 渐进原则

对于任何一个创业企业来说，创业资源都是难以完全发掘、配置和运用的。因此，创业企业必须遵循渐进原则，根据对创业资源的需求程度以及创业资源开发和运用的成本、收益和不确定性的综合考虑，逐步寻找和运用各种创业资源。也就是说，为降低创业资源的维护成本，对于每一种创业资源，创业企业都应当选择一个适当的整合时机。

2. 双赢原则

创业企业在发掘和运用资源时，不能仅从自身利益出发，而是应坚持双赢的原则。尤其是在发掘和运用需要长期使用的创业资源时，更要重视对方的既得利益。例如，实现创业企业和员工(人力资源)、经销商(社会资源)之间的双赢。

3. 当前利益与长远利益相结合原则

创业资源整合的根本目的是实现创业企业利益的最大化，但利益有当前利益与长远利益之分。因此在整合创业资源时，应该充分协调好当前利益与长远利益之间的关系。在创业初期，大学生创业者可能会追求快速盈利，但单纯基于当前利益而对创业资源进行过度开发，最终会给创业企业的长远发展带来隐患。

4. 缓冲原则

对于创业企业来说，陷入困境是常有的事情，大多数利益主体都不愿意冒太大的风险去帮助一个创业企业，创业企业要走出困境可能更多地需要依靠自有资源。因此，创业企业在资源整合的过程中一定要留有余地，以备不时之需，如预留一些储备资金、原料等，以有效地帮助企业度过困境。

(三)整合创业资源的策略

资源整合需要
相互成就

要想做好创业资源的整合工作，大学生创业者需要运用一定的策略。对于事业刚刚起步的大学生创业者来说，创造性拼凑策略与“步步为营”策略比较适用。

1. 创造性拼凑策略

创业伊始，大学生创业者往往面临严重的资源制约，如果发现某个创业机会，但又缺乏抓住这个机会的足够资源，那么大学生创业者就只有两种选择：搜寻新资源去减少这种制约，或者直接放弃。

一些大学生创业者另辟蹊径，做出了第三种选择，他们选择整合自己已有的资源，从而创造出独特的价值。这些已有资源在他人眼里也许无足轻重，但创业者能创造性地运用它们达成目的。这样的行为就是创造性拼凑。

(1)创造性拼凑的要素。创造性拼凑具有三个要素，即已有资源、整合资源用于新目的和将就使用。

①已有资源。已有资源是指创业者可以轻易获得的资源，包括创业企业内部资源和外部获取的资源。虽然有些资源对他人来说或许是没有价值的，但是创业者可以通过自己独特的技巧、经验，将这些资源创造性地整合在一起，突破资源传统利用方式的束缚，使其发挥新的效用。

②整合资源用于新目的。对于一些“零碎资源”，创业者可能不能确定其用途，但是在面对新问题时，创业者通过敏捷的思维和敏锐的洞察力察觉到这些“零碎资源”的潜力，突发奇想地将其用在系统中，这便是一种基于新目的的创造性整合。

③将就使用。创造性拼凑是在时间紧迫和资源不足情况下的权宜之计，其拼凑使用的多是“废旧材料”或者其他系统的材料，因此在耐用度、性能和系统匹配度上往往会有一些不足，创业者需要保持关注，对其进行维护或更换。

(2)创造性拼凑的分类。创造性拼凑可以分为全面拼凑和选择性拼凑。二者在拼凑的范围与程度上有很大的不同。

①全面拼凑。全面拼凑是指创业者在物质资源、人力资源、技术资源、制度规范和市场等诸多方面长期使用拼凑方法，在企业现金流步入稳定状态后依然没有停止拼凑的行为。全面拼凑的企业表现出如下特点：往往过分重视“零碎资源”，经常收集储存各种工具、材料、二手旧货等；偏重个人技术、能力和经验。创业者在每个领域都采用拼凑手段，久而久之，容易使自己的企业被大众认定为标准低、质量次的“拼凑型企业”。

②选择性拼凑。选择性拼凑是指创业者在拼凑行为上有一定的选择性。在应用领域上，他们往往只选择在 1 个或 2 个领域内进行拼凑。在应用时间上，他们只在早期创业资源紧缺的情况下进行拼凑，随着企业的发展逐渐减少拼凑，甚至最后完全放弃。这种拼凑方法可以使企业摆脱“拼凑型企业”的阴影，逐步走向高端化，满足更广泛的市场需求。

精选案例

将废弃煤矿变为发电站

李明的农场有一个废弃的煤矿，煤矿穿过农场形成了巨大的污水坑，并且产生了大量沼气。沼气是一种温室气体，对人体有害，因此煤矿不得不弃用。李明的农场也被沼气破坏了，无法进行耕种。

失去农场收入的李明没有放弃，与合伙人一起挖了一个直通矿井的洞，这样沼气就能从洞里涌出。然后，他们又从本地工厂购买了一台二手柴油发电机。发电机经过简单改造后能够燃烧沼气。发电机被架在洞口利用沼气发电，大部分电力通过翻新的变压器卖给本地电网。考虑到发电机在使用过程中会产生大量的热，他们便利用发电机的冷却系统加热水，建造了一个温室，用于无土栽培番茄。

李明没有蓄电设备，于是在非用电高峰期时，他用生产出的电力点亮特制的灯泡，用于加速番茄的生长。考虑到温室里有种植番茄的水、免费的热能，李明决定养殖罗非鱼。他用种植番茄的水养鱼，并将鱼的排泄物作为番茄的肥料。最后，倘若还有多余的沼气，他就卖给一家天然气企业。

面对危险的废弃煤矿，李明运用了高超的创造性拼凑技巧，依托废弃煤矿建立了发电站，又借用发电站的热能建设了温室，用于无土栽培番茄，继而又利用番茄的副产物养殖了罗非鱼。通过创造性拼凑，李明用少量的投入收获了多种产品，成功地变废为宝。

2. “步步为营”策略

“步步为营”一词在创业环境中逐渐演化出“自给自足”的意思。在创业资源整合的过程中，步步为营主要是指在缺乏资源的情况下，创业者分多个阶段投入资源并在每个阶段或决策点投入最少的资源。

由于所处环境的不断变化，大学生创业者无法清楚地知道未来的发展方向，只能“摸着石头过河”，通过不断地试错来逐渐调整、优化目标。这种行为在创业活动中则具体表现为大学生创业者往往会先投入部分资源，然后看资源的产出效果如何，并以此作为下一阶段资源投入的评判依据。

“步步为营”策略应用在创业活动中，表现为大学生创业者在资源投入方面较为节俭，希望依赖创业企业自身的能力解决困境，减少对外部资源的依赖。

（四）创业企业的融资

创业企业通常都面临着严重的资源制约，其中最为明显的就是资金的限制。资金是创业活动的“燃料”，创业企业生产、经营中的每一个环节都离不开资金。为了获取资金，维持创业企业的运转，大学生创业者就需要进行融资。

1. 创业融资的原则

（1）规模适当原则。一方面，企业对资金的需求是不断变化的，大学生创业者应该根据创业计划和创业阶段，运用财务手段合理地预测资金需求。创业企业的融资规模应该保持在一定的范围内，使融资额度与资金需求达到平衡。另一方面，创业企业还必须保持自身资金结构的合理性，确保企业的长期资金和短期资金维持在合适的水平。

(2)融资及时原则。创业企业的融资活动应该根据企业自身的资金安排来进行，使企业的融资与资金使用相匹配。融资过早会造成资金闲置，增加不必要的资金成本；融资滞后则可能错过有利的资金使用窗口期，影响企业正常的生产、经营。

(3)来源合理原则。创业企业的融资活动不仅影响企业自身，也涉及相关利益主体的经济利益。因此，大学生创业者在融资时一定要遵守国家的相关法律法规，选择来源合理的融资渠道，避免非法融资行为给企业自身以及其他相关利益主体造成损失。

(4)方式经济原则。创业企业在融资上需要讲究效益，由于资金的筹集与使用都会产生成本，因此大学生创业者在融资前必须事先确定该笔资金的使用方式及其收益，只有在资金使用收益大于资金成本的情况下才能进行融资。此外，不同的融资方式，其资金成本也不同，大学生创业者应该分析、对比各种融资方式，选择经济、可行的融资方式。

2. 创业融资的方式

创业融资的方式多样，方式不同，融资额度、融资成本和融资风险也不同。选择合适的融资方式是创业企业能否站稳脚跟、实现健康发展的关键所在。表 6-1 中总结了几种融资形式的优点和缺点，以期让大学生创业者能够正确选择合适的融资形式。

表 6-1 几种融资形式的比较

融资渠道	优点	缺点
个人积蓄	独占利润； 减少债务	一般创业所需资金金额较大，自我融资无法满足融资需求
亲情融资	筹资速度快； 成本低，利率较低或无息； 稳定，风险小	增加了企业运作的复杂性； 金额有限； 可能给亲友的资金带来风险
金融机构融资	金额较大	手续烦琐，门槛较高； 需要负担利息； 需要抵押和担保或是出让股权
风险投资	保证周转资金； 提升企业实力	风险较大； 需要出让股权
天使投资	融资程序简单快捷； 不需要抵押和担保	门槛较高； 金额较小
政府创业援助	成本低，利率较低或无息； 稳定，风险小	金额较小； 手续烦琐
高校创业基金	大学生易获得； 成本低，利率较低或无息	金额较小，支持力度有限； 范围较窄

知识延伸

国务院进一步支持大学生创新创业　鼓励金融机构解决创业融资难题

《国务院办公厅关于进一步支持大学生创新创业的指导意见》(以下简称《意见》)指出，鼓励金融机构按照市场化、商业可持续原则对大学生创业项目提供金融服务，解决大学生创业融资难题。落实创业担保贷款政策及贴息政策，将高校毕业生个人最高贷款额度提高至20万元，对10万元以下贷款、获得设区的市级以上荣誉的高校毕业生创业者免除反担保要求；对高校毕业生设立的符合条件的小微企业，最高贷款额度提高至300万元；降低贷款利率，简化贷款申报审核流程，提高贷款便利性，支持符合条件的高校毕业生创业就业。鼓励和引导金融机构加快产品和服务创新，为符合条件的大学生创业项目提供金融服务。

《意见》还提到，落实落细减税降费政策。高校毕业生在毕业年度内从事个体经营，符合规定条件的，在3年内按一定限额依次扣减其当年实际应缴纳的增值税、城市维护建设税、教育费附加、地方教育附加和个人所得税；对月销售额15万元以下的小规模纳税人免征增值税，对小微企业和个体工商户按规定减免所得税。

（资料来源：证券时报网，2021年10月12日，有改动）

四、构建商业模式

(一)商业模式的定义

商业模式是企业满足消费者需求的一个系统，这个模式能组织管理企业的各种资源(又称输入变量，包括资金、人力资源、原材料、作业方式、销售方式、品牌和知识产权、信息、创新力、企业所处的环境)，从而形成一个能够向消费者提供无法自力而必须购买的产品和服务(又称输出变量)的系统。这个系统具有自己在复制中占据市场优势地位或者自己能复制但别人不能复制的特性。

(二)设计商业模式的思路和方法

商业模式的五大要素为利润源、利润点、利润渠道、利润杠杆和利润屏障。其中，利润源即企业的顾客；利润点即企业提供的产品或服务；利润渠道即产品或服务的供应和传播渠道，即产品或服务外部运作；利润杠杆即生产产品或提供服务的内部运作；利润屏障即保护产品或服务的战略控制活动。商业模式就是以五大要素中的一个至两个要素为核心，其余要素相互协同的价值创造系统。所以，无论是在企业商业模式设计阶段还是在完善阶段，都必须遵循商业模式设计完善的五步法。

1. 界定利润源——顾客

企业利润源指的是购买企业商品或接受企业服务的顾客群体，这个群体是企业利润的唯一源泉。企业利润源及其需求的界定决定了企业将为谁创造价值。企业顾客群体分为主要顾客群体、辅助顾客群体和潜在顾客群体。

好的目标顾客群体，首先是要有一个清晰的界定，没有清晰界定的顾客群体往往是不稳定的；其次是要有足够的顾客群体规模，如果没有足够的顾客群体规模，企业的业务规模必然受到限制；最后是企业要对顾客群体的偏好和需求有比较深入的了解和认识。

2. 完善利润点——产品或服务

利润点是指企业可以从中获取利润的、目标顾客群体购买的产品或服务。利润点决定了企业为顾客创造的价值是什么，以及企业的主要收入及其主体结构是什么。

好的利润点是企业价值最大化与顾客群体价值最大化的结合点，它不仅要对目标顾客群体清晰的需求偏好进行分析，而且还要为目标顾客群体和企业创造价值。如果企业的产品和服务缺乏顾客针对性或者根本不创造利润，这就不是好的利润点。

3. 拓宽利润渠道——外部运作价值链

利润渠道是指企业向顾客供应产品或服务和传递产品信息的渠道。这是商业模式正常运作过程中不可缺少的外部价值链。产品或服务的价值传递过程是企业把产品或服务传递给目标客户的分销和传播过程，其目的是便于目标顾客群体更方便地了解和购买企业的产品或服务。

4. 打造利润杠杆——内部运作价值链

利润杠杆是指规划企业内部运作价值链，是商业模式设计与完善的重要内容，决定了产品或服务能否为企业带来价值或者为企业带来多少价值。企业利润杠杆的主要模式包括：技术与装备杠杆、组织与机制杠杆、资本运作杠杆、生产运作杠杆、信息杠杆、供应与物流杠杆、人力资源杠杆等。这些内部运作模式可以清晰地界定企业结构和内部运作的成本及其计划实现的利润目标。

5. 建立利润屏障——战略控制活动

利润屏障是指企业为防止竞争者夺取本企业的目标客户群体，保护利润不向外流失而采取的一种战略控制手段。利润杠杆是撬动“奶酪”为己方所有，而利润屏障则是保护“奶酪”不为他人所动。

有效的利润屏障主要有领导地位、建立行业标准、控制价值链、独特的企业文化、品牌、良好的客户关系、知识产权等。

商业模式是企业创造利润的思维方式，虽然会有许多种不同的创造利润的方式，但是每个企业最终只会从其中选择一种适合自己的方式，而企业的主导思维也是决定商业模式的主要因素。企业面对的是不确定性很高的未来，同时对于市场信息也无法全盘获得，没有哪一种商业模式能确保利润在未来一定会被实现，也就是说没有所谓的最佳商业模式。所以，创业者在设计与执行商业模式的时候，一定要对未来市场需求保持弹性调整的心态，也就是说，商业模式需要因环境而变动，而且在执行时要保持高度的弹性。

知识延伸

常见的商业模式

(1)O2O(Online-to-Offline)，即“线上到线下”的电子商务模式。把线下商务机会与互联网结合在一起，让互联网成为线下交易的前台。代表公司：美团、大众点评等。

(2)B2C(Business-to-Customer)，即“商对客”的电子商务模式。企业通过互联网为消费者提供一个新型的购物环境——网上商店，直接面向消费者销售产品和服务。这种形式的电子商务一般以网络零售为主，主要借助互联网开展在线销售活动。代表公司：亚马逊、京东商城等。

(3)B2B(Business-to-Business)，即“商对商”的电子商务模式。企业对企业进行电子商务交易，供需双方都是商家。它们使用互联网技术或各种商务网络平台完成商务交易。代表公司：阿里巴巴、慧聪网等。

(4)C2C(Customer-to-Customer)，即个人对个人的电子商务模式。代表公司：淘宝网等。

(5)P2C(Production-to-Customer)，即产品到顾客的电子商务模式。产品从生产企业直接送到顾客手中，中间没有任何的交易环节。代表公司：58 同城、赶集网等。

第三节 创业设计

一、认识创业计划书

创业计划书是在创业时针对所创立业务制订的书面计划概要。它既是创业的指示图，同时也是衡量创业进展情况的标准。通常，创业计划书是一份完整、独立的文件，用于介绍可行的市场需求，以及企业如何满足这些需求，并强调实施工作所需的资源。创业计划书需要根据创业项目的特点和性质，以及对市场的预测等，来设计其结构和内容。总体来讲，创业计划书应符合以下要求。

(一)简洁完整，突出重点

为了让投资者了解创业的过程，创业计划书要对创业的目的、过程、预期结果等进行简洁、完整的描述，同时，为了引起投资者的兴趣，创业计划书的行文还要突出重点，显示出其独特的优势及竞争力。

(二)语言通畅，表述精确

撰写创业计划书是为了让投资者获知计划书所表述的内容，因此，无须用华丽的辞藻对内容进行过度美化，而是要语言通畅、表述精确，以便投资者清晰、明确地看到创业计划书所要呈现的内容。比如，在财务分析时，尽量用形象直观的图表进行描述。

(三)数据翔实，尊重事实

创业计划书中的数据应该基于前期广泛、客观、真实的市场调研和分析，财务预测等应由财务专业人士协助完成，这样才不至于高估市场需求和创业成功率，忽视竞争威胁和重大风险，让投资者降低或丧失信任。

(四)保护知识产权，以防泄密

知识产权是企业的生命，要注重对知识产权的保护，把最核心的技术用专利保护起来。在撰写创业计划书时不要对核心技术进行过于详细的描述，实在无法回避详细描述或必须展示核心技术产品时，要和阅读创业计划书的投资者签署保密协议，以防商业机密泄露造成不可挽回的损失。

（五）团队合作，优势互补

人才是创业团队最重要的资源，也是投资者最看重的投资因素。因此，创业计划书要详细介绍创业团队中核心人员的技术和能力以及团队成员间的优势互补，这样更有利于获得投资者的青睐。

二、撰写创业计划书

创业计划书的内容包括战略规划和项目筹(融)资等，这些是创业企业的行动纲领和执行方案，是经营活动的蓝图与指南。创业计划书具体包括以下几个方面的内容。

（一）摘要

摘要是创业计划书的核心所在，应浓缩创业计划书的精华。摘要部分要尽量简明、生动，旨在引起投资者的兴趣，让投资者产生进一步详细探究项目的意愿。

摘要一般包括企业概述、主要产品和业务范围、行业和市场、营销策略、生产计划、管理者及其组织、融资说明、财务计划与分析、风险因素、退出机制等总括式的内容。

精选案例

优秀的计划摘要

王旭是一名大四的学生，在临近毕业前他参加了本地各高校联合举办的创新创业大赛。在大赛上，王旭通过创业计划书展示了他和同学共同研发的室内绿化项目。投资者在看到他提交的创业计划书时，仅凭一页计划摘要就对该项目产生了浓厚的兴趣。王旭的计划摘要内容如下。

项目简介：本公司着力打造“人与自然”和谐共处的居住理念。随着社会经济的发展，人们的居住条件得到了改善，但生存环境却在不断恶化，尤其是装修污染问题日益严重。目前，新装修的房屋绝大部分室内环境达不到国家环保的标准，而室内空气污染引发的肺癌、呼吸道疾病以及白血病的患者数量在不断增加。如何通过室内绿化来美化环境、消除污染将成为人们装修时最关注的问题。

项目进展：项目初始投资 100 万元。经过 3 年的发展，公司营业收入及利润将每年递增，到第 3 年营业收入将达到 460 万元，税后利润将达到 120 万元。

竞争优势：绿色环保产业是国家重点扶持和重点发展的产业。目前，市场上将室内绿化设计与植物的特效功能(如清除有害气体等)联系在一起的企业还不多，该领域处于市场空缺阶段。

产品介绍：通过室内绿化项目，消费者可以在健康与舒适的环境中生活，同时能减少由室内空气污染而引发的疾病的产生。

团队介绍：创业团队由一群充满激情与创新精神的大学生组成，本团队拥有园林植物与观赏园艺专业的研究生、技术经济及管理专业的研究生，以及植物相关专业的本科生。其中，团队创始人还取得了室内绿化装饰师证书。

王旭的项目之所以能够吸引投资者的目光，不仅是因为创业计划书非常详细，还在于计划摘要简洁、明了。一页计划摘要就清楚地介绍了所提供的产品，以及该产品是如何解决消费者的问题的，让投资者明白了该项目的商业价值。

(二)企业概况

企业概况不是描述整个计划，也不是提供另一个概要，而是对企业做出整体的介绍。所以此部分应当介绍企业过去的发展史、现在的运行情况以及对未来的规划。而对于大学生创业者来说，企业概况不涉及企业的发展历史，重点在对未来的规划上。

具体而言，企业概况主要包括企业的名称、地址、联系方式、业务情况、定位、竞争优势或者独特性，企业未来发展的预测、战略和重要的取胜因素，中期目标和长期目标等。

(三)产品或服务

创业企业的产品或服务能够在多大程度上解决现实生活中的问题，或者能否帮助顾客节省开支、增加收入等，这些都是投资者非常关心的问题。因此，产品或服务介绍是创业计划书中必不可少的一项重要内容。

产品或服务的内容主要包括产品或服务的名称及性能、主要产品介绍及用途、产品或服务的研发过程、产品或服务处于实验阶段还是成熟阶段、产品或服务的市场前景和竞争力、产品或服务的品牌和专利、产品或服务的技术改进，以及发展新产品的计划与成本分析等。

创业者要对产品或服务进行详细的说明，并且说明要准确，也要通俗易懂，使投资者能看明白。同时，附上产品原型、图片或其他介绍等内容。

(四)行业和市场

1. 行业分析

行业分析具体应说明的问题包括：如何克服进入该行业的壁垒；行业发展程度和发展动态；行业的总销售额与发展趋势；经济发展对该行业的影响程度；政府对该行业的影响程度；将采取的战略；行业发展的决定性因素与竞争本质；等等。

2. 市场定位

市场定位即对目标市场的阐述，内容包括：细分市场；目标顾客群体；5 年生产计划以及收入和利润预测；拥有的市场份额；目标市场份额；等等。

3. 竞争分析

竞争分析主要说明的问题包括：主要竞争对手是谁；竞争对手所占的市场份额是多少；竞争对手的市场策略是什么，可能出现什么样的新发展；自己的市场策略是什么；自己的发展、市场和地理位置的优势是什么；能否承受竞争所带来的压力；产品的价格、性能、质量在市场竞争中所具备的优势是什么。

(五)营销策略

营销是企业经营活动中最富有挑战性的环节。影响营销策略的主要因素包括产品的特性、消费者的特点、市场环境和企业自身的状况等因素，但最终影响营销策略的是营销成本和营销效益。

创业计划书中应说明现在与未来 5 年的营销策略，包括营销机构和营销队伍的组建、营销渠道的选择和营销网络的建设、广告策略和促销策略、价格策略、市场渗透与开拓计划、市场营销中意外情况的应急对策等。

(六)生产计划

生产计划在创业计划书中是必不可少的内容，它涉及企业的生产流程、生产能力、生产成本、供应链管理以及生产计划时间安排等方面。生产流程具体描述产品或服务的生产过程，包括生产设备、原材料采购、生产加工等；生产能力具体描述企业的生产布局和生产能力，包括生产线的配置、产能的估算等；生产成本具体描述生产过程中的各种成本，包括直接成本、间接成本、固定成本、变动成本等；供应链管理具体描述供应链的整体规划，包括原材料的供应者、供应方式、保证措施等；生产计划的时间安排具体描述生产周期标准和生产作业计划，包括生产开始时间、生产进度等。

(七)组织与管理

良好的组织结构和高素质的管理人员是管理好企业的重要保证。组织与管理部分应详细介绍的情况包括：各部门的功能与责任；各部门的负责人及主要成员；企业的股东名单，包括股权分配；企业的法律形式；企业的组织结构及未来组织结构的可能演变；企业的董事会成员；各位董事的背景资料；企业的薪酬体系；等等。

此外，创业计划书还要对主要管理人员加以阐述，介绍他们所具有的能力、他们在本企业中的职务和责任、他们的背景资料，还应介绍人力资源发展计划，包括各职能部门的人才需求计划、员工分红与认股权利、招募和培训人才的计划等。

(八)财务计划与分析

财务计划与分析包括财务规划、资金需求计划和筹资计划三个方面的内容。

1. 财务规划

财务规划是对今后 5 年企业发展状况的预测，需要花费较多的精力来作具体的分析，包括编制现金流量表、资产负债表及损益预测表等内容。

知识延伸

制订财务规划的原则

(1)财务规划要立足于真实的市场调查，不可凭空瞎想。产品能否得到市场的认可，决定了企业资金回流的可能性大小与速度的快慢，所以，创业者在制订财务规划之前必须亲自走入市场，了解消费者对于产品的真实态度和评价。

(2)财务规划要奉行“长粗短细”原则，即长期财务规划可以简略一些，但近期财务规划要尽量精准、详细。这主要是因为企业所处的环境会不断变化，这时制订详细的长期财务规划就是一件没有实际意义的事情，而近期的财务规划则必须详细，以作为创业者生产运营的指导。

(3)财务规划要建立在对企业生产、营销、人员管理等环节的透彻理解之上。制订财务规划之前，必须明确企业产品的产量、预计销量、产能扩张期、单位产品生产成本、单位产品定价、渠道维护费用、人工成本等数据，切忌盲目制订财务规划。

2. 资金需求计划

资金需求计划是对为实现企业发展计划所需要的资金额、资金的用途和资金需求的时间等所作的计划。

3. 筹资计划

筹资计划的内容包括：预计的筹资数额、资金的来源、资金筹集的成本、资金筹集的方式、资金筹集的风险评价、资金的收支安排等。

(九)风险分析

风险分析的目的是说明各种潜在的风险，向投资者展示针对风险的规避措施。大学生在编制创业计划书时，必须客观、理性地进行风险分析，只有把企业经营过程中可能遇到的风险客观地列出来，才能提出有效的风险应对措施。

(十)退出方式

投资者的退出方式主要说明企业成功创业后，投资者的初期投资以什么样的方式收回的问题。退出方式主要包括股票上市、股权转让、股权回购和利润分红四种。

另外，创业计划书中还应附上能够说明上述各项计划的证明资料、详细的制造流程与技术方面的资料、各种佐证资料及创业者的详细经历。

知识延伸

青春为挑战而来

——第十二届“挑战杯”中国大学生创业计划竞赛侧记

第十二届“挑战杯”中国大学生创业计划竞赛的赛场上，“年少有为”不再只是期望。

浙江大学蔚蓝防线团队设计的安全防护软件，可为语音交互提供安全保障；山东科技大学“智创绿源”团队，让中深层地热开发更安全环保；河南职业技术学院创业团队的便携式监护仪，让低成本监测心肺数据成为可能。

2020年6月，第十二届“挑战杯”中国大学生创业计划竞赛在东北林业大学启动。在这里，普通高校和职业院校的创业团队同台竞技，在科技创新和未来产业、乡村振兴和脱贫攻坚、城市治理和社会服务、生态环保和可持续发展、文化创意和区域合作五大类别的比赛中展开角逐。其中，科技创新和未来产业项目在项目总数中占比最高，为34.6%，大学生创业团队的“科技含量”不容小觑。

与以往不同，本届竞赛回归创业计划本源，取消了以往的创业实践赛、公益创业赛以及MBA专项赛。在引导大学生设计创业计划时，不仅考虑商业价值，更兼顾社会贡献度，让创业大赛和创业计划成为大学生了解国情、进行社会观察、启蒙创业意识、激发创新精神的创业课堂。

首届“挑战杯”中国大学生创业计划竞赛就担任评委的上海寅嘉创业投资管理有限公司总经理说：“‘挑战杯’创业竞赛不是一个短暂的活动，而是一个长期持续的创业教育。”他认为，创业项目从准备、调研、论证、打磨到进入市场，这个过程既成为高校创业教育的有力抓手，也成为大学生日后创业就业的重要资历积累。

“挑战杯”中国大学生创业计划竞赛已成为我国大学生创业的“奥林匹克竞赛”。2020年，该比赛参赛项目和人数都远超历届，共吸引全国2 786所学校的17.9万个项目报名参加，92.4万名大学生参与其中，1 439个项目进入全国决赛。

本届竞赛聚焦创新、协调、绿色、开放、共享的新发展理念，希望借此引领青年大学生走出校门、观察社会，用自己所学的知识来解决社会问题，通过创业实践让社会更加美好。而赛场上，众多大学生创业者正用自己的智慧和才干把这份期待变为现实。

来自北京理工大学的通信卫星阵列参数矩阵并行测量项目，斩获了科技创新和未来产业类别金奖。据该项目负责人、北京理工大学研二学生赵钦源介绍，他们团队耗时 5 年进行反复试验，攻克技术难题，发明了我国首套卫星通信阵列参数矩阵并行测量仪，让原本需要耗时 180 天才能测量完成的任务在 7 天内解决。

如何实现餐厨垃圾 100%资源化，则是南京大学果核团队主攻的社会痛点。他们到南京各地餐厨垃圾处理厂调研，经过 4 年的试验发现，黑水虻是最合适的资源型昆虫，可以吃掉高油盐垃圾，并能将其转化为饲料蛋白和有机肥料。现在，果核团队研制出的处理设备每日可处理两吨餐厨垃圾，已经在南京大学投入使用。

重庆电子工程职业学院创业团队扎根武陵山腹地的彭水苗族土家族自治县，进行了长达 3 年的深入调查，探索种产销一体的紫苏全株产业链扶贫模式，将紫苏这一植物做成带动当地脱贫致富的产业。目前，紫苏创业扶贫项目已辐射彭水苗族土家族自治县及其周边 4 个县的 20 多个乡镇，种植面积突破 5 900 亩，帮扶 398 户建档贫困户脱贫、1 600 多人就业。

作为社会实践和调研成果的展示与交流平台，“向祖国报到——‘挑战杯’社会实践云接力”活动是本届“挑战杯”创业计划竞赛的新亮点。

该活动以各省级团委为单位，以参赛团队为参与单元，广泛征集参赛大学生进基层、进社区、进企业、进农村的实践故事，通过点亮祖国地图的方式，展现大学生践行“坚定理想信念，站稳人民立场，练就过硬本领，投身强国伟业”的青春风采，吸引了 19.5 万名大学生参与，累计打卡 40.8 万次，打卡地点覆盖全国 2 841 个区县，实践里程超过 1.6 亿千米。

其中，黑龙江省 5 000 多个创业团队齐聚云端，1 万多名大学生奔赴各地，点亮祖国地图 2 万多次；山东省 10 万多名大学生、9 662 个创业项目深入全国各地的社区、农村等地调研，用奋斗填充青春底色；兰州理工大学“核心力量”项目团队来到甘肃省天水市最贫困的化岭村，制定出解决当地核桃产销难题的方案；云南大学的实践团队则走进西双版纳的曼拉村，和当地村民同吃同住同劳作，手把手教村民水稻种植管理技术。

2020 年夏天，在“向祖国报到——‘挑战杯’社会实践云接力”火热进行的同时，为强化大赛的群众性、客观性、交流性，充分发挥互联网的扁平化优势，共青团中央还设立了向梦想出发——“挑战杯”奋斗出彩云分享、导师会客厅、名师大讲堂、双创云展会、资源对接会、青年思享汇、畅想 2050 等系列主题活动。

（资料来源：《中国青年报》，2020 年 12 月 23 日，有改动）

第四节 企业创办

在当前经济形势下，企业这一组织形式是大学生创业者的主要选择。建立起一家企业并将其管理好是创业成功的基础，也是所有创业者的必修课。

一、认识企业

企业一般指以营利为目的，以实现投资者、客户、员工、社会大众的利益最大化为使命，运用土地、劳动力、资本、技术和企业家的才能等各种生产要素，向市场提供产品或服务，实行自主经营、自负盈亏、独立核算的法人或其他社会经济组织。

根据我国现行法律，成立企业需要有一定的注册资本、明确的经营范围、固定的经营场所。企业的组织形式可具体分为公司与非公司企业两种。

(一)公司

公司是依照《中华人民共和国公司法》在中国境内设立的以营利为目的的企业法人，是适应市场经济社会化大生产的需要而形成的一种企业组织形式，即公司是一类特殊的企业。公司包括有限责任公司和股份有限公司两种类型。

1. 有限责任公司

有限责任公司又称有限公司，是指由 50 个以下的股东出资设立，股东以其认缴的出资额为限对公司承担责任，公司以其全部资产对公司的债务承担责任的企业法人。

有限责任公司的股东只对企业承担有限责任，不用担心涉及个人的其他资产，风险较小；公司的所有权与经营权分离，更能适应市场竞争；多元化的产权结构有利于科学决策。但是有限责任公司设立的程序比较复杂，同时因为不能公开发行股票，其筹集资金的规模和途径受限。

2. 股份有限公司

股份有限公司又称股份公司，其注册资本由等额股份构成，通过发行股票筹集资本。股份有限公司的全部资本分为等额股份，股东以其认购的股份为限对公司承担责任，公司以其全部资产对公司的债务承担责任。

股份有限公司的股东只对企业承担有限责任，风险较小；公司产权可以以股票的形式充分流动；可以公开发行股票，筹资能力强。但是，股份有限公司的创立程序复杂，法规要求严格，公司需要定期报告自身财务状况，公司的相关事务无法严格保密。

(二)非公司企业

不设立公司的企业形式主要包括个人独资企业和合伙企业。这些非公司企业都不具备法人资格，不能独立享有民事权利和承担民事义务。

1. 个人独资企业

个人独资企业简称独资企业，是指依照《中华人民共和国个人独资企业法》在中国境内设立，由一个自然人投资、资产为投资者个人所有，投资者以其个人财产对企业债务承担无限责任的经营实体。个人独资企业是一种很古老的企业组织形式，至今仍被广泛运用，其典型特征是个人出资、个人经营、个人自负盈亏和自担风险。

个人独资企业的设立、转让和解散等手续简便且费用低；企业经营灵活性强，可迅速对市场变化做出反应；在技术和经费方面易于保密。但是，创业者需要承担无限责任，且不易从外部获得信用资金，融资困难，同时企业的成功非常依赖创业者的个人能力。

2. 合伙企业

合伙企业是指依照《中华人民共和国合伙企业法》在中国境内设立的由各合伙人订立合伙协议，共同出资、合伙经营、共享收益、共担风险，并对合伙企业债务承担无限连带责任的营利性组织。合伙企业又分为普通合伙企业和有限合伙企业。普通合伙企业中，所有合伙人对合伙企业债务承担无限连带责任；有限合伙企业由普通合伙人和有限合伙人组成，普通合伙人对合伙企业债务承担无限连带责任，有限合伙人以其认缴的出资额为限对合伙企业债务承担责任。

合伙企业的设立较为简单和容易；企业经营具有高度的灵活性；信用度较高；企业资金来源较广。但是，合伙企业财产的分割和转让很困难，合伙人有分歧时做出决策较困难，合伙人的个人因素也会在很大程度上影响企业的经营。

二、确定企业组织架构

企业的组织架构是企业内部对工作的正式安排，决定了企业的运作程序，企业的经营和管理都围绕组织架构开展。大学生创业者需要根据企业的规模、经营的项目、业务关系等因素来设计企业的组织架构。经典的企业组织架构有金字塔型组织架构和扁平化组织架构两种，大学生创业者可以选择一种基础架构加以优化。

(一)金字塔型组织架构

金字塔型组织架构是指在组织规模已定的情况下，通过比较小的管理幅度和较多的管理层次设计而使得职能严格划分、层级严格确定的组织架构形态。金字塔型组织架构历史悠久，又分化出了直线制组织架构、职能制组织架构和矩阵制组织架构等形式。

(二)扁平化组织架构

扁平化组织架构是管理幅度大、管理层级少、横向联系紧密的组织架构。扁平化组织架构在实际应用中表现出以流程为中心、管理层次简化、分权式管理、目标化管理的特点。

扁平化组织架构有利于缩短上下级之间的距离，密切上下级关系，信息纵向流通快，管理费用低。而且由于管理幅度较大，被管理者有较大的自主性、积极性和满足感。但同时又因为权力分散、不易实施严密控制，而加重了协调下属组织及人员的负担，随着企业规模的扩大，协调和取得一致意见就会变得更加困难。

三、企业注册

(一)确定企业名称

1. 企业名称格式

企业名称一般格式由地域名、字号、行业名、组织形式组成。

2. 企业命名的原则

不违反法律规定；有利于宣传、记忆；容易被公众接受和认同。

3. 企业名称的重要意义

企业名称对一个企业而言，是至关重要的。它不仅是企业的商号，更是企业的无形资产和品牌，还关系到企业的业务范围。

4. 确定企业名称的注意事项

确定企业名称，应注意法律、营销、文化等方面。

(1)符合法律法规的要求，符合工商行政管理机关的要求。

(2)符合消费者心理，易被公众接受，有利于宣传。

(3)体现企业的个性化特点，反映企业文化，体现企业素质，符合产品特点。

(4)有高品位的文化内涵，符合我国的道德伦理观念。

(二)注册企业的流程

为深化简政放权、放管结合、优化服务改革的部署要求，国务院规定我国从 2016 年 10 月 1 日起正式实施“五证合一、一照一码”的公司注册登记制度。“五证合一”后公司注册流程如下。

1. 核准注册公司名称

公司注册的第一步是核准公司名称，名称核准可以自己在市场监管部门网站上核准，也可以到市场监管部门现场核准。提交相关资料，市场监管登记窗口收到申请人的申请资料后，经审核，申请资料齐全并符合法定形式的，向申请人出具“‘五证合一’受理通知书”，并及时将相关申请信息录入企业注册登记系统。

2. 部门审核

市场监管登记窗口在承诺时间(内资企业 2 个工作日，外资企业 3 个工作日)内完成营业执照审批手续后，将申请资料和营业执照信息传至系统平台。

3. 及时办结

综合窗口收到各相关部门核准(或确认)的登记信息后，在“五证合一”系统平台上打印出载有注册号、组织机构代码、税务登记证号、社会保险登记证号和统计登记证号的营业执照。

4. 一窗发证

申请人凭“‘五证合一’受理通知书”或有效证件到综合窗口领取“五证合一”营业执照。申请资料原件由市场监管部门保存，在申请人需要向有关部门提交资料原件时，可向市场监管部门查询、复印。

精选案例

就业创业， 这里有人生出彩的机会

2022 年盛夏，咸宁职业技术学院毕业生吴超非常忙碌，他研发的百草鸡销量不错，合作养殖的农户热情很高。要保证产品质量，畅通产业环节，研发、培训的具体工作一点不能马虎。2022 年 7 月 28 日，他告诉《湖北日报》记者，“没想到自己也能拿到省赛、国赛大奖。今年毕业后，我更有信心、更有底气开拓事业”。

吴超来自农村，靠养鸡脱了贫。2019 年吴超进入咸宁职院后，眼界大开，他第一次接触到了百草鸡项目，该项目 2021 年荣获第七届中国国际“互联网+”大学生创新创业大赛省赛金奖、国赛铜奖，他成立公司专注项目落地。“职院给我最大的帮助是专业指导，让我少走弯路。”

近年来，随着湖北省逐步优化学校布局结构、学科专业结构和人才培养结构，加快培养战略性新兴产业急需人才，湖北省中职、高职院校就业率一直稳定在 90% 以上。教育部前不久公布的数据显示：十年来，我国中职、高职就业率（含升学）均高于普通高校的平均值。业内人士指出，这充分表明职业教育突出就业导向的特征。2022 年修订的《中华人民共和国职业教育法》进一步明确了职业教育面向市场、服务发展、促进就业的办学方向。在教育规划上，职业教育应当与促进就业创业、推动发展方式转变和产业结构调整等整体部署、统筹实施。

（资料来源：《湖北日报》，2022 年 8 月 3 日，有改动）

本章小结

本章引导大学生理性看待“大学生创业”这一热点现象，正确理解创新、创业。创业是一种特殊的就业形式。目前大学生创业虽然有很好的政策支持，但大学生在决定创业之前应该了解创业意向的真正内涵，科学地评估自己作为创业者的特征与潜力。决定创业后要做好准备，及时组建自己的创业团队，把握商业机会，学会整合创业资源，构建合适的商业模式。此外，还要学会撰写创业计划书，了解创办企业的相关知识。

教学检测

1. 简述大学生创业的相关政策法规。
2. 组建创业团队的原则是什么？
3. 商业模式的五大要素是什么？

思政园地★

小镇里走出的“紫苏姑娘”：我想做一些能留下的事

“我在新加坡上了 5 年学，回国后在北京上了两年班，之后辗转到大连，2009 年开了一家贸易公司。”初见范玲玲，爽朗的大笑就给人留下深刻的印象。

2022 年 6 月，范玲玲开始研究中秋节的紫苏月饼。

“馅料我会重新设计，今年打算做奶片紫苏籽、松子紫苏籽、豆沙紫苏籽、蛋黄紫苏籽等几种新口味。”范玲玲的想法总是很多。

“我生活的地方很偏僻，在出国之前都没去过大城市。”1983 年，范玲玲出生在内蒙古自治区呼伦贝尔市鄂伦春自治旗大杨树镇。

范玲玲谈及与紫苏结缘，满含深情，“紫苏油曾救过我姥姥的命，缓解了她脑出血的后遗症”。

紫苏分布于中国、不丹、印度、日本、朝鲜等地。它在中国种植应用已有近 2 000 年的历史，主要用于药用、香料、食用等方面，其叶、梗、果均可入药，嫩叶可生食、做汤，茎叶可腌渍。

近些年，紫苏因其特有的活性物质及营养成分，成为备受世界关注的经济价值较高的作物。

范玲玲说，自己的家乡大杨树镇正是培育紫苏的一块沃土。“从小吃紫苏长大，却不知道它有这么大的‘能量’。”

2017 年，范玲玲把大连的贸易公司托付给同学，只身回到小镇，开始研究紫苏的种植、开发，成为当地出了名的“紫苏姑娘”。

通过查找大量专业资料，范玲玲发现紫苏全身是“宝”，“我越来越爱它了”。

“我请专家来大杨树考察过，他们认可的是，全国只有这里种出来的紫苏 α-亚麻酸含量最高，并且全球最好的紫苏就在鄂伦春自治旗。”专家的肯定给了范玲玲自信。

“但是大家都不认识啊！”万事开头难，为了推广，范玲玲每次参展，车里放满紫苏产品，参展完的产品直接送人。

范玲玲还记得，有一次展会结束后，她要将紫苏籽油送给一位大娘，大娘质疑着走开了。

“我心都碎了，送都送不出去。”范玲玲想起最初的难，仅用一阵爽朗的笑声带过，“不过，这两年好多了，产品得到好多宝妈的认可。”

“现在我自主研发了紫苏籽油、紫苏蜂蜜、紫苏茶、足浴丸等 6 款产品。”范玲玲递给记者一袋“爆摇蜂蜜”，“这是我新研发的产品，灵感来源于爆摇奶茶。”

这几年，范玲玲和当地农民签订种植订单，在保证以市场保护价收购的基础上，农民还可以得到“水涨船高”的利润收入。

“去年，一垧地能挣 3 万元，比种玉米的利润高 3 倍。用小面积地种植紫苏的农民都挣了 20 余万元。”范玲玲高兴地告诉记者，农民尝到种植紫苏的甜头，今年鄂伦春自治旗境内增加了 4 万亩地种紫苏，“现在鄂伦春自治旗境内及周边共有紫苏种植地 11 万亩左右。”

“我们免费给农民提供紫苏种子、免费培训，两年累计带动贫困户 1 000 多人。”范玲玲如是说。

如今，范玲玲的紫苏产品在线上线下同时售卖，销量可观。而她的紫苏产业园也被列入京蒙协作项目，正在建设中。

范玲玲告诉记者，产业园建成后，除了建设成紫苏叶提取物、紫苏籽油、紫苏酒、紫苏蜂蜜、紫苏馅料及糕点等 7 条生产线外，还将建设一座研学基地。

“一楼设计为紫苏博物馆，大家可以了解一些紫苏的相关知识，并且通过 VR 影片讲解获得更加生动的体验。”范玲玲将自己的构想告诉记者，“孩子们还可以动手做一些紫苏牛轧糖、紫苏糕点等。”

“我非常感谢紫苏，这几年，我是和它一起成长的。”范玲玲感触颇深，“我觉得干紫苏产业是我想要的，也是能留下的一份事业”。

（资料来源：中国新闻网，2022 年 6 月 27 日，有改动）

讨论：

1. 范玲玲在创业过程中遇到了哪些困难？她是怎么克服的？
2. 结合材料分析，我们可以从范玲玲身上学习哪些创业者需要具备的素质？

参考文献

[1]李为，代莉. 大学生职业生涯规划与就业创业指导[M]. 北京：中国农业出版社，2021.

[2]苏文平. 职业生涯规划与就业创业指导[M]. 北京：中国人民大学出版社，2016.

[3]邹振栋. 大学生职业生涯规划与就业创业指导[M]. 西安：西安电子科技大学出版社，2021.

[4]吴兴惠，许芳，白军福. 大学生职业生涯规划与就业创业指导:微课版[M]. 北京：人民邮电出版社，2021.

[5]方志勇，邵天舒，金伟林. 职业规划与创业就业指导[M]. 北京：经济科学出版社，2021.

[6]李晓红. 大学生职业生涯规划[M]. 北京：北京邮电大学出版社，2012.

[7]刘赛. 新冠肺炎疫情下大学生职业生涯规划教育创新探究[J]. 国际公关，2020(10)：72-73.

[8]马云超. "互联网+"时代下大学生就业指导问题研究[J]. 大众标准化，2020(14)：99-100.

[9]毛长明，郝镳. 大学生职业生涯规划课程思政的教学探索与实现途径研究[J]. 国际公关，2020(9)：46-47.

[10]江思华. 基于职业生涯规划理论的大学生创新创业教育开展分析[J]. 产业创新研究，2020(4)：95-97.

[11]康静. 基于职业生涯规划的大学生创新创业教育[J]. 湖北开放职业学院学报，2020，33(18)：1-2.

[12]郭晓红. 大学生就业指导课中全程开展积极心理教育探讨[J]. 黑龙江科学，2019，10(5)：108-109.

[13]王兆雯. 如何在学生就业指导中全程展开积极心理教育[J]. 科学咨询(教育科研)，2020(3)：33-34.